Christopher Schmidt
Vergesellschaftung, Sozialisierung, Gemeinwirtschaft

Christopher Schmidt, geboren 1992 in Paderborn, studierte Sozialwissenschaften und Englisch an der Universität zu Köln. Er ist in der Klimagerechtigkeitsbewegung mit besonderem Fokus auf die Zusammenarbeit mit Gewerkschaften aktiv, sowie in den jüngsten Arbeitskämpfen der Krankenhausbewegung. Außerdem ist er Gitarrist, Sänger und Bassist in verschiedenen Bands.

Christopher Schmidt

Vergesellschaftung, Sozialisierung, Gemeinwirtschaft

Transformationspfade in eine andere Gesellschaft

WESTFÄLISCHES DAMPFBOOT

Gefördert durch die Rosa-Luxemburg-Stiftung

Bibliografische Information der Deutschen Nationalbibliothek
Die Deutsche Nationalbibliothek verzeichnet diese Publikation in der Deutschen Nationalbibliografie; detaillierte bibliografische Daten sind im Internet über http://dnb.d-nb.de abrufbar.

1. Auflage Münster 2023
© 2023 Verlag Westfälisches Dampfboot
Alle Rechte vorbehalten
Umschlag: Lütke Fahle, Münster
Druck: Majuskel Medienproduktion GmbH, Wetzlar
Gedruckt auf FSC-zertifiziertem Papier
ISBN 978-3-89691-088-2

Inhalt

Danksagung 9

1. Einleitung 10

2. Vergesellschaftung – Sozialisierung – Gemeinwirtschaft 12
   2.1 Eine kurze Begriffsgeschichte 12
   2.2 Zentrale Widersprüche umkämpfter Begriffe 15
      2.2.1 Die Eigentumsordnung als Kern der Debatte: Konzepte von Gemeineigentum & die Ausweitung kollektiver Verfügungsmacht 15
      2.2.2 Sozialisierungsobjekte und -reife 21
      2.2.3 Organisationsform und Umsetzung: Zentralität vs. Dezentralität – Mitbestimmung und demokratische Legitimität 23
      2.2.4 Der Weg: Sozialreformistischer, sozialrevolutionärer Weg und Vergesellschaftung von unten 26
      2.2.5 Zielvorstellungen 29

3. Weimarer Novemberrevolution & Weimarer Republik – Die Systemfrage 31
   3.1 Politische, ökonomische und technische Voraussetzungen 31
   3.2 Arbeiterbewegung 33
      3.2.1 Rätebewegung und wilde Streiks 35
      3.2.2 Genossenschaftsbewegung 39
      3.2.3 Gewerkschaften 44
      3.2.4 Positionen der Arbeiterparteien 47
         3.2.4.1 (M)SPD 47
         3.2.4.2 USPD und Hilferdings Finanzkapital 50
         3.2.4.3 Spartakusbund und KPD 53

3.3	Verfassung und realpolitische Konzeptionen	55
	3.3.1 Artikel 156 und 165 der Weimarer Reichsverfassung	55
	3.3.2 Die Sozialisierungskommission	56
	3.3.3 Das Sozialisierungsgesetz und das Kohlen- und Kaliwirtschaftsgesetz	59
	3.3.4 Die Gemeinwirtschaftskonzeption des Reichswirtschaftsministeriums unter Rudolf Wissell	62
	3.3.5 Fritz Naphtalis Konzept der Wirtschaftsdemokratie	65
3.4	Kritik der Kollektivwirtschaft: Mises und der Liberalismus	68
3.5	Zwischenfazit	71
4.	Die Gründung der BRD und das Grundgesetz: Ein dritter Weg?	75
4.1	Politische, ökonomische und technische Voraussetzungen	75
4.2	Gewerkschaften und die Gemeinwirtschaft	78
	4.2.1 Das Münchener Programm und die Gründung des DGB	79
	4.2.2 Agartz' Konzeption von Wirtschaftsdemokratie	84
	4.2.3 Die gemeinwirtschaftlichen Unternehmen der Gewerkschaften	89
4.3	Parteipolitische Positionen	93
	4.3.1 SPD	94
	4.3.2 KPD	98
	4.3.3 CDU	101
4.4	Das Grundgesetz	104
	4.4.1 Wolfgang Abendroth: Das Grundgesetz als Klassenkompromiss	104
	4.4.2 Artikel 15 GG: Historie und Tragweite	108
4.5	Erfolgreiches Zurückdrängen von Vergesellschaftungsideen: Die Soziale Marktwirtschaft	113
4.6	Kritik der Kollektivwirtschaft: Hayek	118
4.7	Zwischenfazit	121

5. 1970er bis heute: Paradigmenwechsel – Suchbewegungen im
   Neoliberalismus   125

   5.1 1970–2000: Der Siegeszug des Neoliberalismus   125

   5.2 2000er: Politische, ökonomische und technische Voraussetzungen 133

   5.3 Commons: Gemeinschaftlich verwaltete Güter   137
        5.3.1 Hardin und die Tragödie der Allmende   138
        5.3.2 Elinor Ostrom: Common Pool Ressources   139

   5.4 Möglichkeitsräume der Digitalisierung   144
        5.4.1 Digitale Commons: Das Netzwerk als Achse der
               Vergesellschaftung   144
        5.4.2 Kybernetische Planwirtschaft   146

   5.5 Rekommunalisierungsbewegungen nach der Jahrtausendwende   148

   5.6 Die kleine Wiederaneignung: Deutsche Wohnen & Co enteignen! 153

   5.7 Zwischenfazit   157

6. Ein Blick nach vorn   160

Literatur   166
   Online-Quellen   179
   Unveröffentlichte Quellen   182

Danksagung

An dieser Stelle möchte ich mich bei all denjenigen bedanken, die mich beim Schreiben und der Veröffentlichung dieser Arbeit unterstützt haben.

Vielen lieben Dank an Ralf Ptak für Motivation, Freiheiten und stets konstruktive Kritik. Danke an Max Bank für Inspiration und Feedback. Danke an meine Eltern für die bedingungslose Unterstützung und Zeit. Danke an Lotti für Ohr und Kraft. Danke an Carina und Julian für spontanes Korrekturlesen. Danke an Thomas Sablowski und die Rosa-Luxemburg-Stiftung. Danke an Günter Thien und den Verlag Westfälisches Dampfboot.

1. Einleitung

Die Verfügungsgewalt über Eigentum stiftet, verhindert und hierarchisiert soziale Beziehungen, sie schafft Herrschaftsverhältnisse oder löst diese auf. Die Eigentumsordnung stellt ein zentrales gesellschaftliches Verhältnis dar. Sie entscheidet darüber, welche Ziele wir als Gesellschaft verfolgen und wer sie festlegen darf (vgl. Engartner 2007, 88). In der deutschen Geschichte existierten immer wieder emanzipatorische Bewegungen, die daran erinnerten, dass die private Eigentumsordnung der Marktwirtschaft Gegenstand politischer Entscheidung und kein Phänomen der Natur ist. Sie kämpften auf verschiedene Art und Weise für ihre gesellschaftliche Aneignung, ersannen Konzepte des Gemeineigentums, sowie alternative Formen der kollektiven Organisation und zwischenmenschlicher Beziehungen, und öffneten so utopische Möglichkeitsräume einer anderen, solidarischen Gesellschaft. Sie nutzten die Begriffe der Sozialisierung und Vergesellschaftung als politische Schlagworte und füllten sie im Kontext gesellschaftlicher Auseinandersetzungen mit unterschiedlichen Bedeutungen.

Die Geschichte der Vergesellschaftung ist daher als Geschichte derer, die für sie stritten, zu begreifen. Ihre Forderung stellte im Deutschland der vergangenen zwei Jahrhunderte stets einen Kampf gegen die hegemoniale Eigentumsordnung der kapitalistischen Marktwirtschaft, ihre staatlichen Institutionen und wirtschaftlichen Profiteur:innen dar. Ihre konzeptuellen und programmatischen Ausprägungen sind stets vor den politischen, technischen und ökonomischen Bedingungen der Zeit, in der sie verhandelt wurden, zu betrachten. Sie sind eng mit der Entwicklung der Produktionsverhältnisse, der ökonomischen und sozialen Lage der Bevölkerung, aber auch mit der Organisierungsfähigkeit und den Machtressourcen ihrer Befürworter:innen, sowie der Stärke und Schwäche etablierter Institutionen und den daraus hervorgegangenen politischen Möglichkeitsräumen verwoben.

Da Forderungen nach Vergesellschaftung und gemeinschaftlichem Wirtschaften im Kontext sich zuspitzender sozialer, demokratischer und ökologischer Konflikte seit einigen Jahren wieder in politischen Bewegungen diskutiert werden, ist es das Ziel dieser Arbeit zu untersuchen, inwiefern sie in der heutigen Welt Bausteine für eine zukunftsfähige Gesellschaft darstellen können. Um dies nicht lediglich auf der rein theoretischen, sondern auch auf einer Ebene zu tun, die praktische Implikationen zulässt, nimmt diese Arbeit methodisch eine historische Analyse der Auseinandersetzungen um Vergesellschaftung, Gemeinwirtschaft und kollektive Wirtschaft vor. Beleuchtet werden die in ihnen verwickelten Akteur:innen (zu großen Teilen Gewerkschaften, politische Parteien und zentrale Ideengeber:innen), die jeweiligen politischen und ökonomischen Machtverhältnisse, ideengeschichtliche Ansätze, sowie die aus den historischen Situationen hervorgegangenen Institutionalisierungen. Sie werden im Hinblick auf das breite Spektrum an Interpretationsmöglichkeiten, Strategien und Ausprägungen der umkämpften Begriffe, die im ersten Kapitel vorgestellt werden, untersucht und diskursiv eingeordnet. Dabei soll jedoch nicht jedes Konzept und jede Bewegung im Hinblick auf die ganze Bandbreite der aufgezeigten Dimensionen in gleicher Weise behandelt werden. Vielmehr sollen ihre konkreten Alleinstellungsmerkmale und Besonderheiten hervorgehoben und im historischen Kontext betrachtet werden.

In der Forderung nach Vergesellschaftung klingt die Idee einer grundlegenden gesellschaftlichen Neuordnung mit. Sie kam daher in historischen Perioden zu Höhepunkten, in denen unsere Gesellschaft Prozesse tiefgreifender Veränderung erlebte und bestehende Institutionen vermeintlich ins Wanken gerieten. Neben einem Fokus auf Ansätze der letzten Jahrzehnte sich zuspitzender sozialer und ökologischer Krisen, sollen daher Schwerpunkte auf die Perioden nach den beiden Weltkriegen gelegt werden. Dort gelangten die hier behandelten Begriffe zu Debattenhöhepunkten. Nach dem neoliberalen Durchbruch und der damit einhergehenden Marginalisierung kollektivwirtschaftlicher Vorstellungen in der zweiten Hälfte des 20. Jahrhunderts, Jahrzehnten der Privatisierung und Verschärfungen sozialer und demokratischer Konflikte, sowie der Bedrohung unserer ökologischen Lebensgrundlagen, kann Vergesellschaftung als Praxis der Wiederaneignung auf verschiedenen Ebenen einen Baustein einer zukunftsfähigen Gesellschaft darstellen, solang es ihren Verfechter:innen gelingt, sie anhand konkreter Auseinandersetzungen zu formulieren und eine durchsetzungsfähige Bewegung hinter sich zu versammeln.

2. Vergesellschaftung – Sozialisierung – Gemeinwirtschaft

2.1 Eine kurze Begriffsgeschichte

Kollektive Wirtschaftsweisen suchen nach Wegen, den Widerspruch des gesellschaftlichen Charakters der arbeitsteiligen Produktion und des individuellen Privateigentums an Produktionsmitteln, wie er im Kapitalismus besteht, aufzuheben. Sie möchten Entscheidungsstrukturen aufbauen, die nicht das Kriterium des privaten Profits als oberste Maxime setzen, sondern diverse Zielkataloge und Motivationen zulassen. In ihrer Historie wurden für die sich hinter ihnen verbergenden Ideen und Konzepte unterschiedliche Begrifflichkeiten verwendet, die nicht klar voneinander abzugrenzen sind, sondern oftmals synonym Anwendung finden und fanden. Sozialisierung, Vergesellschaftung, Wirtschaftsdemokratie, Commons, Gemein- oder Kollektivwirtschaft, Sozialismus und bis zu einem gewissen Grad auch der Begriff der Sozialdemokratie – sie alle wurden historisch als Gegenentwurf zum herrschenden Wirtschaftssystem und den Eigentumsverhältnissen verstanden. Ebenfalls gemein ist ihnen, dass sie umkämpfte Begriffe sind, die stets Projektionsfläche unterschiedlicher Vorstellungen von Eigentumsordnung, demokratischer Organisationsweise, Umsetzungsstrategien, Vorbedingungen und schlussendlicher Utopie waren und es heute (wieder) sind[1]. Oft weit gefasst, wurden sie selten exakt definiert. Sie veränderten sich beständig mit dem politischen Diskurs, der von Veränderungen technischer, ökonomischer, und politischer Rahmenbedingungen, sowie von gesellschaftlichen Kräfteverhältnissen sozialer Bewegungen, Parteien, Gewerkschaften und vom Spannungsfeld multipler Herrschaftsverhältnisse geprägt war. Sie waren und sind Begriffe, die „in vielerlei Bedeutungen schillert[en]" (Nell-Breuning, 295). Eine Annäherung an den Begriff der Vergesellschaftung[2], der hier als Leitbegriff dienen soll, ist daher

---

1 Ähnliches gilt für den Begriff der Sozialen Marktwirtschaft, der weiter unten relevant wird und von verschiedenen politischen Akteur:innen Deutschlands mit Inhalt gefüllt wird.

2 Der Begriff der Sozialisierung wird in dieser Arbeit synonym mit dem der Vergesellschaftung verwendet.

nur durch seine Kontextualisierung möglich. Entscheidend sind dabei stets die historischen Rahmenbedingungen, Akteurskonstellationen, sowie die konkreten institutionellen Vorschläge für seine Umsetzung.

In der Soziologie steht der Begriff der Sozialisierung für „alle Vorgänge der Aufnahme individueller Bereiche in den Kreis einer Gemeinschaft" (Kimminich in Abraham 1965), also für eine Verstärkung der Verflochtenheit des Einzelnen in die Gesellschaft (vgl. Grupp 1966, 8). In der Rechtswissenschaft wird er als ein „verfassungsgestaltender Akt, der die Eigentums-, Wirtschafts- und Sozialverfassung ändert, indem die Verfügungsmacht über das Wirtschaftseigentum kollektiviert wird" (Huber 1953, 142), definiert. Hier erfolgt eine deutliche definitorische Eingrenzung auf den Bereich der Eigentumsverhältnisse als zu vergemeinschaftende Kategorie. Um eine wirtschaftswissenschaftliche Deutung des Begriffes zu entwickeln, wird er im Folgenden als Mittel zur kollektiven Organisierung von Machtverhältnissen, mittels derer wirtschaftliche Ressourcen zugeteilt, kontrolliert und gebraucht werden, untersucht (vgl. Wright 2020, 173). Dieses kann über Rechtswege, aber ebenfalls außerstaatlich oder sogar illegal wirken. Eigentum bildet auch in dieser Annäherungsweise die zentrale Strukturkategorie, wird aber durch die der demokratischen Kontrolle, der sozialen Gerechtigkeit, und der volkswirtschaftlichen Breite ergänzt.

Entstanden ist der Ausdruck der Sozialisierung in der 2. Hälfte des 19. Jahrhunderts. Er führte lange ein Schattendasein neben dem Begriff der „Nationalisierung" (vgl. Grupp 1966, 7), von dem er sich stets abzugrenzen suchte, um jenseits von bloßer Verstaatlichung neue gesellschaftliche Beteiligungs- und Entscheidungsstrukturen zu entwerfen. Er fußte auf der Lehre von Karl Marx und Friedrich Engels, die schon 1848 im Kommunistischen Manifest forderten, das Privateigentum an Produktionsmitteln aufzuheben und durch gesellschaftliches Eigentum zu ersetzen, um eine klassenlose Gesellschaft zu ermöglichen. Marx rekonstruiert die Entstehung des modernen Kapitalismus als Abfolge von Trennungs- und Enteignungsprozessen und verfasst in seinen Schriften den umfassendsten, prägnantesten und folgenreichsten Gegenentwurf zu diesem (vgl. Engartner 2007, 90f; Hein/Kößler/Korbmacher 2006, 6). Der Begriff der Sozialisierung fand daraufhin erstmalig Anwendung als Forderung der sich formierenden Arbeiterbewegung[3] gegen Ende des 19. Jahrhunderts. Die Bewegung

---

3   In dieser Arbeit wurde sich dafür entschieden, den Begriff der Arbeiterbewegung nicht zu Gendern, da sie auf das Gebiet Deutschlands bezogen bis in die zweite Hälfte des 20. Jahrhunderts in überwiegender Mehrzahl weiß-männlich geprägt und nicht divers war. Auch wenn durch diese Schreibform weibliche und nicht-binäre Individuen unsichtbar gemacht werden, soll sie zum einen den Wandel der Arbeiter:innenklasse im Zuge der

machte die Eigentumsfrage zu ihrem Kernthema und agierte über das kommende Jahrhundert als ihre zentrale Trägerin (vgl. Brückner 2013, 2; Engartner 2007, 92). Der Ausdruck der Sozialisierung galt weitgefasst als Mittel zur Verwirklichung des Sozialismus[4] – einem Wirtschaftssystem mit einem hohen Grad an gesellschaftlicher Verfügungsmacht über und Teilhabe an wirtschaftlichen Ressourcen, sowie ihrer Verwaltung und Kontrolle (Wright 2020, 195). Konkret umfasste der Begriff der Sozialisierung aber schon bald ein breites Spektrum an Vorstellungen und Projektionen und wurde daher von Kritiker:innen stets mehr als „eine mystische Formel als ein Begriff, dessen definitorische Klarheit zu einem Programm hätte führen können" (Biechele 1972, 26) bezeichnet. Die Gemeinwirtschaft wurde ein „Wort für alle und alles" (Müller 1928, 525) oder ein „Modeschlagwort [...], mit dem man alle Gebrechen der Zeit glaubte beschwören zu können" (Heuss 1921, 6) genannt. Obgleich der Begriff der Sozialisierung mit Artikel 156 der Weimarer Verfassung erstmalig Verfassungsrang und im Artikel 15 GG erneut Einzug in die Konstitution Westdeutschlands erhielt, sind und bleiben seine konkrete Umsetzung, Organisation, sowie der Umfang und die Funktionsweise vergesellschafteter Wirtschaftsbereiche weiterhin Gegenstände gesellschaftlicher Aushandlungsprozesse. Diese wurden und werden sowohl auf rechtlicher, parteipolitischer-parlamentarischer Ebene, als auch in den sozialen Bewegungen und ihren Institutionen, wie den Gewerkschaften, Genossenschaften selbst, sowie in der Wirtschaftswissenschaft geführt. Es geht dabei darum, ob und wie wir als Gesellschaft solidarisch miteinander leben wollen und wie eine Ökonomie derart organisiert werden kann, dass sie die dafür benötigte materielle Basis auf kollektive und emanzipatorische Weise bereitstellt. Der Begriff der Vergesellschaftung ist diffus, umstritten und tief in die Entwicklungen unserer Gesellschaft eingewoben. Es gilt demnach zuerst, das Feld seiner Definition genauer abzustecken.

    Globalisierung hin zu einer vermehrt im globalen Süden ansässigen, nicht-weißen und weiblich dominierten Gruppe betonen und zum anderen unterstreichen, dass in heutigen politischen Bewegungen unterschiedliche Herrschaftsverhältnisse neben dem der Ausbeutung durch Lohnarbeit thematisiert werden.

4 Teils wurde der Begriff der Sozialisierung auch lose für „alle Maßnahmen, die eine sozialistische Wirtschafts- und Gesellschaftsordnung herbeiführen oder wenigstens fördern" (vgl. Rittig, 456) verwendet.

2.2 Zentrale Widersprüche umkämpfter Begriffe

Um sich dem Begriff der Vergesellschaftung anzunähern, sollen im Folgenden zentrale Kategorien und Widersprüche unterschiedlicher Dimensionen vergesellschafteten Wirtschaftens dargestellt werden. Sie alle sind eng miteinander verwoben und oft nicht trennscharf. Sie sollen die verschiedenen Horizonte divergierender Positionen zur Kollektivwirtschaft darstellen, um im späteren Verlauf der Arbeit Konzepte und Debatten in ihrem Bedeutungsspektrum verortbar zu machen.

2.2.1 Die Eigentumsordnung als Kern der Debatte: Konzepte von Gemeineigentum & die Ausweitung kollektiver Verfügungsmacht

Die Eigentumsordnung bildet die zentrale Strukturkategorie der Debatten um Vergesellschaftung und Wirtschaftsweisen jenseits der Gewinnmaximierung. Historisch haben sich die Formen der Eigentumsverhältnisse gewandelt und stets veränderte Spielräume einer differenzierten Gestaltung der Machtverhältnisse zugelassen. Sie hingen mit konkreten technisch-ökonomischen Entwicklungen der Produktivkräfte zusammen, sind in der Tendenz im Laufe der Geschichte komplizierter und vielfältiger geworden und haben unterschiedliche Ordnungsparadigmen von Wirtschaft und Gesellschaft hervorgebracht (vgl. Leibiger 2022, 47). Die Form des bürgerlichen Privateigentums bildet in der marxistischen Theorie den Ausgangspunkt der gesamten kapitalistischen Produktions- und Aneignungsweise, die auf der Ausbeutung der Lohnarbeiter:innen beruht. Sie stellt damit die Negation des auf eigener Arbeit gegründeten Privateigentums dar und konstituiert sich als Herrschaftsverhältnis (vgl. Marx 1876, 791).

Mit der Fokussetzung auf das Eigentum steht der hier verwendete Begriff der Vergesellschaftung den Prozessen der privatwirtschaftlichen Vergesellschaftung der Arbeit entgegen. „Vergesellschaftete Arbeit" meint in diesem Zusammenhang die hoch arbeitsteilige Produktion marktförmiger Gesellschaften, in der eine Stufe der Arbeit immer auf eine andere bezogen ist (vgl. Krüger 2016, 239). Arbeit steht dem Eigentum in diesem Kontext entgegen: Seine Ausbeutung – ermöglicht durch Mangel an eigenem Eigentum an Produktionsmitteln – schafft die Basis der Kapitalakkumulation und -konzentration auf kleine Teile der Gesellschaft. Die Vergesellschaftung der Arbeit bildete den Ausgangspunkt der modernen Industrieentwicklung. Sie beruht laut Marx auf der sozialen Enteignung breiter Bevölkerungsteile Europas im Zuge des Wandels vom Feudalismus zum Kapitalismus („ursprüngliche Akkumulation"). Arbeitskraft wurde in diesem Prozess zur handelbaren Ware und löste sich aus persönlichen Herrschafts- und Abhängigkeitsverhältnissen (vgl. Nuss 2019, 69-70). Arbeiter:innen und Kapitalist:innen wurden in der Folge formell vor dem Gesetz gleichgestellt. Erstere unterlagen allerdings nun dem ökonomischen Zwang, ihre Arbeitskraft an eine:n beliebige:n Kapitalist:in zu verkaufen, um überleben zu können[5]. In diesem Kontext entstanden Arbeitsteilung und -zusammenfassung im Fabrikbetrieb als vergesellschaftete Formen der Arbeit (Naphtali 1977, 35). Da es in der ersten Periode des Kapitalismus noch keine weitreichenden verteilungspolitischen Lenkungseingriffe in die Marktmechanismen gab[6], führte diese Entwicklung – die Trennung von Arbeit und Kapital – rasch zu einer massiven ökonomischen Ungleichheit zwischen Besitzenden und Arbeitenden, weswegen Marx das Privateigentum ebenfalls als Grund für die Verelendung des Proletariats begreift (vgl. Brückner 2013, 10). Dieser ersten Stufe der Vergesellschaftung der Arbeit folgten immer neue und höhere Niveaus vergesellschafteter Produktivkräfte und kapitalistischer Formen des Eigentums[7] (vgl. Krüger 2016, 239). Obgleich sich die ökonomische Notlage und Lebensqualität breiter Bevölkerungsteile Europas im Zuge der letzten 150 Jahre – als Ergebnis von politischen Kämpfen um Teilhabe – zwar unweigerlich quantitativ gebessert haben, bleibt das dem Eigentum immanente Herrschaftsverhältnis weiter bestehen[8]. Im Kontext kollektivwirtschaftlicher Debatten stellt es einen Antagonismus von Demokratie und Verteilungsgerechtigkeit dar (vgl. Römer 2012, 152). Die hier behandelten Debatten und Konzepte versuchen plurale Antworten auf diese Entwicklungen zu unterschiedlichen historischen Zeitpunkten finden. Sie möchten die Widersprüche zwischen vergesellschafteten Produktionsmethoden und privater Eigentumsordnung durch Ausweitungen der Verfügungsgewalt über ebendiese zumindest teilweise aufheben.

Die zentrale Kritik an einem auf Privatbesitz an Produktionsmitteln basierenden Wirtschaftssystem umfasst neben dem Ausbeutungsverhältnis gegenüber der Arbeitskraft, das aus ihm hervorgehende Prinzip der Konkurrenz. Private Unternehmen treten im Kapitalismus über den Markt in Beziehung miteinander. Dieser

---

5   Siehe hierzu den Begriff des doppelt freien Lohnarbeiters nach Marx.
6   Diese sehr offene Spielart des Wirtschaftsliberalismus wird als laissez-fair bezeichnet.
7   So trugen die Unternehmensform der Aktiengesellschaften und die Etablierung des modernen Finanzmarktkapitalismus zur Herausbildung neuer, kapitalistischer Eigentumsformen bei, die später behandelt werden sollen.
8   Nicht zuletzt, da seine Ausbeutungsmechanismen im Kontext der Globalisierung vermehrt auf die Arbeitnehmer:innenschaft des globalen Südens verlagert wurden.

sorgt dafür, dass (Privat)Unternehmen bei Strafe ihres ökonomischen Untergangs zur Profitmaximierung gezwungen werden. Dieser Profitmaximierungsdruck äußert sich darin, dass die Produktionsmethoden ständig revolutioniert und die Produktionskosten[9] fortwährend gesenkt werden müssen, um zu möglichst günstigen Preisen verkaufen zu können. Die Konkurrenz ist somit ebenfalls Motor des Wachstumszwangs und prägt die Art und Weise der Unternehmensführung im Kapitalismus maßgeblich (vgl. Nuss 2019, 73-74).

Unterschiedliche Konzepte der Vergesellschaftung divergieren in ihrer Analyse davon, inwiefern die bestehende Eigentumsordnung grundlegend gestürzt, in Teilbereichen umgewandelt, oder ob lediglich rechtliche Rahmenbedingung zur Verbreiterung bestehender Gemeineigentumskonzepte geschaffen werden müssen, um einen solidarischen, gemeinwohlorientierten Modus des Wirtschaftens jenseits von Ausbeutung und Konkurrenzprinzip zu ermöglichen. Sie legen ihren jeweiligen Ansätzen demnach multiple Formen kollektiven Eigentums zugrunde. Der Begriff der Vergesellschaftung ist in diesem Kontext von dem der Enteignung zu unterscheiden. Beide stellen „grundverschiedene Arten des Eingriffs in das Privateigentum" dar (Raiser 1952, 118f): Die Enteignung lässt die überlieferte Wirtschaftsstruktur unangetastet und zielt lediglich auf eine Zweckbestimmung der entzogenen Güter ab (vgl. Brückner 2013, 174; Huber 1953, 50). Im Gegensatz dazu ist die Vergesellschaftung als ein „Prozess der organisatorischen und rechtlichen Umgestaltung zu begreifen, an dessen Ende Gemeineigentum oder eine andere Form der Gemeinwirtschaft stehen soll" (Brückner 2013, 2). Der Begriff des „Gemeineigentums wurde juristisch allerdings nie eindeutig definiert (vgl. Brückner 2013, 176) und steht vielmehr als Gegensatz zum individuellen Privateigentum für ein Spektrum an möglichen Eigentumsformen, in denen Menschen kollektiv das Recht haben, über Zweckausrichtung der Produktionsmittel sowie über die Allokation des Überschusses zu entscheiden (vgl. Wright 2020, 179). Die Vergesellschaftung zielt daher schlussendlich auf eine Änderung der Verfügungsmacht und damit der strukturellen Wirtschaftsordnung ab (vgl. ebd.). Die Verfügungs- oder Dispositionsmacht ist zwar als Unterkategorie des Eigentumsbegriffs, gleichzeitig allerdings als seine entscheidende Dimension zu begreifen. Neben dem rein rechtlichen Eigentumstitel stellt sie die Macht dar, über den Zweck und Gebrauch eines Gegenstandes bestimmen zu können. In ihrem Kontext sind auch die Begriffe der *formellen* und der *materiellen* Enteignung zu unterscheiden. Bei der formellen Enteignung geht sowohl Eigentumstitel als auch

---

9   Zu denen ebenfalls die Arbeitsbedingungen und die Länge der Arbeitszeit gehören, die einem ständigen Druck der De-Regulierung von Unternehmerseite ausgesetzt sind.

Verfügungsmacht auf eine neue Eigentümerin (z.B. den Staat) über. Bei einer materiellen Enteignung bleibt das Eigentum bestehen, während der Eigentümer wesentliche Rechte und Verfügungsmacht verliert[10]. Im Folgenden sollen verschiedene Kategorisierungen von Konzepten der Vergesellschaftung im Hinblick auf ihre Vorstellung von der Tiefe[11] des Wandels der Eigentumsordnung (und/oder Verfügungsmacht) zur späteren Einordbarkeit der historisch diskutierten und umgesetzten Ansätze definiert werden. Dabei sollen erste Schattierungen der beiden Grundformen des Eigentums aufgezeigt werden: Das individuelle, private und das Gemeineigentum (vgl. Leibiger 2022, 54).

Kategorie 1: Grundlegende Änderung der Eigentumsordnung – öffentliches Gemeineigentum im Kontext von Vergesellschaftung

Orthodox-marxistische Positionen fordern eine Vollsozialisierung der Wirtschaft, also eine kompromisslose Enteignung und Überführung des gesamten Privateigentums an Produktionsmitteln in die „Hand überindividueller Organe" – meist in die des Staates (Grupp 1966, 83). Der Charakter des Staates bzw. die gesellschaftlichen Machtbefugnisse in ihm entscheiden darüber, ob es sich um eine reine Verstaatlichung oder um eine Form der Vergesellschaftung handelt (vgl. Krüger 2016, 259). Ob der Staat im Sinne der „Diktatur des Proletariats" in der Hand der produzierenden Klasse liegen muss, oder ob bereits eine parlamentarische Demokratie unter gewissen Voraussetzungen ausreichend ist, um öffentliches Eigentum als Gemeineigentum bezeichnen zu können, wird kontrovers diskutiert. Weniger radikale Konzepte fordern eine Überführung der Eigentumstitel wirtschaftlicher Teilbereiche von großer volkswirtschaftlicher Bedeutung in Gemeineigentum, um durch sie eine weitreichende Einflussnahme auf die Gesamtwirtschaft zu sichern (vgl. Koolen 1979, 93). Auch in diesem Fall kommt es zur enteignenden Vergesellschaftung. Der „Restkapitalismus" einer solchen Hybridwirtschaft soll in der Folge planerisch gelenkt und/oder Schritt für Schritt weiter sozialisiert werden. Obgleich der konkrete Eigentumstitel eines Unternehmens in der

---

10 So befindet sich beispielsweise die Deutsche Bahn in staatlicher Hand, ist aber in marktwirtschaftliche Strukturen eingebettet, weshalb der Staat nur in Teilen von seiner Verfügungsmacht Gebrauch machen kann. Anders herum kann ein privates Grundstück von der Kommune mit einem Bauverbot belegt werden. Es gehört faktisch noch der Eigentümerin, die aber deutliche Einbußen in ihrer Verfügungsmacht hinnehmen muss.

11 „Tiefe" meint hier mit Bezug auf Eigentum nach Erik Olin Wright das Ausmaß, in dem Produktionsmittel tatsächlich gesellschaftlicher und nicht privater oder staatlicher Kontrolle unterliegen (vgl. ebd. 2020, 180).

Trägerschaft des (proletarischen) Staates liegt, kann die institutionelle Ausgestaltung der Dispositionsgewalt weitere Vergesellschaftungsmechanismen, wie z.B. Räte kommunaler Selbstverwaltungskörper, enthalten, um einer zu straffen Bürokratisierung entgegenzutreten. Konzepte der weitreichenden Änderung der Eigentumsordnung beinhalten außerdem Konzepte der ökonomischen Planung und Lenkung, da sie danach streben, den Marktmechanismus aufzulösen und durch kollektive Koordination zu ersetzen.

Kategorie 2: Gemeinsames Privateigentum

Ferner gibt es ein Spektrum an Ansätzen, die vergesellschaftete Eigentumsformen selbst hervorbringen und auszuweiten suchen, anstatt die Eigentumsordnung „von oben" oder durch Enteignungen zu verändern. Sie eignen sich daher keine gegebenen Strukturen an, sondern konstituieren eigene. In ihrem Fokus steht eher die mikroökonomische Ebene der Vergesellschaftung: Die des konkreten Unternehmens und der Teilhabe in ihm. Diese selbstorganisierten, alternativen Unternehmens- und Eigentumsformen umfassen stets einen festen Kreis von Mitgliedern. Es handelt sich in diesem Sinne um eine vergemeinschaftete, aber immer noch private Form des Eigentums, die in der klassischen Ökonomie als Klubgut behandelt wird. Diese Form des Eigentums schließt zum einen Großinvestor:innen und Unternehmer:innen, zum anderen aber auch potenziell an Teilhabe interessierte Gesellschaftsteile aus (vgl. Notz 2021, 17f/136f). Die Mitgliedschaft kann auf eine bestimmte Größe begrenzt oder an monetäre Restriktionen, wie z.B. eine Mindesteinlage gebunden sein. Sie kann nur für ihre Mitglieder oder aber auch für den Markt produzieren. Ebenfalls kann die Verfügungsmacht innerhalb der Gemeinschaft unterschiedlich organisiert sein. So fußen Genossenschaften auf einem Demokratieansatz, der partizipative Elemente wie eine Mitgliederversammlung, in der jede:r Genoss:in unabhängig von der Größe ihrer Einlage über eine Stimme verfügt, aber auch repräsentative Strukturen wie einen Aufsichtsrat oder Vorstand mit gewählten Delegierten, beinhaltet. Kollektivbetriebe sind im Gegensatz dazu meist basisdemokratisch organisiert und ermöglichen den Beschäftigten bei jeder Entscheidung mitzubestimmen. Auch Organisationseinheiten wie Vereine und Stiftungen können dieser Kategorie des Eigentums zugeordnet werden. Ab einer bestimmten Größe stößt die Organisation der Verfügungsmacht von Gemeineigentum allerdings immer auf Problematiken der Teilhabe und Repräsentation. Formen kollektiven Eigentums haben – genau wie kleine, nicht-kapitalistische Warenproduzent:innen – immer schon im Kapitalismus existiert (vgl. Leibiger 2022, 255).

Kategorie 3: Dispositionsgewalt und Nutzungsrecht im Mittelpunkt

Ein weiterer Debattenstrang argumentiert, dass der Eigentumsbegriff zwei Ebenen beinhaltet, zwischen denen es zu differenzieren gilt: Die des rein rechtlichen Titels und die der konkreten Verfügungsmacht über den jeweiligen Gegenstand, die letztendlich das Ziel vergesellschaftender Maßnahmen darstellen muss. In dieser Logik liegt der Fokus demnach nicht auf dem Rechtstitel, sondern auf der Änderung der Art und Weise der Verfügung über Zweck, Produktionsmittel und Arbeitsprozesse. Es gilt, die gesellschaftliche Dispositionsgewalt über diese zu erweitern. Dafür ist es eben nicht zwangsläufig notwendig, den juristischen Eigentumstitel zu verändern bzw. den*die ursprüngliche Eigentümer:in zu enteignen und eine*n neue Träger:in zu benennen. Wem die Verfügungsmacht obliegt, der*die kann bereits über den Zweck und Organisation der Produktion und über die Allokation des Überschusses entscheiden. So sollen Ausbeutung und Profitmaximierungszwang bereits eingegrenzt werden können (vgl. Nuss 2019, 95). Es wird daher kein tieferer juristischer Eingriff mehr benötigt, um effektiv vergesellschaften zu können. Eine „Mehrherrschaft" oder mindestens „Mitherrschaft" von den von der Eigentumsherrschaft ausgeschlossenen sozialen Gruppen als Repräsentant:innen der Gesamtheit steht im Zentrum der Debatte (vgl. Grupp 1966, 72). Betriebliche sowie überbetriebliche Mitbestimmung von Beschäftigten[12] in Aufsichtsräten und Wirtschaftskammern sowie eine Zwangsbeteiligung der öffentlichen Hand (vgl. ebd., 90-91) sind hier beispielhaft als Ansätze für eine Ausweitung der Dispositionsgewalt, die den Eigentumstitel unberührt lässt, zu nennen. Welcher Grad an Verfügungsmacht jedoch benötigt wird, um entscheidenden Einfluss nehmen zu können, bleibt jedoch Gegenstand von Aushandlungsprozessen. Gerade bei der Erweiterung der Dispositionsmacht im überbetrieblichen Kontext steht vordergründig der wirtschaftspolitische Einfluss auf die Eigentümerseite als Ganze im Fokus und ist daher eher im Kontext einer Vergesellschaftung auf makroökonomischer Ebene zu betrachten.

Kategorie 4: Plurale Eigentumsrechte

Über diese duale Konstitution des Eigentumsbegriffs hinaus gibt es modernere Ansätze der Kollektivwirtschaft, die ihm mehr als nur zwei Dimensionen zuschreiben

---

12 Einige Ansätze beinhalten die Ausweitung des Spektrums an Teilhabenden an der Verfügungsmacht eines Unternehmens von Beschäftigten auf von seinen Entscheidungen Betroffene, was z.B. auch Konsument:innen, Anwohner:innen, Mieter:innen etc. beinhalten kann.

und zwischen verschieden starken Bündeln an Eigentumsrechten unterscheiden. So wird beispielsweise zwischen Nutzungsberechtigten, Inhaber:in, Besitzer:in und Eigentümer:in differenziert, aus deren jeweiliger Rolle sich unterschiedliche Zugriffs- und Dispositionsrechte auf einen ökonomischen Teilbereich des Gegenstands oder der Ressource ergeben (vgl. Zückert 2012, 158f). In Konzeptionen vergesellschafteten Wirtschaftens, die auf solch pluralen Eigentumsrechten bzw. -systemen fußen, geht es daher um konkrete, auf den zu kollektivierenden Gegenstand zugeschnittene institutionelle Arrangements, die diese strukturieren. Die Eigentums- und Verfügungsrechte sind auf mehreren politischen und ökonomischen Ebenen angesiedelt und verteilen sich entlang der oben genannten Definitionslinien. Die Grenzen und Regeln der jeweiligen Verfügungsmächte und Eigentumstitel können flexibel von der Eigentumsgemeinschaft immer wieder neu ausgehandelt und definiert werden, um als ineinandergreifendes System langfristig resilient sein zu können. Sie stellen daher eher ein System an Eigentumsformen dar, was weder rein privatwirtschaftlich noch rein staatlich strukturiert ist. Ein Beispiel hierfür ist die Commons-Forschung von Elinor Ostrom.

Kategorie 5: Zweckausrichtung statt Verfügungsmacht

Liberale und konservative Definitionen der Gemeinwirtschaft unterstellen, dass diese bereits mit der generellen Zweckausrichtung der Betriebsleitung auf Ziele abseits der reinen Profitmaximierung gegeben sei. Neue Eigentumsformen und eine Ausweitung der Verfügungsmacht seien daher nicht notwendig (vgl. Brückner 2013, 181). In dieser Logik werden vordergründig durch Gesetz und Verfassung ordnungs- und sozialpolitisch auferlegte Grenzen der Eigentumsverwendung als Form der Erweiterung kollektiver Verfügungsmacht über die Eigentumsordnung verstanden. Erweiterungsmöglichkeiten von konkreter Teilhabe und Institutionalisierungen demokratischer Strukturen außerhalb des Staates werden als nicht nötig erachtet. Gemeinwirtschaft wird allenfalls mit staatlicher Teilhabe gleichgesetzt.

2.2.2 Sozialisierungsobjekte und -reife

Sofern die Konzepte der Vergesellschaftung nicht mit einer sofortigen und grundlegenden Beendigung des bürgerlichen Privateigentums einhergehen, stellt sich unweigerlich die Frage nach dem Sozialisierungskatalog bzw. den konkreten Sozialisierungsobjekten. Dabei geht es darum, welche konkreten Wirtschaftszweige in Gemeineigentum zu überführen sind. Behandelte das vorangegangene

Kapitel die Tiefe des gesellschaftlichen Eigentums, so steht nun die Breite – also das Spektrum an wirtschaftlichen Tätigkeiten, die in kollektives Eigentum überführt werden sollen – im Mittelpunkt (vgl. Wright 2020, 180). Der zentrale Ordnungsbegriff ist in diesem Kontext der der Sozialisierungsreife und damit einhergehend, der des Monopols (vgl. Hilferding 1910).

Der Begriff der Sozialisierungsreife impliziert, dass das Wachstum von Unternehmen bis zu einer bestimmten Größe und Wirkungsmacht gefördert werden sollte, bis diese „reif" für die Vergesellschaftung sind. Die Triebkräfte der Marktwirtschaft müssen gemäß dieser Logik so lange als Vorbedingung der Sozialisierung erhalten bleiben, bis sie die zur Vergesellschaftung gereiften Großunternehmen hervorbringen (vgl. Wissel 1919a, 36). Vertreter:innen dieser Denkrichtung glauben – fern von kapitalistischer Krisentheorie – an eine historische Linearität von der Anarchie des freien Marktes über den organisierten Kapitalismus der Großunternehmen, hin zum Umbruch in den Sozialismus (vgl. Grupp 1966, 175). Das Eigentum an Produktionsmitteln ist hier vor allem in der „Hand des Großbesitzes" (Ott 1971, 147f) problematisch, da es demokratisch nicht mehr zu legitimieren sei (und keine Marktlösungen mehr zulässt). Unternehmen von solcher Größe bilden oft marktbeherrschende Monopole, die hier in zwei Kategorien zu unterteilen sind: Die natürlichen Monopole[13] und solche Unternehmen, die sich am Markt aufgrund günstiger Voraussetzungen, wie rapidem technologischem Fortschritt, durchgesetzt haben und zur Marktbeherrschung gelangt sind. Gerade von der Vergesellschaftung Ersterer wird sich ein hohes Maß an wirksamer gesellschaftlicher Kontrolle über die Volkswirtschaft erhofft, da viele Produktionszweige in einem Abhängigkeitsverhältnis zu ihnen stehen (vgl. Hilferding 1910, 514). Daher wurden sie auch als „Schlüsselindustrien" bezeichnet. Ob die Vergesellschaftung bei ihnen stehen bleibt oder von ihnen aus – durch eine langfristige (reform-)politische Strategie – vorangetrieben werden soll, ist, ebenso wie ihr Verhältnis zum „Restkapitalismus" bzw. der verbleibenden marktförmig organisierten Wirtschaft, umstritten. Radikalere Positionen halten das Konzept der Reifung und Möglichkeit der Sozialisierung in nur wenigen Großbetrieben für falsch und gehen davon aus, dass eine Vergesellschaftung immer und überall möglich und notwendig sei (vgl. Korsch 1919, 113).

Wo das Narrativ der Sozialisierungsreife den Produktionssektor der Ökonomie ins Auge fasst, argumentieren aktuellere Ansätze für eine Vergesellschaftung der

---

13 Oft Monopole der großindustriellen Rohstofferzeugung, Infrastrukturgüter und/oder solche Wirtschaftszweige, die aufgrund eines massiven Aufgebots an fixem Kapital keinen Wettbewerb zulassen sowie die Großbanken.

Reproduktionssphäre. Diese oblag im Sinne der Daseinsvorsorge lange Zeit dem Staat, wurde aber zu großen Teilen gegen Ende des 20. Jahrhunderts privatisiert. In diesem Zuge gibt es ebenfalls unterschiedliche Ansichten darüber, ob sich Vergesellschaftung auf privatwirtschaftliche Unternehmen beschränken sollte, oder ob auch Staats- und Kommunalbetriebe (die mittlerweile vermehrt formell privatwirtschaftlich organisiert sind) als Sozialisierungsobjekte in Frage kommen. Konzepte von Sozialisierungskatalogen sind eng mit langfristigen Zielvorstellungen der Vergesellschaftung verknüpft. Sie zeigen auf, welche Wirtschaftsbereiche eine grundlegende Erweiterung der gesellschaftlichen Dispositionsmacht ermöglichen, sowie welche Sektoren kollektiv bewirtschaftet und welche dem Markt überlassen werden können.

2.2.3 Organisationsform und Umsetzung: Zentralität vs. Dezentralität – Mitbestimmung und demokratische Legitimität

Die konkrete Organisationsstruktur einer vergesellschafteten (Teil)Wirtschaft muss für das Spannungsfeld zwischen kollektiver Planung und Koordination, sowie dezentrale demokratische Teilhabe praktikable und handlungsfähige institutionelle Lösungen finden (vgl. Naphtali 1977, 162). Auf der einen Seite steht dabei die Steuerung und Abstimmung ganzer Industrien und Wirtschaftszweige durch eine Wirtschaftsgewalt, die nicht mehr im Namen von Privatpersonen, sondern dem Gemeinwesen wirtschaftet. Auf der anderen Seite stehen ihr nach Freiheit strebende Individuen und Betriebe gegenüber, die ständig situativ flexible Entscheidungen zur Lösung ökonomischer, sozialer und ökologischer Probleme treffen müssen und der Kollektivwirtschaft dabei doch als tätige Glieder angehören. Konzepte der Vergesellschaftung müssen also Wege finden, das Individualbedürfnis mit dem Gemeinwohl produktiv in Einklang zu bringen. Dabei muss sie sowohl anpassungsfähig an eine sich stetig im Wandel befindende gesellschaftliche und technische Entwicklung bleiben, als auch das kollektive Interesse im Blick behalten. Zum anderen muss sie wirtschaftliche Institutionen aufbauen, die eine gesellschaftliche Machtausübung über die Kontrolle der Produktion und Verteilung gewährleisten und dabei keine Entfremdung hervorrufen (vgl. Wright 2020, 273). Inwiefern solche Lösungen demokratisch legitimiert sind, hängt davon ab, wie inklusiv die Entscheidungs- und Eigentumsstrukturen aufgebaut sind (ebd., 180). Inwiefern sie handlungsfähig und produktiv bleiben, hängt dagegen unter anderem von dem Maß der Durchsetzungskraft oder Autorität in ihren Strukturen ab (vgl. Beckenkamp 2012, 54). Dies stellt ein demokratietheoretisches Dilemma dar, für dessen Austarieren es im konkreten Institutionenaufbau ebenfalls ein Spektrum an Ansätzen gibt. Diese sollen hier nachfolgend in idealtypischen Kategorien dargestellt werden.

Kategorie 1: Zentralität als Maxime

Anhänger:innen der idealtypischen Idee einer starken Zentralisierung der Wirtschaftsgewalt waren dies meist unter dem unbedingten Vorsatz, dass die „Staatsmacht in den Händen der produzierenden Klasse liegt" (Abendroth 1962b, 489) – in Form der charismatischen Herrschaft einer Avantgardepartei[14]. Um trotzdem die demokratische Legitimation nicht zu verlieren und weiterhin ein Garant für gesellschaftliches und nicht rein staatliches Eigentum zu sein, müsste die Partei allerdings tiefgreifend in gesellschaftliche Netzwerke und Gemeinschaften eingebettet sein (Wright 2020, 198f). Der proletarische Staat galt hier als Akteur, der das theoretische Dogma ausführen kann, im Zuge einer Vollsozialisierung mit einer zentral-administrativen Planung die Ware-Geld-Beziehung und mit ihr den Kapitalismus allumfassend zu überwinden (vgl. Krüger 2016, 296). Betriebe werden zu einem bloßen Vollzugsorgan des zentralen Plans und wirtschaftliche Freiheit weicht der „Einsicht in die wirtschaftliche Notwendigkeit"[15] (Krüger 2016, 258). Gedacht waren diese konzentrierenden Verstaatlichungen[16] im Sinne der marxistischen Theorie jedoch als Durchgangsphase zur Etablierung genossenschaftlicher Produktionsverhältnisse, in denen der Staat schließlich absterben kann und die „Wirtschaft als freie, kooperative Tätigkeit assoziierter Individuen in der Zivilgesellschaft aufgegangen ist" (Wright 2020, 190; vgl. Krüger 2016, 250). Doch auch über solch radikalen Ansätze hinaus gibt es Positionen, die der „Sozialisierung von oben" eine deutliche Priorität gegenüber betriebswirtschaftlichen und syndikalistischen Demokratisierungsbestrebungen bzw. dezentralen Ansätzen der Willensbildung und Koordination, einräumten (vgl. Neurath 1919, 13; Biechele 1972, 107).

---

14 Wie schon bei der Zusammenballung wirtschaftlicher Monopole wurden Zentralisierungsprozesse und die mit ihnen einhergehende Entstehung von Macht, Repräsentation und Hierarchien in bestimmten Denkrichtungen marxistischer Theorie als fortschrittlich gewertet (vgl. Hoffrogge 2017, 188).

15 Institutionalisiert z.B. in Fünfjahresplänen, mächtigen Behörden der Wirtschaft sowie Verwaltern aus Partei und Staat in Unternehmensführungen.

16 Eigentlich gilt es den Begriff der Vergesellschaftung von dem der Verstaatlichung abzugrenzen. Wenn der Staat in der Hand der besitzenden Klasse ist, wird dafür argumentiert, dass es sich faktisch um eine Vergesellschaftung handelt.

Kategorie 2: Dezentralität als Maxime

Dem gegenüber stehen Konzepte mit einem Fokus auf eine dezentrale Art und Weise der Vergesellschaftung. Sie argumentieren demokratietheoretisch für eine stärkere basisorientierte Rückkopplung und für ein Primat der Entscheidungsfindung der unmittelbar von ihr Betroffenen auf die Produktions- und Verteilungsplanung. Sie möchten Bürokratisierung und Hierarchisierung entgegenwirken und institutionelle Arrangements schaffen, die emanzipatorisches Potenzial fördern (vgl. Gottschalch 1969c, 30/42). Diese sollen – unter anderem – einen Transformationsprozess in der Verhaltensweise und im Geiste der Teilhabenden hin zu solidarischem, genossenschaftlichem Handeln auslösen. Doch auch in dezentralen Ansätzen kann es Formen der Repräsentation und Delegation geben, wenn sie z.B. eine bestimmte Unternehmensgröße überschreiten. Diese werden meist im Sinne der Subsidiarität von unten in Mehrebenenmodellen aufgebaut und existieren abseits von staatlichen Strukturen[17] (vgl. Luxemburg 1918, 80-81). Ein dezentrales System der Vergesellschaftung schließt somit eine Vollsozialisierung nicht unbedingt aus, kann aber auch im Kleinen z.B. als genossenschaftliche Organisationsform für einen einzelnen Betrieb gelten. Dezentrale Ansätze sehen sich allerdings ebenfalls vor die Problemlagen gestellt, das Individualinteresse eines Betriebes mit gesellschaftlichen Bedarfen und dem Gemeinwohl in Einklang zu bringen. Sollen sie eine entsprechende Größe erreichen, müssen sie koordinative Strukturen entwickeln, um sich langfristig von einer gewinnmaximierenden Konkurrenzlogik abzugrenzen bzw. mit ihr kompatibel sein zu können, ohne von ihr ausgeschaltet zu werden. Dies führt zu einem Fokus auf die betriebliche Ebene und idealtypische Best-Practice-Beispiele.

Kategorie 3: Mischformen

Der Großteil der Vorschläge vergesellschafteter Organisationsstrukturen setzt sich allerdings unweigerlich als Mischform dieser beiden Pole zusammen und versucht möglichst demokratische Lösungen zu finden und sie mit Koordinierungs- und Planungsmechanismen zu versehen, die sie gegen eine Rücküberführung in klassische Markt- und Profitlogiken absichern. Grundlegende Fragestellungen der Institutionenbildung richten sich darauf, welche gesellschaftlichen Gruppen in Partizipationsprozessen auf welcher Ebene vertreten sein sollen, wie sich das

---

17 Diese Ansätze der Vergesellschaftung von unten fordern oft radikale Formen der Basisdemokratie, möchten elastischere Organisationsformen herausbilden, die Entfaltungsmöglichkeiten und Spontanität erhalten und sie lediglich in die richtige Bahn lenken.

Zusammenwirken von politischer und wirtschaftlicher Sphäre gestaltet und wie das Verhältnis vom konkreten Betrieb (und der Mitbestimmung in ihm) zur überbetrieblichen Wirtschaftsordnung und gesellschaftlicher Planung aufgebaut sein soll. Institutionen der Vergesellschaftung wollen so institutionelle Lösungen finden, die das Primat des Gemeininteresses sichern, ohne zu viel Elastizität und Wissen zu verlieren. Sie balancieren die Notwendigkeit von Durchsetzungskraft und Autorität und die Probleme von Top-Down-Ansätzen auf Makro-, Meso- und Mikroebene der Volkswirtschaft aus (vgl. Beckenkamp 2012, 54). Die Gewerkschaften standen historisch im Zentrum der Debatte und werden ambivalent zwischen ihrer Rolle als Demokratiegarant und ihrer sozialpartnerschaftlichen Teilhabe an der Unternehmensführung als Akteur:in der Vergesellschaftung behandelt. Die konkrete institutionelle, demokratietheoretische Beschaffenheit der gesellschaftlichen Verfügungsmacht ist eng mit Eigentumsformen verwoben, bildet aber auch politische, überbetriebliche Räume neben konkreten betrieblichen Strukturen hervor und wirkt daher systembestimmend (vgl. Krüger 2016, 243).

2.2.4 Der Weg: Sozialreformistischer, sozialrevolutionärer Weg und Vergesellschaftung von unten

Die Positionen darüber, welche Bereiche der Wirtschaft in welchem Umfang und Organisationsmodus vergesellschaftet werden sollen, sind eng mit der Vorstellung verwoben, wie sich Weg und Schritte der konkreten Umsetzung notwendigerweise gestalten lassen. Auch hier lassen sich drei Kategorien von Stoßrichtungen herausbilden. Relevant sind für ihre Definition jeweils das Verständnis des Staates bzw. der Durchsetzungsmöglichkeiten in ihm, die Akteursbasis, die den Prozess des Wandels tragen soll, sowie die vermeintlichen Möglichkeitsfenster, die sich in Neuordnungsperioden aus gesellschaftlichen Kräfteverhältnissen eröffnen.

Kategorie 1: Sozialrevolutionärer Weg gegen den etablierten Staat

Anhänger:innen orthodox-marxistischer Strömungen betrachten den Sturz des etablierten Staates und seine anschließende Übernahme durch die produzierende Klasse als Grundbedingung der Errichtung einer sozialistischen Gesellschaft, welche auf der Vergesellschaftung der Produktionsmittel aufbaut. Der Staat wird dabei als das Instrument der bürgerlichen Klassenherrschaft und damit als nicht reformierbar begriffen. Je nach Denkrichtung kann dieser Umsturz auf zwei Wegen erfolgen. Der Erste fußt auf einem materialistischen Geschichtsbild der Krisentheorie. In diesem führt die Bewusstseinsbildung der proletarischen Masse mittels der Widersprüche ihrer sozialen und ökonomischen Verhältnisse zu ihrem Aufbegehren gegen ebendiese. Schließlich kulminiert sie in der Aneignung des Staates durch das Proletariat als Massenbewegung. Beim zweiten Weg, der als leninistisch bezeichnet werden kann, eignet sich die proletarische Masse den Staat über die Wahl einer avantgardistischen Arbeiterpartei an, die als Trägerin des wissenschaftlichen Bewusstseins fungiert, über das die breite Masse nicht verfügt (vgl. Krüger 2016, 291). Qualitative Unterschiede in der Bewusstseinsbildung verschiedener Akteursgruppen bilden demnach die Basis der Analyse der verschiedenen revolutionären Strategien (vgl. ebd.). Die Vorstellung darüber, wie der Weg in eine sozialistische Gesellschaft nach der Machtergreifung der produzierenden Masse durch Partei oder Bewegung weiter gestaltet werden soll, gliedert sich in den vorherrschenden Ansätzen in mindestens zwei Perioden. Die Erste ist die des Übergangs, die von leninistischen Theoretiker:innen offen als Staatskapitalismus oder als „die niedere Phase der kommunistischen Gesellschaft" (ebd., 255) bezeichnet wird. In dieser Phase erfolgt die Verteilung noch entsprechend der individuell erbrachten Leistung, und der Markt ist noch nicht vollständig von gesamtgesellschaftlichen Planungen abgelöst (vgl. ebd. 249ff). Der Staat ist hier der Träger der Produktionsmittel großer Teile der Wirtschaft. Die zweite Periode ist die der wirklichen sozialistischen oder kommunistischen Gesellschaft, in der der Staat schließlich abstirbt und die Menschen frei von Herrschaftsverhältnissen und ökonomischen Knappheitsbedingungen in genossenschaftlichen Strukturen leben können (vgl. Hoffrogge 2017, 63f).

Kategorie 2: Hinüberwachsen in die sozialistische Gesellschaft 1: Der sozialreformistische Weg

Im Gegensatz zu revolutionären Ansätzen ist die Grundidee transformativer Ansätze, dass die Gesellschaft allmählich vom Kapitalismus durch die Ausweitung gesellschaftlicher Macht und vergesellschafteter Teilbereiche der Wirtschaft in den Sozialismus hineinwachsen kann. Sie können in zwei Stoßrichtungen unterteilt werden: die des Sozialreformismus innerhalb des Staates und die des selbstorganisierten Aufbaus von unten außerhalb von ihm (vgl. Wright 2020, 443). Der sozialreformistische Weg geht davon aus, „dass der Kapitalismus bevor er *gebrochen* wird, auch *gebogen* werden kann" (Naphtali 1977, 28), sprich, dass es innerhalb einer parlamentarischen Demokratie möglich ist, im schrittweisen Prozess der Demokratisierung der Ökonomie das Wirtschaftssystem vom Kapitalismus zum Sozialismus umzuwandeln. Diesem Ansatz liegen ein positives Rechts- und Staatsverständnis („Staat als Gemeinwesen" statt reiner Klassenstaat), sowie eine strategische Ausrichtung auf mehrere Ebenen der Zurückdrängung des Kapitalismus' zu Grunde. Neben dem politischen Kampf um Machtausübung im Staat durch sozialistische oder sozialdemokratische Parteien wird der ökonomische Kampf um Teilhabe auf dem Arbeitsmarkt durch Gewerkschaften geführt. Zeitgleich werden Aufbau und Ausweitung nicht-gewinnwirtschaftlicher Unternehmensformen, wie z.B. Genossenschaften, gefördert (vgl. Mersmann/Novy 1991, 28). Nach und nach sollen so gemeinwirtschaftliche Elemente in die Wirtschaft hineingebaut werden, die dem Staat und den Arbeitgeber:innen zunehmend die Führung und Kontrolle der Wirtschaft entziehen und die Vorbedingungen für Sozialisierungsmaßnahmen schaffen (vgl. Biechele 1972, 60). Anhänger:innen sozialreformistischer Denkweisen argumentieren daher für die Vergesellschaftung sozialisierungsreifer Unternehmen und der parallelen Ausweitung von Verfügungsmacht auf gesetzlichem Wege, statt einer schnellen, utopisch-wirkenden, grundlegenden Änderung der Eigentumsordnung. Darüber hinaus setzten sie sich vermehrt für Institutionalisierungen der Erweiterung gesellschaftlicher Verfügungsmacht, wie z.B. Aufsichtsratsposten oder Betriebsräte, ein. Kritik an sozialreformistischen Ansätzen formuliert sich an der durch sie vermeintlich erfolgenden systemischen Einhegung antagonistischer Bewegungsinstitutionen in den Staat und ihrem mutmaßlichen Überschätzen der parlamentarischen Demokratie als Boden für die Durchsetzung grundlegender Änderungen (vgl. Koolen 1979, 201). Sozialrevolutionäre Positionen werfen ihnen vor, sich zuspitzende Widersprüche der kapitalistischen Gesellschaft zu befrieden, anstatt sie bis zum Umbruch voranzutreiben, und so eher systemstabilisierend zu agieren.

Kategorie 3: Hinüberwachsen in die sozialistische Gesellschaft 2:
Der Aufbau von unten und die neue Gesellschaft im Hier und Jetzt

Der zweite Weg des Hinüberwachsens von der Markt- zur Kollektivwirtschaft beschreibt den freiwilligen, selbstorganisierten Zusammenschluss von Individuen außerhalb des Staates. Die grundlegende Strategie ist die des Aufbaus alternativer Institutionen wie Kooperativen, Genossenschaften oder anderen Formen der Gemeinwirtschaft im Hier und Jetzt, mit dem Ziel, ihren Umfang und Tiefgang langsam so zu erweitern, „dass kapitalistische Zwänge aufhören, ihnen verbindliche Grenzen aufzuerlegen" (Wright 2020, 443). Diese „Sozialisierung von unten" (Koolen 1979, 161) frei assoziierter Individuen will Modelle eines richtigen Lebens in genossenschaftlichen und nicht-kapitalistischen Formen der „Gegenvergesellschaftung" herstellen (vgl. Adorno 1951, 326). Sie sollen gelebte Sozialutopie mit einer Pionierfunktion für den Umbau hin zu einer nachhaltigen

Lebens-, Wohn- und Wirtschaftsweise sein, die menschliche Bedürfnisse statt die Vorgaben des Marktes in den Mittelpunkt stellt (vgl. Notz 2021, 17). Sie sollen Orte der Bewusstseinsbildung und des Formens neuer Sozialbeziehungen sein, die die Macht der in ihnen aktiven Gruppen emanzipatorisch stärken und so Perspektiven auf nichtkapitalistische und herrschaftsfreie Zonen eröffnen (vgl. Exner/Kratzwald 2012, 45). Sie wollen keine bestehenden Strukturen enteignen und umorganisieren, sondern ihre eigenen von vorn herein selbst aufbauen. Nichtsdestotrotz kämpfen solche Vergesellschaftungs-Versuche von unten trotz ihrer außerparlamentarischen Ausrichtung dafür, in staatliche und rechtliche Institutionen aufgenommen bzw. von ihnen anerkannt zu werden, um langfristig bessere Chancen zu haben, bestehen zu können. Aus ihnen hervorgegangene Konzepte wie Genossenschaften, Commons oder Kollektivbetriebe dienen den weiter oben behandelten Kategorien als Fluchtpunkte zukünftiger Organisationsmöglichkeiten (vgl. Koolen 1979, 164). Gleichzeitig kritisieren Vertreter:innen sozialrevolutionärer Ansätze sie dafür, dass sie keine gesamtwirtschaftliche Lösung formulieren, sondern lediglich utopische (Halb)Inseln im marktförmigen Ozean darstellen. Sie produzieren unter kapitalistischen Bedingungen für den kapitalistischen Markt oder maximal für eine kleine, klar definierte Gruppe an Abnehmer:innen außerhalb von ihm. Es bleibt unklar, wie sich die strategische Ausweitung solcher bottom-up Konzepte der Vergesellschaftung auf die Industrie und weitere Bereiche der Wirtschaft – über bewusstseinsbildende Prozesse – hinaus gestalten soll (vgl. Notz 2021, 63ff).

2.2.5 Zielvorstellungen

Die Problemlagen und -vorstellungen, für die eine Vergesellschaftung Lösungsansatz sein sollen, sind multipel und unterlagen im Laufe des letzten Jahrhunderts durch gesellschaftliche, politisch-ideologische und technische Veränderungen ebenfalls vielfachen Wandlungsprozessen. Zentral war ihnen jedoch die Vorstellung davon, durch eine Vergesellschaftung das Primat der wirtschaftlichen Profitmaximierung durch eine Ausrichtung auf das gesellschaftliche Gemeinwohl – also auf einen pluraleren Kanon an Zielen – zu ersetzen.

Der Begriff des „Gemeinwohls" wird mit einer Ausrichtung an Bedarfen oder Bedürfnissen gleichgesetzt, die es zu ermitteln und auszuhandeln gilt. Herauszufinden, was sich zu einem gegebenen Zeitpunkt in einer spezifischen Gesellschaft hinter ihnen verbirgt, ist eine komplexe Aufgabe, vor der vergesellschaftete Institutionen stehen. Neben der Orientierung an konkreten Bedarfen gibt es allerdings prägende Werte, die im Kontext von Vergesellschaftung maßgeblich für ein gutes Leben und eine Steigerung des Gemeinwohls stehen. Zu den relevantesten Zielvorstellungen gehört die Beendigung von inner- und überbetrieblichen Herrschafts- und Ausbeutungsverhältnissen bei der Lohnarbeit durch eine Demokratisierung der Entscheidungsstrukturen. Auch ein Abbau von rassistischen und patriarchalen Herrschaftsformen, die sich in ökonomischen Strukturen reproduzieren, soll durch sie erfolgen. Der Grad der gesellschaftlichen Ermächtigung mit Bezug auf das Eigentum an wirtschaftlichen Ressourcen und Tätigkeiten stellt dabei den zentralen Hebel der Demokratie und Teilhabemöglichkeiten dar (vgl. Wright 2020, 195).

Ferner bildet der Begriff der Effizienz eine breite Projektionsfläche für Zielvorstellungen von Vergesellschaftung. Auf der einen Seite stehen historische Denkrichtungen, die sich im Sinne eines liberalen Effizienzbegriffs von einer vergesellschafteten, sozialistischen im Gegensatz zu einer kapitalistischen Wirtschaft eine deutliche Steigerung der Produktion und des materiellen Lebensstandards versprachen. Auf der anderen Seite befinden sich Konzeptionen, die für ein „Optimum" statt für ein „Maximum" plädieren und gerade ein Miteinbeziehen von multiplen Zielen wie z.B. dem der Nachhaltigkeit (und mit ihr eine potenzielle Output-Reduktion), der sozialen Wohlfahrt, sowie der Arbeitszeitverkürzung durch Vergesellschaftung für möglich halten. Sie betrachten eine Neudefinition des Effizienzbegriffs, dessen Messbarkeit anderen Parametern als bloßem Profit und Output unterliegen muss, als Voraussetzung für ein Wirtschaften im Sinne des Gemeinwohls.

Bürgerlich-liberale Ansätze der Vergesellschaftung (und Verstaatlichung) betrachten hingegen das Ausgleichen von Marktversagen als die vorrangige Aufgabe öffentlicher und gesellschaftlicher Wirtschaft: Von der konkreten Selbsthilfe der Betroffenen durch genossenschaftliche Bestrebungen in Krisenzeiten bis zur gesamtgesellschaftlichen Bereitstellung von zentralen Infrastrukturgütern oder Leistungen der Daseinsvorsorge, für die es (noch) keinen rentablen Marktanreiz gibt, soll das Ziel eines vergesellschafteten Unternehmens das Füllen von Lücken auf dem Markt sein. Was genau ein Marktversagen definiert, bleibt dabei jedoch Gegenstand kontroverser Aushandlungen.

Die Vergesellschaftung ist jedoch stets als notwendige, nicht als hinreichende Bedingung zum Erreichen multipler Ziele zu betrachten. Sie garantiert eine Ausweitung gesellschaftlicher Verfügungsmacht. Was die Gesellschaft mit dieser anfängt, lässt sich erst im konkreten Fall feststellen.

3. Weimarer Novemberrevolution & Weimarer Republik – Die Systemfrage

3.1 Politische, ökonomische und technische Voraussetzungen

Deutschland hatte sich im letzten Drittel des 19. Jahrhunderts von einem überwiegenden Agrarstaat zu einem industriell und großstädtisch geprägten Land entwickelt. Bis 1914 war Deutschland zur größten Industrienation Kontinentaleuropas herangewachsen, sein Anteil an der Weltindustrieproduktion lag bei 15 Prozent und nur noch ein Drittel der Gesamtbeschäftigten arbeitete in der Landwirtschaft. Die beiden Jahrzehnte vor dem Ersten Weltkrieg standen im Zeichen der Hochkonjunktur. Die Industrien der Ersten Industriellen Revolution, wie Montan und Bergbau, erhöhten kontinuierlich ihre Produktion, neue Leitsektoren wie der Maschinenbau, die Großchemie oder die Elektroindustrie stiegen rasant auf und die Exporte nahmen zu. Ab 1890 wurden ganze Städte durch den Bau von Kraftwerken und Fernleitungen mit Strom versorgt. In den industriellen Zentren entstand mit den Industriearbeiter:innen und den Angestellten ein neuer Typ von Arbeitnehmer:innen. Die Reallöhne stiegen und die Lebensverhältnisse verbesserten sich – nicht zuletzt durch die staatliche Sozialgesetzgebung. Trotzdem kam es aufgrund langer Arbeitszeiten und als unwürdig empfundene Arbeitsbedingungen zu Beginn des 20. Jahrhunderts immer wieder zu Streiks (vgl. Scriba 2014c).

Der Erste Weltkrieg hinterließ materiell jedoch eine Industrieproduktion, die 1919 wieder auf den Stand von 1888/89 zurückgefallen war (vgl. Fischer 1976, 803; Abendroth 1958b, 227). Die deutsche Volkswirtschaft war am Boden. Die Produktionsanlagen waren vielerorts veraltet und abgenutzt, die Rohstofflager leer und Kapital für Neu- und Ersatzinvestitionen nicht vorhanden. Die Ernährung der Bevölkerung war in Frage gestellt und das Reich war in der Rohstoff- und Lebensmittelversorgung vom Ausland abhängig (vgl. Biechele 1972, 15). Die Kosten der Demobilmachung, der Erwerbslosenfürsorge, sowie die anstehenden Reparationszahlungen im Rahmen des Versailler Vertrags lasteten auf den Staatsausgaben (vgl. Bechtel 1967, 419). Das Reich war stark verschuldet. Wesentliche deutsche Gebietsteile waren von den Alliierten annektiert worden (Vgl. Steinmann 1959, 30). Die Nation bestand dank ihres niedrigen Bildungsstandes zu einer großen Mehrheit aus Analphabeten und die sozialen Gegensätze hatten sich in Anbetracht der immensen Belastungen des Krieges auch für die Zivilbevölkerung zugespitzt (vgl. Brückner 2013, 13; Kaltenborn 2008, 31; Abendroth 1958b, 227).

Nachdem bereits seit 1917 die Anzahl größerer Streiks von kriegsmüden Arbeitern in Deutschland zugenommen hatte (vgl. Kaltenborn 2008, 16), entluden sich die aufgebauten Spannungen schließlich in der von einer Matrosenmeuterei in Wilhelmshaven ausgelösten revolutionären Bewegung von Soldaten und Arbeitern. Sie breitete sich rasch über das gesamte Land aus, baute Rätestrukturen auf und wurde von einem Generalstreik, der am 9. November von revolutionären Obleuten ausgerufen wurde, unterstützt (vgl. Sturm 2011). Dass am selben Tag Philipp Scheidemann und Karl Liebknecht parallel vom Berliner Reichstag und Stadtschloss binnen weniger Stunden jeweils die „Deutsche Republik" und die „Freie sozialistische Republik" ausriefen, kann als Zeichen dafür gelesen werden, wie offen die Situation in diesem historischen Augenblick erschien. Das Rätesystem und die parlamentarische Demokratie rangen um Hegemonie. Die MSPD setzte einen „Rat der Volksbeauftragten" mit paritätischer Beteiligung der USPD – aber unter Vorsitz der MSPD – ein, der als revolutionäre Übergangsregierung fungierte und alsbald seinen Fokus auf die politische, aber nicht die wirtschaftliche Demokratisierung des Landes legte (vgl. Brückner 2013, 16). Ziel war es, den Staat durch ein allgemeines Wahlrecht demokratisch auf dem Weg der Gesetzgebung „von oben" und nicht durch revolutionäre Akte „von unten" in Besitz zu nehmen (vgl. Hoffrogge 2017, 62; Grupp 1966, 13; Sturm 2011). Man fürchtete einen Bürgerkrieg, wie er nach der russischen Revolution entstanden war, und trat wilden Versuchen der Sozialisierung entschieden und gewaltvoll entgegen (vgl. Grupp 1966, 13). Die folgenden zwei Jahre waren nichtsdestotrotz von erbitterten Kämpfen um die Neuordnung der Gesellschaft geprägt. Entgrenzte Generalstreiks im Februar und April 1919 in den Kohlen- und Kalibergwerken wollten die Forderungen der Arbeiter:innen nach Sozialisierung durchsetzen und Druck auf die organisierte Arbeiterbewegung ausüben (vgl. Winkler 1984, 175f; Klopotek 2021, 34). In Bremen und Bayern wurden Räterepubliken von den dortigen Arbeiter- und Soldatenräten ausgerufen und alsbald blutig niedergeschlagen. Führende Politiker:innen wie Karl Liebknecht oder Rosa Luxemburg wurden von rechten Freikorpstruppen ermordet.

Die zentrale Frage der Linken in der Revolutionsphase war die nach einer Mitarbeit im sich konstituierenden bürgerlich-parlamentarischen Staat oder der Einführung des Rätesystems als Grundlage einer neuen staatlichen und wirtschaftlichen Ordnung (vgl. Steinman 1959, 66). Im Verlauf des ersten Weltkrieges hatte sich die deutsche Linke bereits anhand der Angelegenheit der „Landesverteidigung" gespalten, die ebenfalls als Ergebnis einer wachsenden Integration in den Staat gesehen wurde. SPD und Gewerkschaften unterstützten den Kriegskurs der Regierung und riefen zur Verteidigung des Kaiserreichs auf. Dies führte im ersten Schritt zur Abspaltung des linken und linksradikalen Flügels der SPD zur USPD und im zweiten Schritt zur Abspaltung des Spartakusbundes zur späteren KPD (vgl. Hoffrogge 2017, 193). Diese Dichotomie von sozialdemokratisch-reformistischer und kommunistisch-revolutionärer Richtung prägte die Linke und damit die Debatten um Vergesellschaftung für die nächsten Jahrzehnte. Gerade in dieser offenen Anfangsphase der Republik bestand ein breiter Konsens bei Bevölkerung, Gewerkschaften und (nicht nur den sozialistischen) Parteien für eine Sozialisierung mindestens der Schlüsselindustrien[1] (vgl. Brückner 2013, 219). Im Folgenden sollen verschiedene Akteur:innen, Theoretiker:innen und Bewegungen sowie die schlussendliche gesetzliche Ausgestaltung der Weimarer Republik im Hinblick auf ihre Konzepte der Vergesellschaftung näher untersucht werden.

3.2 Arbeiterbewegung

Die sozialistisch geprägte Arbeiterbewegung des späten 19. und frühen 20. Jahrhunderts stellte eine wirkmächtige Akteurin gesellschaftlichen Wandels dar. Sie machte bereits im 19. Jahrhundert die Vergesellschaftung der Produktionsmittel zu ihrem Kernanliegen, konnte aber nie konkrete Sozialisierungsmaßnahmen durchsetzen (vgl. Hoffrogge 2017, 195). Im Zuge der Novemberrevolution erhob sie diese erneut zur zentralen Forderung (vgl. ebd., 147; Grupp 1966, 12). „Klasse war im 19. Jahrhundert kein soziologischer Begriff, sondern eine Lebenserfahrung" (Hoffrogge 2017, 79), die große Teile der arbeitenden Bevölkerung teilte. Sie manifestierte sich deshalb in der ersten Hälfte des Jahrhunderts nicht nur am Arbeitsplatz, sondern in Kultur- und Sportorganisationen, Kneipen und Wohnvierteln, die die Grundlage für kollektiven Protest und Radikalisierung boten (vgl. Von Loesch 1979, 59). Die Bewegung wurde so wirkmächtig, dass Reichskanzler Bismarck aus Furcht vor einem revolutionären Umsturz 1878

---

[1] So forderte beispielsweise eine Regierungserklärung vom 13. Februar 1919 eine Sozialisierung „von Wirtschaftszweigen, die nach ihrer Art und ihrem Entwicklungsstand einen privatmonopolistischen Charakter angenommen haben" (Brückner 2013, 13).

mit dem sogenannten Sozialistengesetz[2] gegen sie vorging, welches sozialdemokratische Parteien, Presse, Gewerkschaften und Unterstützungsvereine auflöste (vgl. ebd., 76f). Zum anderen erließ Bismarck allerdings in den 1880er Jahren als Konzession an die Bewegung verschiedene Sozialgesetzgebungen, die erste Ansätze eines Sozialstaates schufen. Sie sollten die Notlagen der Arbeiter:innen abmildern und der Bewegung so die Grundlagen ihrer Mobilisierungsfähigkeit entziehen (vgl. ebd. 79/196). Ein Integrationsprozess von Teilen der Arbeiterbewegung zur Mitarbeit im Staat fand also bereits vor dem Ausbruch des Krieges statt (vgl. Von Loesch 1979, 55).

Die Arbeiterbewegung stellte keinen monolithischen Block dar, sondern umfasste eine Vielfalt an politischen Praxen, Organisationsweisen und damit eng verbunden auch Vorstellungen von Vergesellschaftung. Hier wird sich deshalb auf die breit angelegte Definition von Hoffrogge bezogen, die die Arbeiterbewegung als „Proteste von Lohnarbeitenden, die zum Erhalt ihres Lebensunterhaltes auf den Verkauf ihrer Arbeitskraft angewiesen sind", versteht und damit nicht nur die fest institutionalisierten Arme der Bewegung wie Gewerkschaften und Genossenschaften inkludiert, sondern auch wilde Streiks und spontane Rätebildungen umfasst (ebd. 2017, 18). Die Bewegung lässt sich folglich grob in zwei Strömungen unterteilen: Zum einen in ebendiesen offiziellen, rechtlich anerkannten Teil der Parteien mit größer werdenden Wahlerfolgen und disziplinierten Gewerkschaften, die zu einer Zusammenarbeit mit und im Staat und dem Unternehmertum bereit waren. Zum anderen in den selbstorganisierten, spontanen und teils eher untergründig vernetzten Teil der Räte, der Massenstreiks und der Genossenschaften (vgl. Klopotek 2021, 207). Beide Pole drängten zur Gründungszeit der Weimarer Republik auf eine Vergesellschaftung der Produktionsmittel. Ihre unterschiedlichen Vorstellungen und Herangehensweisen führten dabei jedoch zu tiefen Gräben innerhalb der Bewegung (vgl. ebd. 208). Im Folgenden sollen die verschiedenen Teile der Arbeiterbewegung im Hinblick auf ihre politischen und organisatorischen Praxen, sowie ihren Vorstellungen von Vergesellschaftung untersucht werden.

---

2   Kurz für „Gesetz gegen die gemeingefährlichen Bestrebungen der Sozialdemokratie" – wobei „sozialdemokratisch" bis zum Ersten Weltkrieg dasselbe wie „sozialistisch" meinte und danach als Begriff umstritten war (vgl. Hoffrogge 2017, 21).

3.2.1 Rätebewegung und wilde Streiks

Im Zuge der Revolution bildeten sich in nahezu allen deutschen Städten revolutionär gesinnte Arbeiter- und Soldatenräte. Sie hatten ihre Wurzeln in den großen Streikwellen Anfang des 20. und Ende des 19. Jahrhunderts und standen zu großen Teilen außerhalb gewerkschaftlicher Organisation (vgl. Klopotek 2021, 34; Von Loesch 1979, 78). In ihnen vereinten sich die Streikmacht der Arbeiter:innen, die bewaffnete Macht der Soldaten und eine gemeinsame Mobilisierungsfähigkeit, die eine treibende Kraft des gesellschaftlichen Umbruchs bildeten (vgl. Sturm 2011; Kaltenborn 2008, 23). Die ganzheitliche, revolutionäre Vergesellschaftung der Produktionsmittel bildete das verbindende und zentrale Anliegen der lose organisierten Rätestrukturen. Diese Räte sollten das emanzipatorische institutionelle Gerüst einer neuen, sozialisierten Wirtschaft und Gesellschaft konstituieren (vgl. Weipert 2015, 423). Das Wesen der Bewegung und ihrer Programmatik, die sich eher aus sich um diese Kernforderung gruppierenden Teilaspekten zusammensetzte, bestand allerdings gerade in ihrer Unabgeschlossenheit (vgl. ebd. 425; Klopotek 2021, 223). Die Räte waren elastische spontane Organe der Massen, die nicht an Wahlaufträge gebunden waren (vgl. Gottschalch 1968c, 38/42).

In den Debatten um die Rolle von Räten in der Neuordnung von Politik und Wirtschaft stellt Weipert (2015) zwei Positionen heraus. Zum einen den moderateren Arm der Sozialdemokratie, der Räte als Ergänzung der etablierten Ordnungsweise betrachtete und sie in diese integrieren wollte. Sie sollten als Unterstützer:innen der von oben durchgeführten Reformen, sowie als ihre Kontrollinstanz in Verwaltung und Wirtschaft agieren. Zum anderen den der radikalen Linken, die nach einer Räterepublik nach eher sowjetrussischem Vorbild strebten und ihnen die Rolle von zentralen gesellschaftlichen Ordnungsinstitutionen einräumen wollte (vgl. Scriba 2015a).

Linksradikalere Kräfte[3] forderten eine sozialistisch-rätedemokratische Gesellschaftsordnung, in der Räte als weitgehender Ersatz der bestehenden Ordnungsweise fungieren sollten, statt in diese integriert zu werden. Sie sahen in ihnen eine radikale Form der sozialistisch-basisdemokratischen Alternative jenseits der Sozialdemokratie, sowie autoritären Formen der staatlichen Verwaltung (vgl. ebd., 448). Sie wollten partizipative Räte unmittelbar an der Machtausübung sowohl von Politik als auch Produktion beteiligen (vgl. Wright 2020, 200). Die Forderung nach Sozialisierung der Wirtschaft stand demnach gleichranging ne-

---

3 Vor allem Mitglieder des Spartakusbundes bzw. der KPD und des linken Flügels der USPD waren am radikalen Teil der Rätebewegung beteiligt.

ben der Einführung eines Rätesystems (vgl. Biechele 1972, 36). Ein geschlossenes Konzept einer neuen Wirtschaftsordnung, hinter dem der radikale Flügel der Bewegung geeint stand, fehlte allerdings[4]. Obgleich man sich einig war, dass die Produktionsmittel in die Hand der Räte überführt werden sollten, war unklar, wie diese neue Eigentumsordnung konkret zu organisieren wäre. Die Rätestrukturen organisierten bislang vordergründig Streiks und Proteste und keine Volkswirtschaft. Die Räte agierten auf der Ebene des Betriebs mit großen Fabriken als wichtige Stützpunkte ohne eine feste überregionale Struktur. In Großstädten wie Berlin gab es eine Vollversammlung als vermittelte Ebene und einer Art Streikleitung als oberstes Exekutivorgan (vgl. ebd. 426-430). Die Beteiligten stellten eine basisdemokratische Gesellschaftsordnung von unten nach oben vor (vgl. Weipert 2015, 426ff). Sie sollten nicht nur einen Gegenentwurf zur damaligen Gesellschaft insgesamt, sondern auch zur „herkömmlichen Arbeiterbewegung formulieren[5] (Weipert 2015., 425).

Neben den landesweiten Kämpfen um ein Rätesystem gelang es linken und linksradikalen Kräften in Bremen und Bayern im Januar und April 1919 für wenige Wochen eine Räterepublik auszurufen (vgl. Kaltenborn 2008, 26). Eine zentrale Figur dieser Entwicklungen war Otto Neurath. Neurath initiierte die Gründung des Zentralwirtschaftsamtes, welches die Wirtschaft der kurzlebigen Republik Bayerns lenken sollte, und drängte aufgrund des günstigen Zeitpunktes der noch bestehenden zentralistischen Kriegsorganisation der Wirtschaft, sowie einer ebenfalls noch starken innernationalen Ausrichtung der Betriebe, auf eine rasche Sozialisierung (vgl. Bückner, 28; Neurath 1919, 20). Er betont, dass eine Wirtschaft sozialisieren bedeute, sie einer „planmäßigen Verwaltung zu Gunsten der Gesellschaft durch die Gesellschaft zuzuführen (Neurath 1919. 3). Dies hieße wiederum, dass eine sozialistische Verteilung ohne Geld als treibende Kraft gewährleistet sein müsse[6]. Beides könne unter Umständen durch „das politischen Zwecken dienende Rätesystem" statt einer demokratisch gewählten Volksvertretung mit ihrem Verwaltungsapparat geschehen (ebd., 4). „Übereinander gestaffelte Räte als Leiter der Produktion, die sich schließlich zu einem

---

4 Da viele der Beteiligten der Rätebewegung kaum schriftliche Quellen hinterließen stützen sich viele der hier zitierten Autoren auf eine Analyse ihrer politischen Handlungen um Strategie und Strukturvorstellungen abzuleiten (vgl. Weipert 2015, 424).
5 Da sich ihre zentralisierten Organisationsformen vermeintlich als kapital-konform und elitär erwiesen haben (vgl. Klopotek 2021, 31).
6 Neurath war ein Anhänger der Naturalrechnung (vgl. ebd., 15). Die später behandelte Kritik der Kollektivwirtschaft von Ludwig von Mises richtet sich vordergründig an den Systementwurf Neuraths.

Rat der Räte zusammenschließen, sollen gewissermaßen die Bürokratie an allen Stellen durch Vertretungskörper ersetzen" (ebd.). Neben dieser überbetrieblichen Koordination schloss er eine weitgehende Demokratisierung der Betriebe nicht aus (ebd., 7). Neurath war allerdings der Meinung, dass es falsch sei, „wenn man vom Rätesystem produktionstechnisch eine Verbesserung der Lebenslage erwartet" (ebd.). Ihm ging es vordergründig um ein Ende der Ausbeutung und um soziale Gerechtigkeit, statt um einen Mehrgewinn an wirtschaftlicher Effizienz im liberalen Denkmuster. Kritiker:innen eines solchen Rätesystems merkten an, dass dieses auf einer positiven Freiheitslehre beruhe, „die den Arbeitern das quasinatürliche Bedürfnis nach und die Fähigkeit zur Selbstorganisation andichtet", obwohl diese nicht zwangsläufig gegeben sei (Klopotek 2021, 30). Ebenfalls sahen sie dem strikt auf Basisorientierung ausgerichteten Organisationssystem deutliche Grenzen gesetzt, die dazu führe, dass zu wenig Kooperation zwischen Räten unterschiedlicher Regionen bestehe und Verantwortlichkeiten unklar blieben (vgl, Weipert 2015, 431).

Im Gegensatz zu radikalen Rätekonzepten strebte die Sozialdemokratie ihre Integration im Sinne der Mitbestimmung in der rein wirtschaftlichen Sphäre an. Da trotz ihrer außerparteilichen Organisationsform viele Mitglieder der Räte (vor allem in kleineren Städten) den örtlichen Vorständen von MSPD und USPD angehörten, gelangte ihre Zielsetzung zu Einfluss in Teilen der Bewegung. In Großstädten wurden die Räte allerdings vermehrt von Betriebsdelegierten gewählt, so auch der Vollzugsrat der Arbeiter- und Soldatenräte am 10. November 1918 in Berlin (vgl. ebd.). Dieser sollte bis zur Einberufung des ersten Reichsrätekongresses die provisorische Reichsregierung – den Rat der Volksbeauftragten – kontrollieren (vgl. Scriba, 2014b). Der Vollzugsrat forderte die „rasche und konsequente Vergesellschaftung der kapitalistischen Produktionsmittel" und die „Schaffung eines sozialistischen Gemeinwesens auf der Grundlage des Rätesystems" (Resolution der Arbeiter- und Soldatenräte vom 10. November 1918 zitiert in Notz, 103). Da die MSPD der Überzeugung war, eine verfassungsrechtliche Entscheidung für ein Rätesystem oder eine parlamentarische Demokratie dürfe nur von einer vom Volk gewählten Nationalversammlung entschieden werden, hielt sie linksradikale Kräfte in Zusammenarbeit mit der USPD fast völlig aus den Räten heraus (vgl. Sturm 2011). So forderte der erste Kongress der Arbeiter- und Soldatenräte, dessen Mitglieder mehrheitlich in der SPD organisiert waren, einen guten Monat nach Einberufung des Vollzugsrates lediglich noch eine „Sozialisierung von Schlüsselindustrien" (Brückner 2013, 28). Die Räte bauten als Organe der Mitentscheidung Anfang 1919 jedoch weiterhin massiven Druck auf der Straße durch Streiks und Großmobilisierungen auf und forderten Teilhabe. In der Folge institutionalisierte die SPD die Mitsprache der Räte schließlich durch die rechtliche Anerkennung von Betriebsräten, sowie von überbetrieblichen Bezirks- und Reichsarbeiterräten in Artikel 165 der Weimarer Reichsverfassung. Außerdem versprach sie die Einrichtung von Arbeitskammern bzw. Bezirkswirtschaftsräten[7], sowie dem Reichswirtschaftsrat als Räume der Mitbestimmung. Dort sollten die Bezirksarbeiterräte bzw. der Reichsarbeitsrat jeweils mit Vertreter:innen der Arbeitgeber:innenschaft und „sonst beteiligter Volkskreise"[8] zusammenkommen, um an der Ausführung der Sozialisierungsgesetze mitzuwirken und sozial- und wirtschaftspolitische Gesetzesentwürfe von grundlegender Bedeutung zu prüfen (vgl. Art. 165 WRV in Nipperdey 1930, 519). Der Grundstein der Sozialpartnerschaft schien gelegt. Anfang 1920 wurde er durch das Betriebsrätegesetz weiter manifestiert. Dieses gewährte ein:er Betriebsrät:in zwar die Interessen der Arbeitnehmer:innen der Arbeitgeber:in gegenüber zu artikulieren, verpflichtete sie aber andererseits darauf, diese:n bei der Erfüllung des Betriebszweckes zu unterstützen (Gesetzestext in Warneyer 2020, 132ff). Das Gesetz und die paritätischen Institutionen stellten einen empfindlichen Schlag für die radikalere Rätebewegung dar. Der SPD gelang es auf diese Weise, die aus der revolutionären Bewegung hervorgegangenen Räte zu transformieren und aus politischen Funktionen herauszuhalten (vgl. Protokoll der Verhandlungen des Parteitages der SPD in Weimar 1919, 416; Protokoll der Fraktionssitzungen der SPD-Fraktion der Nationalversammlung 1919).

Die Münchener Räterepublik endete wie viele weitere Proteste und Streiks der revolutionären Räte in blutiger Repression des Staates (vgl. ebd., 440). Zeitgleich wurden der Rätebewegung parlamentarisch begrenzte Kompromisse angeboten. Das Zusammenspiel von limitiertem Entgegenkommen, Abdrängen des Rätegedankens in rein wirtschaftliches Gebiet, massiver Repression und dem Fehlen einer festen eigenen Struktur, die dieser standhalten konnte, sorgten dafür, dass die Rätebewegung 1920 nach dem Kapp-Lüttwitz-Putsch faktisch aufhörte zu existieren (vgl. Weipert 2015, 439ff; Biechele 1972, 191). Der Reichswirtschaftsrat kam nur in seiner vorläufigen Form zustande, die Bezirkswirtschafts- und Arbeiterräte, sowie der Reichsarbeitsrat wurden überhaupt nicht realisiert. Was blieb war das Betriebsrätegesetz von 1920 als einzige langfristige Institutionalisierung

---

7   In den Arbeitskammern sollten Arbeitnehmervertreter:innen, Betriebsleiter:innen und Unternehmer:innen gemein Entscheidungen im Sinne der wirtschaftliche Demokratie treffen (vgl. Gottschalch 1968b, 26).

8   Mit dieser Formulierung kann eine Beteiligung von Verbraucher:innen, Wissenschaft und anderen Vertreter:innen der Gesellschaft gemeint sein (vgl. Biechele 1972, 189).

von Mitsprachekompetenzen und Ausweitung von Verfügungsmacht. Dieses stellte allerdings „nur noch eine Karikatur des ursprünglichen Rätegedankens" dar (Kuda 1977, 11). Die Betriebsräte wurden schließlich als Interessensvertretungen von den Gewerkschaften, die der Bewegung anfangs kritisch gegenüberstanden, als verlängerter Arm im Unternehmen umgestaltet (vgl. Weipert 2015, 433). Das Ziel der grundlegenden Vergesellschaftung der Produktionsmittel und einer Neuordnung des politischen Systems war gegen Institutionen der sozialpartnerschaftlichen Mitbestimmung eingetauscht worden. Sie existierten innerhalb eines Mischsystems aus parlamentarischer Ordnung und kapitalistischer Wirtschaft als Erweiterung der Verfügungsmacht der Beschäftigten (vgl. Weipert 2015. 425ff).

Die Avantgardepartei wurde zum neuen Hoffnungsträger der radikalen Linken, und die Räte blieben vor allem als revolutionäre Kampforgane mit großer, spontaner Mobilisierungsfähigkeit, statt als emanzipatorische Wirtschaftsstrukturen im Gedächtnis (vgl. Gottschalch 1968c, 32; Weipert 2015, 442).

3.2.2 Genossenschaftsbewegung

Die ersten Formen der modernen Genossenschaftsbewegung entstanden während der 1860er und 1870er Jahre vor allem als Organisationen der kollektiven Selbsthilfe und vermehrt in direktem Zusammenhang mit Streikaktionen im Antagonismus zur Herausbildung des industriellen Kapitalismus (vgl. Notz 2021, 34/77). Genossenschaften galten deshalb lange Zeit als „Kinder der Not", die den Arbeiter:innen durch ihre äußeren Lebensumstände aufgezwungen wurden, um nicht über den Markt zu erhaltene Angebote und Problemlösungen bereitzustellen (Mersmann/Novy 1991, 25; vgl. Notz 2021, 16). Auch in den ökonomischen und sozialen Notlagen der unmittelbaren Nachkriegszeit kam es praktisch und programmatisch zu einem „Aufblühen der Genossenschaftslandschaft" in der Weimarer Republik (Kaltenborn 2008, 31). Zu keiner anderen Zeit gab es ein solches genossenschaftliches Wachstum wie im Gründungsschub ab 1919[9] (vgl. Mersmann/Novy 1991, 34). Dieser Boom wurde unter anderem auf das Scheitern der revolutionären Sozialisierungsbewegung zurückgeführt (vgl. Mersmann/

---

9   Initiiert wurden die Neugründungen oft von aktiven Gewerkschaftern, obwohl die Genossenschaftsbewegung gerade in der früheren Arbeiterbewegung einen höheren Stellenwert als die gewerkschaftliche Organisierung hatte (vgl. Kaltenborn 2008, 81; Mersmann/Novy 1991, 25). 1920 waren 40.000 eingetragene Genossenschaften zu verzeichnen und zum Höhepunkt ihrer Entwicklung in der Weimarer Republik erfassten die Konsumvereine bzw. -Genossenschaften nahezu vier Millionen Haushalte (vgl. Kaltenborn 2008, 78-79).

Novy 1991, 34). Als sich die privatwirtschaftliche Eigentumsordnung im Staat erneut manifestierte, drängten die Menschen auf eine selbstorganisierte Vergesellschaftung „von unten". Die Genossenschaften schienen die praktikabelste wirtschaftliche Form dafür zu sein.

Eine Genossenschaft gehört keiner Unternehmer:in, sondern den Genoss:innen selbst und stellt demnach eine Form von vergesellschaftetem Eigentum dar. Dieses ist jedoch weiterhin als Privateigentum zu definieren, da es nur einer klar definierten Gruppe von anteilshaltenden Mitgliedern zur Verfügung steht. Allerdings stellt das genossenschaftliche Eigentum aufgrund seiner demokratisch organisierten Verfügungsmacht eine Form des gemeinsamen Eigentums im Kontrast zum individuellen Privateigentum dar (vgl. Notz 2021, 17f/136f). Obgleich Genoss:innen üblicherweise immer einen bestimmten Betrag an Anteilen halten müssen, um Mitglied sein zu können[10], verfügen sie ganz gleich der Höhe über jeweils eine Stimme in der Mitgliederversammlung, die die zentralen Entscheidungen der Genossenschaft trifft (vgl. Naphtali 1977, 84). Die Mitgliedschaft steht demnach theoretisch jedem Menschen allzeit offen, ist aber an bestimmte finanzielle und materielle Restriktionen gekoppelt. Die Genoss:innen können kollektiv darüber entscheiden, ob Gewinne erwirtschaftet werden, was mit ihnen passiert und welche Ziele in ihrem Wirtschaften im Vordergrund stehen sollen. Bei der genossenschaftlichen Wirtschaftspraxis kann daher die Bedürfnisbefriedigung ihrer Mitglieder im jeweilgen Geschäftsfeld, statt der reinen Kapitalverwertung im Vordergrund stehen (vgl. Notz 2021, 29). Genossenschaften betrachten es als ihre Aufgabe, die Lage der Arbeiter:innen nicht nur im Betrieb, sondern auch als Konsument:innen und Mieter:innen zu verbessern. Dies geschieht, indem in den Genossenschaftler:innen mindestens zwei Rollen zusammenfallen, die sich am Markt ansonsten gegenüberstehen: Anbieter:in und Nutzer:in, Unternehmer:in und Arbeiter:in, Vermieter:in und Mieter:in. Die Mitglieder sind gleichzeitig Tragende und Nutzende einer gemeinschaftlichen Leistung und Sorgetragende füreinander (vgl. ebd.; Helfrich/Bollier 2012, 21). Sie versuchen so die äußeren Markt- und Ausbeutungszwänge durch innerorganisatorische Kooperation wenigstens teilweise zu ersetzen (vgl. Mersmann/Novy 1991, 36). Genossenschaften hängt der Ruf einer gelebten Sozialutopie an (vgl. Notz 2021, 17/23). Sie spiegelten in gewissem Maße die Ideale der Arbeiterbewegung

---

10 Dadurch richtet sich die Höhe des Kapitals nach der Zahl der Mitglieder und nicht umgekehrt wie es bei Aktiengesellschaften der Fall ist (vgl. Naphtali 1977, 93-94). Ökonomisch gesehen wachsen so die Vorteile mit steigender Mitgliederzahl, die Möglichkeiten einer demokratischen Selbstverwaltung sinken allerdings (vgl. Mersmann/Novy 1991, 50).

wider: Gleichberechtigung, Mitsprache und Solidarität (vgl. Mersmann/Novy 1991, 26). Diese Projektionen wiesen den Genossenschaften in vielen sozialistischen Vorstellungen die Rolle eines Erziehungsmittels hin zum Gemeinsinn bzw. zum sogenannten Genossenschaftsgeist zu. Es wurde sich erhofft, dass die Arbeiter:innen in ihnen lernen würden, ihre Betriebe selbst leiten zu können (vgl. Kaltenborn 2008, 48f; Notz 2021, 30). Die Genossenschaften waren zur Zeit der Weimarer Republik tief in Alltagswelt und Kultur der Arbeiterbewegung verankert (vgl. Weinert 1994, 46; Mersmann/Novy 1991, 27).

Genossenschaftliche Unternehmen lassen sich in zwei Kategorien unterteilen: die Produktiv- und die Förder- oder Konsumgenossenschaften. Bei den Produktivgenossenschaften sind alle Teilhaber:innen auch Beschäftigte der Genossenschaft und alle Beschäftigten auch Teilhaber:innen: die Genoss:innen sind also ihre eigenen Arbeitgeber:innen (vgl. Notz 2021, 79/83). Sie bildeten sich Mitte des 19. Jahrhunderts neben den öffentlichen Unternehmen als zweiter demokratischer Typ nichtkapitalistischen Unternehmens heraus[11] und wollten ohne Ausbeutung und Entfremdung produzieren (vgl. Von Loesch 1979, 136). Trotz der innerbetrieblichen sozialen Aneignung durch die kollektive Organisationsstruktur müssen sich die Produktivgenossenschaften wie private Unternehmen unter Wettbewerbsbedingungen am Markt verhalten, um sich dort behaupten zu können. Es ergeben sich komplexe Zielfunktionen aus gemeinwirtschaftlichen Zielen und Profitlogik, weswegen Produktivgenossenschaften als „soziale Kapitalisten" (Koch 2007) galten (vgl. Mersmann/Novy 1991, 36). Ebendieser Konkurrenzdruck des Marktes führte dazu, dass viele das Gründungsstadium nicht überstanden, ihrem Anspruch partizipativer Arbeits- und Sozialstrukturen nicht gerecht wurden und sich früher oder später in Kapitalgesellschaften umwandeln mussten[12]. Diese Tendenz wurde als das *Oppenheimische Transformationsgesetz* theoretisiert (vgl. Von Loesch 1979, 137ff). Sie bildet den Grund dafür, dass Produktivgenossenschaften schließlich in den Forderungen der Arbeiterbewegung, sowie im wissenschaftlichen Sozialismus an Bedeutung verloren (vgl. Notz 2021, 83). Gegenpositionen argumentieren allerdings dafür, dass der

---

11 Als dritter Typ galten später die gemeinwirtschaftlichen Unternehmen der Gewerkschaften.

12 Entgehen können Produktivgenossenschaften diesem Dilemma nur insofern, als sie sich im Vorhinein einen festen Kreis von Konsument:innen sichern wie es heutzutage z.B. Solidarische Landwirtschaften tun. Kritiker:innen wie Rosa Luxemburg folgern daraus allerdings, dass sie stets auf kleinen lokalen Absatz und wenige Produkte des unmittelbaren Bedarfs beschränkt bleiben und nie zu volkswirtschaftlicher Relevanz gelangen (Geras 1979, 118).

Verzicht auf Gewinnmaximierung nichtsdestotrotz Handlungsspielräume für plurale Zielkataloge eröffne (vgl. Thüling, 90).

Die Förder- und Konsumgenossenschaften dienten als Gemeinwirtschaftsunternehmen der gezielten Verbesserung der Lebenshaltung ihrer Mitglieder in bestimmten Lebensbereichen. So wollten sie z.B. eine günstigere Warenversorgung durch gemeinsame Großeinkäufe erreichen (vgl. Notz 2021, 79/99). Sie hielten sich länger als die Produktivgenossenschaften, da der Grundwiderspruch zwischen den Rollen von Unternehmen und Mitgliedern nicht gegeben war und es ihnen so leichter fiel, sich marktgerecht zu verhalten (vgl. Von Loesch 1979, 138). Ein Teil ihrer Gewinne wurde über die konkrete Leistungsbereitstellung hinaus zur Eigenproduktion, aber auch zur Bildungs- und Wohlfahrtsarbeit verwendet (vgl. Torp 2011, 102). Konsumgenossenschaften waren in der Weimarer Republik zeitweise so erfolgreich, dass sie sich zu riesigen Mega-Genossenschaften entwickelten. Diese gingen aufgrund der Größe irgendwann zu kapitalintensiveren Unternehmensformen über und wurden so in der zweiten Hälfte des 20. Jahrhunderts vielerorts zu Aktiengesellschaften (vgl. Flieger; Notz 2021, 139; Von Loesch 1979, 140). Auch die Wohnungsgenossenschaften boomten im Zuge der Sozialisierungsdebatten im Jahre 1920. Sie steckten ihre Profite in Neubauten, Modernisierungen und Service-Angebote für ihre Mitglieder und vergesellschafteten so Grund und Boden, sowie zahlreiche Immobilien (vgl. Notz 2021, 107/184).

Rechtlich herrschte zur Zeit der Weimarer Republik ein förderliches Klima für Genossenschaften: Die Weimarer Verfassung enthielt im Artikel 156 WRV einen eigenen Abschnitt zum Wirtschaftsleben, der auch die Förderung von Genossenschaften beinhaltete (vgl. Notz 2021, 81; Art. 156 WRV in Nipperdey 1930, 322ff). Das Grundgesetz der Bundesrepublik enthält keinen derartigen Artikel mehr, was seinen Teil dazu beigetragen hat, dass die Anzahl von Genossenschaften in der Bundesrepublik erheblich sank[13]. Nichtsdestotrotz muss innerhalb einer Genossenschaft stets zwischen rechtlicher Ausgestaltung und konkreter sozialer Organisation unterschieden werden (vgl. Notz 2021, 29ff). So können Betriebe, die rechtlich nicht als Genossenschaften organisiert sind, durchaus genossenschaftliche Strukturen aufweisen. Über den günstigen rechtlichen Rahmen hinaus schöpften die Genossenschaften der Weimarer Republik ihre Innovationskraft aus der kulturellen Verankerung im proletarischen Alltagsleben, über die sie wiederum zur Politisierung der Arbeiter:innenschaft beitrugen. Diese Verbindung wurde durch ihre Zerschlagung im Nationalsozialismus aufgelöst und nicht wieder revitalisiert (vgl. Weinert 1994, 46ff).

---

13 1990 existierten keine 9000 eingetragenen Genossenschaften mehr (vgl. Stappel, 39).

Inwiefern Genossenschaften dafür geeignet sind, die kapitalistische Wirtschaftsweise zu überwinden, wurde historisch kontrovers diskutiert. So stellte sich Marx die genossenschaftliche als zentrale Eigentumsform der befreiten Gesellschaft vor. Sie sollte den unabdingbaren Eigentumssinn der unmittelbaren Produzenten mit der vergesellschafteten Verausgabung der Arbeit im Produktionsprozess verbinden (vgl. Krüger 2016, 238). Der Spartakus-Bund schloss sich diesen Vorstellungen an (vgl. Kaltenborn 2008, 22). Solange die kapitalistischen Produktionsverhältnisse allerdings nicht überwunden seien, sieht Marx den Wert der Genossenschaften lediglich als soziale Experimente, die den Gegensatz zwischen Kapital und Arbeit innerhalb ihres Unternehmens auflösen und so gesellschaftliche Möglichkeiten aufzeigen. Da sie im Hier und Jetzt aber weiterhin für den kapitalistischen Markt produzieren müssen, betrachtet er sie nicht als die Lösung des Problems. Marx und Engels konzentrieren sich aus diesen Gründen eher auf den Aufbau politischer Strukturen wie Parteien und Gewerkschaften (vgl. Marx&Engels, 427; Notz 2021, 61ff). Auch Rosa Luxemburg wirft der genossenschaftlichen Eigentumsform vor, als „eine im Kleinen sozialisierte Produktion bei kapitalistischem Austausche" keinen Schritt in die Richtung der benötigten grundlegenden Vergesellschaftung der Produktionsmittel zu verzeichnen (Luxemburg 1899b, 101ff). Ihre Wirksamkeit gehe nicht über die Form des Handels der Konsumvereine hinaus (vgl. Notz 2021, 67). Die SPD stand den Genossenschaften ebenfalls lediglich positiv mit Bezug auf ihre Selbsthilfemaßnahmen gegenüber und maß ihnen „keine entscheidende Bedeutung für die Befreiung der Arbeiterklasse" bei (Kurzer 1997, 28). Anarchistische Denker:innen wie Gustav Landauer wiesen ihnen hingegen eine systemüberwindende Rolle zu: „Ich sage nicht: Erst zerstören, dann aufbauen! [...] Vielmehr sei unsere Losung: Erst aufbauen! In der Zukunft wird sich herausstellen, ob überhaupt noch etwas Zerstörenswertes aufrecht stehen geblieben ist." (ebd., 173). Sie sollten den Kapitalismus zurückdrängen, bis ihm keine Räume mehr bleiben.

Insgesamt gelang es Genossenschaften gerade in den ökonomischen und gesellschaftlichen Notlagen des 19. Jahrhunderts und der Nachkriegszeit als kollektive Wirtschaftsformen die Lebensbedingungen der Menschen in unterschiedlichen Feldern zu verbessern. Sie bildeten selbstorganisierte vergesellschaftete „Halbinseln" gegen den kapitalistischen Strom (Friederike Habermann). Die genossenschaftliche Eigentumsform gilt in multiplen sozialistischen Theorien als Fluchtpunkt und Utopie einer kollektiven Wirtschaft, aber nicht als Mittel oder Weg dorthin. Ohne eine Ausschaltung von Verwertungslogik und marktförmiger Konkurrenz standen Genossenschaften stets vor zu großen externen

Herausforderungen, als dass sie sich langfristig als Vehikel tiefgreifenden Wandels behaupten konnten.

3.2.3 Gewerkschaften

In den Jahrzehnten vor dem Ersten Weltkrieg hatten sich Sozialdemokratie und Gewerkschaften auf eine klare Aufgabenteilung untereinander innerhalb der Arbeiterbewegung verständigt. Die Gewerkschaften fokussierten sich auf die Verbesserung der Lage der Arbeiter:innen im Gegenwartsstaat und rangen stets mit einer bereichsspezifischen Gruppe von Unternehmer:innen um Forderungen, die sich ausschließlich auf Lohn- und Arbeitsbedingungen erstreckten[14]. Die Partei hingegen sollte im Kampf mit der gesamten Klasse der Besitzenden die sozialistische Wirtschaftsordnung auf politischem Gebiet herbeiführen (vgl. Steinmann 1959, 10ff). Nichtsdestotrotz maßen die Gewerkschaften ihrer auf die Gegenwart gerichteten Arbeit einen Zukunftswert bei. Sie wollten die Partei mit ihrer revisionistischen Tätigkeit bei der Verwirklichung des Sozialismus tatkräftig unterstützen, indem sie die Arbeiterklasse vor „Verelendung und Versumpfung" bewahrten und sie als Bildungsstätte für ihre geschichtliche Aufgabe des Klassenkampfes befähigten (vgl. Legien 1892., 471).

Nach dem Ersten Weltkrieg kam es zu einer theoretischen Neuausrichtung der Gewerkschaften. Die „Richtlinien für die künftige Wirksamkeit der Gewerkschaften" wurden 1919 auf dem Gewerkschaftskongress in Nürnberg beschlossen (vgl. Generalkommission der Gewerkschaften Deutschlands 1919, 125). Aus ihnen geht hervor, dass die Gewerkschaften sich nicht mehr lediglich zum Sozialismus bekennen wollen, sondern seine Verwirklichung als gewerkschaftliche Aufgabe begreifen. Der Wiederaufbau des Wirtschaftslebens sollte im Sinne einer Gemeinwirtschaft geschehen, und so wurde die Sozialisierung zum vordersten Thema des gewerkschaftlichen Aktionsprogramms von 1918-20 (vgl. Steinmann 1959, 27ff). Die Ausgangssituation schien günstig, da die Revolution die Macht der Arbeiter:innen gestärkt hatte und sich der gewerkschaftliche Organisationsgrad nach dem Krieg auf einem Hoch befand. Nichtsdestotrotz lehnten die Gewerkschaften jede revolutionäre Romantik ab, bekannten sich zur Reform des

---

14 Marx und Engels äußerten sich aus diesem Grund stets skeptisch gegenüber den Gewerkschaften, da sie nur gegen die Wirkungen des kapitalistischen Systems kämpften, nicht aber gegen seine Ursachen, da ihre Lösung nur im politischen Raum zu finden sei (vgl. Von Loesch 1979, 76). Härtere Kritiker:innen warfen ihnen vor, „Triefkraft eines theoriefeindlichen Reformismus" zu sein (Hoffrogge 2017, 189).

kapitalistischen Wirtschaftssystems innerhalb der parlamentarischen Demokratie und zogen mit zahlreichen Gewerkschaftsfunktionären als einflussreiche Gruppe in die Nationalversammlung ein (vgl. Biechele 1972, 22ff). Den Grund für diese Positionierung stellte – ähnlich wie bei der MSPD – eine gegenwartsbezogene Bekennung zur Demokratie gegenüber den zwar revolutionären, aber ebenfalls autoritären Überlegungen der radikalen Linken zur Revolutionszeit dar (vgl. Steinmann 1959, 34). Am 15. November 1918 unterzeichneten die Gewerkschaften als Folge dieser Ausrichtung das Stinnes-Legien-Abkommen. In diesem erkannten die Arbeitgeber:innen die Gewerkschaften und ihre Tarifverträge erstmalig als gleichberechtigte Verhandlungs- bzw. Sozialpartner im Rahmen der paritätisch besetzten Zentralarbeitsgemeinschaft (ZAG) an (vgl. Brückner 2013, 27; Klopotek 2021, 61f). Die Arbeitgeber:innen fürchteten eine Sozialisierung ihrer Fabriken und boten den Gewerkschaften Konzessionen zur Befriedung an. Was für die eine Seite ein Not- und Zweckbündnis war, war für die andere ein sozialpolitischer Durchbruch (vgl. DGB 2022). Die Gewerkschaften wollten vorerst nicht zum alleinigen Träger der Produktion werden, sondern forderten Gleichberechtigung und Mitbestimmung mit Perspektive auf eine Änderung der Produktionsverhältnisse in der Zukunft (vgl. ebd., 24). So konnten sie im Zuge der Revolution viel von dem, wofür sie jahrzehntelang gekämpft hatten, verwirklichen[15] und verzichteten im Gegenzug auf die umgehende Sozialisierung der deutschen Wirtschaft (vgl. Scriba 2015b). Den Räten standen die Gewerkschaften daher insgesamt eher ablehnend gegenüber und sie beteiligten sich nicht an ihrer Ausrufung der Streiks 1918 und 1919 (vgl. Von Loesch 1979, 76f).

Gleichwohl hatten die Gewerkschaften sich dazu bekannt, die Sozialisierung mit voranzutreiben. Obgleich die Möglichkeit einer baldigen Sozialisierung in der wirtschaftlichen Notlage der Nachkriegszeit von der überwiegenden Mehrheit an Gewerkschafter:innen als sehr gering eingeschätzt wurde und ein geschlossener programmatischer Entwurf fehlte, gab es Stimmen aus den eigenen Reihen wie Rudolf Hilferding oder Paul Umbreit, die sich optimistischer zeigten und konkrete Vorschläge ausarbeiteten (vgl. ebd. 44f). Umbreit war als Gewerkschaftsfunktionär Mitglied der Sozialisierungskommission und stellte seine Gedanken mit einem Referat über die Möglichkeiten der Sozialisierung auf dem Gewerkschaftskongress in Nürnberg 1919 vor (vgl. Steinmann 1959, 29f). Trotz aller Unwägbarkeiten forderte dieser die Vergesellschaftung als kategorischen Imperativ des Wiederaufbaus der Wirtschaft. Zwar müsse man bei

---

15 Z.B. die Erwerbslosenfürsorge, den Achtstundentag, das Frauenwahlrecht und die Rechtsfähigkeit von Kollektiv- bzw. Tarifverträgen (vgl. Von Loesch 1979, 77).

diesem noch auf die Unternehmer zurückgreifen, dies sei allerdings im Zuge einer paritätischen Mitbestimmung – z.B. ZAG – möglich (vgl. Umbreit 1919, 530ff). Die Vergesellschaftung als solche sollte keinem festen Schema folgen: „Die Zweckmäßigkeit sollte von Fall zu Fall die geeignete Form bestimmen" (Steinmann 1959, 37). So waren zentralistische Formen, Kommunalisierungen, Syndikate unter staatlicher Kontrolle, als auch Genossenschaften nebeneinander denkbar. Ganze Wirtschaftszweige sollten dabei allerdings unter denselben Bedingungen sozialisiert werden, um möglichem Wettbewerb vorzubeugen. Lediglich Betriebe, die auf eine bestimmte Region begrenzt waren, sollten regional statt als Sektor vergesellschaftet werden. Die Entscheidung über die konkrete Form sollte dabei auf keinen Fall von Betriebsräten, sondern von unabhängigen staatlichen, kommunalen oder genossenschaftlichen Instanzen getroffen werden (vgl. ebd., 35f). Umbreit hierarchisierte bei der Reihenfolge der Sozialisierung nach ihrer Reife. Diese zeichnete sich z.B. durch starke Betriebs- und Kapitalkonzentration, Syndizierung oder einen gewissen Höhepunkt an Technik und Mechanisierung des Arbeitsprozesses aus. Außerdem waren in der Abfolge im Sinne einer Bedarfsdeckungswirtschaft zunächst Wirtschaftsbereiche zu bevorzugen, die regionale Bedarfe deckten, die sich gut zusammenfassen ließen, wie z.B. die Wohn- und Nahrungsmittelindustrie. Darüber hinaus sollten solche Bereiche priorisiert werden, die für Reich, Staat und Gemeinden arbeiten wie z.B. Post, Eisenbahn oder Telefonbedarf (vgl. ebd., 37f). Außerdem setzte sich Umbreit für eine unbedingte Vergesellschaftung der Grundstoffindustrien ein. Diese „bildeten den wirtschaftlichen Schlüsselpunkt, von dem die gesamte Volkswirtschaft reguliert und beherrscht werden konnte" (ebd., 38). Eine Vergesellschaftung der nachgelagerten Industrien gestalte sich demnach umso schwieriger, je weniger die Vorstufen sozialisiert seien. Komplizierter strukturierte sich laut Umbreit die Sozialisierung von Industrien, die einen Bedarf decken, der schwer zu messen ist, sowie solcher, die international eng mit dem Weltmarkt verwoben sind (vgl. Umbreit 1919, 540). Umbreit formulierte darüber hinaus Ideen für die Umwandlung weiterer Wirtschaftszweige und forderte außerdem eine Verbesserung der öffentlich-rechtlichen Stellung der Genossenschaften. Die Vollsozialisierung der gesamten Wirtschaft sollte seinem Ansatz nach 30-40 Jahre dauern (vgl. Steinmann 1959, 40f).

Im Ganzen bekannten die Gewerkschaften sich nach dem Ersten Weltkrieg stets zur Vergesellschaftung der Wirtschaft, boten aber weder der Regierung noch der Bewegung praktische Unterstützung an. Sie fokussierten sich im Sinne eines „positiven Wirtschaftskampf" in Abgrenzung zum systemoppositionellen streikenden Teil der Arbeiterbewegung auf eine Zusammenarbeit mit dem

Unternehmertum. Die von der Rätebewegung aufgebaute reale Drohkulisse der Sozialisierung nuzten sie, indem sie ihre Unmittelbarkeit gegen kurzfristig wirksame Forderungen tauschten und sich dabei als offizielle Vertreter:innen der Arbeiterbewegung rechtlich anerkennen ließen. Sie wollten nicht in die Rolle kommen, selbst alleinige Träger:in der vergesellschafteten Betriebe zu werden[16]. Eine konsequente Sozialisierung forderten in den Reihen der Gewerkschaften eher Einzelpersonen (vgl. ebd., 108). Es ist insgesamt festzuhalten, dass es an diesem Punkt in der deutschen Geschichte möglich gewesen wäre, die Sozialisierung weiter voranzutreiben, hätten sich die Gewerkschaften nicht mit der Kapitalseite auf das Stinnes-Legien-Abkommen geeinigt.

3.2.4 Positionen der Arbeiterparteien

Hatte es vor dem Ersten Weltkrieg bereits Konflikte zwischen den verschiedenen Parteiflügeln der SPD gegeben, so spitzten sich diese mit ihrer Bewilligung der Kriegskredite zu. Sie resultierten in der Spaltung der Partei in MSPD, USPD und Spartakusbund, aus dem später die KPD hervorging. Die reformistischen Kräfte wollten ihre Organisation parlamentarisch im Staat, die Linken im Antagonismus zu ihm auf der Straße einsetzen (vgl. Hoffrogge 2017, 188). Ihre Differenzen vertieften sich in ihrem Verhältnis zum Rätesystem als Gegenentwurf der gesellschaftlichen Neuordnung zur parlamentarischen Demokratie. Offiziell forderten alle Arbeiterparteien zum Zeitpunkt der Revolution eine Sozialisierung der Wirtschaft. Der Zeitgeist war dafür allerdings so günstig, dass selbst Parteien wie die konservative Zentrumspartei im Wahlruf 1918 für eine „gemeinschaftliche Ordnung durch Staat und Gemeinde, Gesellschaft und Genossenschaft für geeignete Betriebe" warb (vgl. Eltzbacher 1918, 38ff). Man kam programmatisch um Sozialisierung nicht herum, wenn man Wahlerfolge erzielen wollte.

3.2.4.1 (M)SPD

Die SPD sah die Vergesellschaftung der Produktionsmittel lange Zeit als tragende Idee der Sozialdemokratie (vgl. Antoni 1992, 76). Sie sollte als Hebel einer tiefgreifenden Umstrukturierung von Staat und Gesellschaft wirken. Die Diskussionen in Deutschland zu diesem Thema besaßen vor allem in den Jahrzehnten vor dem Ersten Weltkrieg Ausstrahlungskraft in ganz Europa, da die

---

16 Gewerkschaftler:innen tendierten dazu, jeweils andere Wirtschaftszweige für sozialisierungsreifer als den eigenen zu bezeichnen (vgl. Biechele 1972, 32).

SPD die weltweit mitgliederstärkste sozialistische Partei und führende Kraft der Sozialistischen Internationale war. „Sozialdemokratisch" bedeutete bis zum Ersten Weltkrieg dasselbe wie „sozialistisch" und war erst nach der Spaltung der Arbeiterparteien begrifflich umstritten (vgl. Hoffrogge 2017, 21/141/147). Das Gründungs- bzw. Vereinigungsprogramm der Sozialistischen Arbeiterpartei Deutschlands (SAPD), die sich 1890 schließlich in SPD umbenannte, ist das Gothaer Programm von 1875. In diesem wurde die Forderung nach einer Vergesellschaftung der Arbeitsmittel erstmalig parteipolitisch fixiert[17] (vgl. Brückner 2013, 25). Im darauf folgenden Erfurter Programm von 1891 erfolgt bereits eine Eingrenzung der Forderung: „Grund und Boden, Gruben und Bergwerke, Rohstoffe, Werkzeuge, Maschinen, Verkehrsmittel" sollten in „gesellschaftliches Eigentum" überführt werden (Erfurter Programm in Potthoff/ Miller 2002, 463). Außerdem wurde bereits universalistischer formuliert, dass Ziel der Sozialisierung nicht nur die Befreiung der Arbeiterschaft, sondern die des gesamten Menschengeschlechts sein soll[18]. Da die SPD marxistisch dachte und die Arbeiterklasse als zentrale Akteurin der Emanzipation begriff, sah sie ihre Aufgabe darin, diesen Kampf als Partei zu einem „bewussten und einheitlichen zu gestalten und ihm sein naturnotwendiges Ziel zu weisen" (ebd.). Zu Zeiten des Erfurter Programms entschied sich die Sozialdemokratie bereits für eine strategische Trennung von Politik und Ökonomie. Daraus folgte eine Arbeitsteilung von Gewerkschaften und Partei und eine politische Praxis, die vor allem auf das Erlangen von Wahlerfolgen ausgelegt war (vgl. Klopotek 2021, 143; Hoffrogge 2017, 141).

Dieser reformistische Kurs der Integration in den Staat verfestigte sich mit der Befürwortung der Kriegskredite der Regierung im Ersten Weltkrieg, sowie mit der Haltung der SPD zur Rätefrage. Das Rätesystem und seine Forderung nach radikalen politischen Umwälzungen wurden von der SPD-Mehrheit als unvereinbar mit dem Prinzip der Demokratie abgelehnt und gewaltvoll bekämpft (vgl. Biechele 1972, 20). Während die Räte die sofortige Ausschaltung des kapitalistischen Unternehmens anstrebten, sah die SPD den Weg zum Sozialismus in sukzessiven Gesetzgebungsakten (vgl. Resolution der Sozialdemokratischen

---

17 Konkret wurde die Befreiung der Arbeiter durch die „Verwandlung der Arbeitsmittel in Gemeingut der Gesellschaft und die genossenschaftliche Regelung der Gesamtarbeit mit gemeinnütziger Verwendung und gerechter Verteilung des Arbeitstages" gefordert (Gothaer Programm in Potthoff/Miller 2002, 462).

18 So fordert das Erfurter Programm auch eine „Abschaffung aller Gesetze, welche die Frau in öffentlich- und privatrechtlicher Beziehung gegenüber dem Manne benachteiligen" (Erfurter Programm in Potthoff/Miller 2002, 463).

Partei zur Rätefrage 1919; Hoffrogge 2017, 193). Die parlamentarische Demokratie blieb für die Partei im Verlauf der Revolution das oberste Ziel. Nur durch das Votum der einzuberufenden Nationalversammlung hätte sie sich ermächtigt gesehen, grundlegende systemische Neuordnungen durchzuführen. Die SPD war zuversichtlich, in den Wahlen im Frühjahr 1919 eine Mehrheit zu erlangen, und als regierende Partei Sozialisierungsmaßnahmen vornehmen zu können. Obgleich es der SPD gelang, nach der Wahl die stärkste Fraktion im Parlament zu bilden, sowie Reichskanzler und Wirtschaftsminister zu stellen, blieb der bahnbrechende Erfolg aus. Die Partei benötigte weiterhin die Zustimmung nicht-sozialistischer Kreise zur Durchsetzung ihres Wirtschaftsprogramms und war zu Kompromissen gezwungen (vgl. ebd., 20ff).

Die Machtübernahme traf die SPD aus mehreren Gründen unvorbereitet. Zum einen hatte sie vor 1918 kein konkretes Konzept davon erarbeitet, wie eine Vergesellschaftung der Produktionsmittel konkret aussehen könnte. Dies führte sowohl zu einer begrifflichen Unklarheit und divergierenden Positionen innerhalb der Partei, als auch zum Fehlen eines festen Wirtschaftsprogramms, was die hochgespannten sozialistischen Zukunftserwartungen der Gesellschaft hätte erfüllen können (vgl. Biechele 1972, 26). Zum anderen sah sich die SPD mit einer komplexen Situation konfrontiert: Die katastrophale wirtschaftliche Lage Deutschlands, die Erfahrungen des russischen Bürgerkriegs nach der dortigen Revolution, sowie die große Unsicherheit künftiger politischer Entwicklungen gepaart mit fehlender praktischer Regierungserfahrung sorgten dafür, dass die SPD Experimente der Vergesellschaftung scheute (vgl. Brückner 2013, 26/43). Sie verharrte bei fortwährenden Lippenbekenntnissen ohne praktisches Handeln, da sie einen vollständigen wirtschaftlichen und gesellschaftlichen Zusammenbruch fürchtete (vgl. Protokoll der SPD-Parteikonferenz in Weimar 22./23.3.1919, 3; Brückner 2013, 26). In der Folge wurde auf Expert:innen aus dem bürgerlichen Lager und auf althergebrachte wirtschaftsliberale Konzepte zurückgegriffen (vgl. Brückner 2013, 26/43). Die privatwirtschaftliche Struktur der deutschen Volkswirtschaft blieb unangetastet, und die SPD verlagerte ihre Bemühungen auf den Bereich der Sozialpolitik, in dem sie einige lang bestehende Forderungen realisieren konnte (vgl. Biechele, 19/235).

Die Partei betrieb eine revolutionäre Ideologie, die sie nicht mit einer entsprechenden Praxis verbinden konnte (vgl. Abendroth, 259). Dies zeigte sich unter anderem auch in den Positionen Eduard Bernsteins, der die Wirtschaft zunächst wiederbeleben und erst im Anschluss reformieren wollte (vgl. Parteiorgan 'Vorwärts' vom 05.12.1918 in Brückner 2013, 26). Er glaubte nicht an die Durchführbarkeit von Revolutionen in hochentwickelten modernen Industriegesellschaften und verurteilte den „Wunderglauben an die unmittelbare Wirkung der Vergesellschaftung" (ebd. 1920, 190). Positionen wie die von Bernstein lösten den Begriff der Vergesellschaftung von dem des Sozialismus und prägten eine Neudefinition des Begriffs der Sozialdemokratie: „In einem guten Fabrikgesetz kann mehr Sozialismus stecken, als in der Verstaatlichung einer ganzen Reihe von Fabriken" (Bernstein 1897, 556). Im Heidelberger Programm der SPD von 1925 kamen Schriften in Richtung einer strukturellen Veränderung des Wirtschaftssystems schließlich nicht mehr über eine sozialpolitische Verengung wirtschaftsdemokratischer Konzeption hinaus (vgl. Abendroth 1958c, 260). Auch wenn die SPD kein geteiltes Konzept einer (teilweise) vergesellschafteten Volkswirtschaft hatte, gab es jedoch Theoretiker wie Rudolf Wissen und Fritz Naphtali in den eigenen Reihen, die Ansätze innerhalb des Ausbaus der parlamentarischen Verfassung entwickelten und der Demokratie ihren bürgerlichen Klassencharakter nehmen wollten (vgl. ebd., 259). Diese sollen weiter unten behandelt werden.

Insgesamt gelang es der (M)SPD im Gründungsprozess der Weimarer Republik aufgrund fehlender Konzepte, desaströser wirtschaftlicher Bedingungen, sowie mangelnder Regierungserfahrung trotz des für Sozialisierungsmaßnahmen günstigen gesellschaftlichen Zeitgeistes nicht, tiefgreifende Maßnahmen der Vergesellschaftung umzusetzen. Die Partei fokussierte sich stattdessen konsequent auf das Erlangen der politischen Demokratie in Gestalt des bürgerlich-parlamentarischen Regierungssystems. Die Sozialisierungsforderungen dienten dabei – ähnlich wie bei den Gewerkschaften – als reale Drohkulisse, die schließlich kompromisshaft in Richtung wirtschaftlicher Mitbestimmung und repräsentativer Demokratie aufgelöst wurden.

3.2.4.2 USPD und Hilferdings Finanzkapital

Die Begründer:innen der Unabhängigen Sozialdemokratischen Partei Deutschlands (USPD) gehörten ursprünglich zum linken Flügel der SPD. Sie wurden – nachdem sich die innerparteilichen Spannungen mit der Bewilligung der Kriegskredite verstärkten – aus der Partei ausgeschlossen und gründeten im April 1917 ihre eigene dissidente sozialistische Partei, der sich auch der Spartakusbund anschloss (vgl. Kalmbach 2014). Die politische Grundeinstellung der Mitglieder der USPD war nicht homogen. Insgesamt bekannte sich die Partei jedoch nicht zur parlamentarischen Demokratie, sondern zum Rätesystem und zur Diktatur des Proletariats als notwendige Vorbedingung zur Verwirklichung des Sozialismus (vgl. Parteiprogramm der USPD vom 6. März 1919 in Kalmbach 2014). Der Ruf nach Sozialisierung der Wirtschaft wurde von der radikalen

Linken[19] und der USPD mit besonderer Vehemenz und Dringlichkeit vorgetragen (vgl. Biechele 1972, 26). Sie forderten einen unverzüglichen Beginn der Sozialisierung nach der Revolution und eine Ausrichtung aller Maßnahmen der Wirtschaftspolitik auf das Endziel der Vergesellschaftung (vgl. Heilfron 1919, 146; Hilferding 1919, 91). Die USPD unterstützte die Arbeiter- und Soldatenräte konsequent. Sie betrachtete die Betriebsräte als Vertretung der werktätigen Bevölkerung auf wirtschaftlichem Gebiete und somit als „Träger der sozialpolitischen Aufgaben, als Kontrollinstanzen für die Betriebsführung und als Hilfsorgane bei der Durchführung der Sozialisierung" (ebd.). Auf politischem Gebiet sollten die Lohnarbeitenden von in Gemeinden organisierten Arbeiterräten repräsentiert werden. Darauf aufbauend sollte es Räte in Bezirken und Provinzen bis zum Rätekongress geben, der sich aus Vertreter:innen der Arbeiterräte zusammensetzen und dem die gesamte politische Macht obliegen sollte (vgl. USPD 1919). Um die Forderung nach Sozialisierung und Rätesystem durchzusetzen, traten im Februar 1919 große Teile der Arbeiterschaft der Kohlen- und Kalibergwerke, sowie der Chemie- und Elektrizitätsindustrie in einen Generalstreik, der stark durch die sozialistischen Vorstellungen der USPD beeinflusst war (vgl. Winkler 1984, 175f).

Neben der Fokussierung auf Rätestrukturen als emanzipatorisches Organisationsprinzip forderte die USPD konkret die Vergesellschaftung der Großindustrie bzw. der zur Sozialisierung reifen Wirtschaftszweige, vor allem des Bergbaus, sowie der Eisen- und Stahlindustrie. Besonders das 1910 erschienene Werk „Das Finanzkapital" von USPD-Politiker Rudolf Hilferding und die in ihm begründete ökonomische Analyse hatte einen bedeutenden Einfluss auf diese Forderung, sowie auf zahlreiche strategische Konzepte der Vergesellschaftung, die im Verlauf dieser Arbeit behandelt werden. Hilferdings grundlegender Gedanke fußt auf der Theorie von Marx, versucht diese aber zu modernisieren. Hilferding postuliert, dass das besondere Merkmal der modernen kapitalistischen Entwicklung seit Marx' Tod die Konzentrationsbewegungen des Kapitals hin zum Großunternehmen seien. Diese enden stets in Monopolen, die die Konkurrenz innerhalb eines Wirtschaftsbereichs aufheben, die gesellschaftliche Arbeitsteilung reduzieren und sie vom Markt in den Großbetrieb verlagern (vgl. Greitens 2012, 98/103ff). Ausgelöst wurde dieser Prozess durch das Aufkommen der Unternehmensform der Aktiengesellschaft. Durch die ihr inhärente Möglichkeit der flexiblen Mobilisierung und Handelbarkeit von Kapitalanteilen in Form von Aktien schaffe sie die Voraussetzung für bislang ungekannte Kapitalanhäufungen in Unternehmen. In einer Aktie werden die Beschränkungen der

---

19 Gemeint ist der Teil der Linken, der auf ein Rätesystem abzielte.

Liquidierbarkeit von physischem, fixem Kapital aufgehoben (vgl. ebd. 58ff). Sie stelle ein rechtliches Konstrukt des juristischen Verfügungsrechts dar, welches sich faktisch als Übertragung des Eigentumstitels auf einen Teil des Profits eines Unternehmens, statt als Dispositionsgewalt über das tatsächlich in ihm gebundene Kapital der Produktionsmittel gestaltet (vgl. ebd, 63/102; Hilferding 1910, 125). Aus dem Besitz einer Aktie leitet sich daher nicht unbedingt ein Anrecht auf Mitbestimmung ab (vgl. Hilferding 1910, 156). Produktionsleitung und Eigentum werden somit in Form von Aktionär:in (industrielle:r Kapitalist:in) und Manager:in (industrielle:r Unternehmer:in) getrennt. Eine neue Form der kapitalistischen Eigentumsordnung entsteht (vgl. Greitens 2012, 58). Langfristig führen die Konzentrationsbewegungen des Finanzkapitals durch ihre Organisation im Monopol laut Hilferding zur Ausschaltung von Konkurrenz und damit letztendlich zur Aufhebung der kapitalistischen Marktwirtschaft an sich (vgl. ebd. 1910, 137/462ff). Die Produktion wird durch das Finanzkapital auf einer neuen Ebene in antagonistischer Form vergesellschaftet. Das Kapital bleibt dabei in den Händen der Oligarchie – für die Arbeiter:innen verändert sich qualitativ nichts (vgl. ebd., 513). Strategisch zog Hilferding aus seiner Analyse eine hoffnungsvolle Schlussfolgerung:

> „Die vergesellschaftende Funktion des Finanzkapitals erleichtert die Überwindung des Kapitalismus außerordentlich. Sobald das Finanzkapital die wichtigsten Produktionszweige unter seine Kontrolle gebracht hat, genügt es, wenn die Gesellschaft durch ihr bewusstes Vollzugsorgan, den vom Proletarier eroberten Staat, sich des Finanzkapitals bemächtigt, um sofort die Verfügung über die wichtigsten Produktionszweige zu erhalten" (ebd., 514).

Hilferding glaubte demnach im Gegensatz zu Denker:innen wie Rosa Luxemburg nicht an die Krisentheorie und den „ökonomischen Selbstmord" des Kapitalismus. Er war der Ansicht, dass nicht der Zusammenbruch, sondern ein bruchloser Prozess von der kapitalistischen Anarchie über die organisierte kapitalistische Gesellschaft zum Sozialismus führe (vgl. ebd. 175/182).

Die USPD übernahm im Zuge der Revolution gemeinsam mit der MSPD die Verantwortung der Übergangsregierung im paritätisch besetzen Rat der Volksbeauftragten. Obwohl sie sich nicht zur parlamentarischen Demokratie bekannte, nahm die USPD ebenfalls an der Wahl zur Nationalversammlung teil und erlitt dort eine bittere Niederlage. 1920 zerstritt sich die USPD anhand der harten Beitrittskriterien zu der von Moskau gelenkten 2. Komintern, obwohl sie sowohl ihre Mitgliederzahl erhöhen als auch ihr Wahlergebnis verbessern konnte. Der linke Flügel trat alsbald in die KPD ein, die restliche USPD näherte sich bis 1922 wieder an die MSPD an und trat dieser schließlich wieder bei (vgl. Kalmbach 2014).

Die USPD setzte sich insgesamt konsequent auf Grundlage von Hilferdings Theorien für eine Vergesellschaftung der Großindustrien ein und bekannte sich stets zur Rätebewegung. Als diese scheiterte, wollte man wenigstens die Sozialisierung der Monopole sichern und brachte sich widerwillig in das entstehende Parlament, sowie in die Sozialisierungskommission ein.

3.2.4.3 Spartakusbund und KPD

Der Spartakusbund formierte sich Anfang 1915 um Rosa Luxemburg und Karl Liebknecht als radikaler Kern der innerparteilichen Opposition der SPD gegen die sozialdemokratische Burgfriedenspolitik des Ersten Weltkrieges. Die Gruppe trat 1917 trotz politischer Differenzen der USPD bei, gründete allerdings nach kurzer Zeit Ende 1918 die Kommunistische Partei Deutschlands (KPD) (vgl. Asmuss 2011).

Das Narrativ der Reifwerdung und der damit verbundenen Sozialisierungsmöglichkeit nur weniger Monopolbetriebe sahen Mitglieder des Spartakusbundes als falsch an: Eine Vergesellschaftung sei im Sinne einer Emanzipation der Arbeit und der Mitentscheidung der Produzierenden jederzeit möglich und wünschenswert[20] (vgl. Korsch 1919, 114ff). Programmatisch forderte der Spartakusbund konkret die Enteignung aller Banken, Bergwerke und Großbetriebe in Industrie und Handel durch die Räterepublik. Außerdem verlangte er die Enteignung der Groß- und Mittelbetriebe der Landwirtschaft und die Bildung sozialistischer landwirtschaftlicher Genossenschaften unter einheitlicher zentraler Leitung an ihrer statt. Betriebsräte sollten gewählt werden und die Leitung der Betriebe übernehmen. Das Erziehungswesen sollte im Sinne und Geiste der proletarischen Revolution umgestaltet werden (vgl. ebd., 80f).

Bernstein, den Gewerkschaften und der SPD warf Luxemburg vor, sich auf die kapitalistische Verteilung statt auf die Produktionsweise als solche zu fokussieren, was ein Hindernis jeder revolutionären Praxis darstellte. Dieser Fokus führe zu keiner neuen Gesellschaftsordnung, sondern lediglich zu einer konservierenden Korrektur der alten (vgl. ebd., 30ff; Abendroth 1958c, 257). Die Lage der Arbeiterklasse könne so zwar quantitativ gehoben werden, die Widersprüche zwischen Arbeit und Kapital stumpften dabei allerdings ab, so dass eine qualitative Änderung des kapitalistischen Ausbeutungsverhältnisses verhindert werde. Der

---

20 Dabei müsse es sich noch nicht um den finalen Sozialismus, aber um eine Form des Arbeiterkapitalismus, der den Eigentümerkapitalismus ersetzt, als ersten großen Schritt zur Vollsozialisierung handeln (vgl. Korsch, 116f).

Sozialismus und damit die Vergesellschaftung der Produktion hören demnach auf, Notwendigkeit zu sein[21] (vgl. Luxemburg 1899a, 5). Der Spartakusbund lehnte die parlamentarische Demokratie, sowie die strategische Teilnahme an ihr im Verlauf der Revolution deshalb konsequent ab. Luxemburg sah den Keim einer emanzipatorischen Neuordnung der Gesellschaft in der Spontanität der direkten Aktion und den Massenstreiks statt in der Gesetzgebung (vgl. Klopotek 2021, 36f). Das Wesen des Sozialismus sah Luxemburg darin, dass die große arbeitende Masse aufhöre, eine regierte Masse zu sein und das politische Leben in bewusster freier Selbstbestimmung in die Hand nehme. Der Spartakusbund verstand die Diktatur des Proletariats demnach als Diktatur der Masse im Rätesystem und nicht als die des Parteibüros einer proletarischen Partei (vgl. Gottschalch 1968b, 27). Er forderte in der Folge die „Beseitigung aller Parlamente und Gemeinderäte und Übernahme ihrer Funktion durch Arbeiter- und Soldatenräte" (Luxemburg 1918, 80). Für eine neue Gesellschaft sei eben eine Sozialisierung der Produktionsmittel im großen Stil notwendig. Trotz seiner radikal-positiven Haltung zum Rätesystem fasste der Spartakusbund wenig Fuß in den Arbeiter- und Soldatenräten, sowie den großen Streikbewegungen 1918/19 und konnte sich gegen MSPD und USPD nicht durchsetzen (vgl. Asmuss 2011). Als Folge setzten seine Mitglieder ihre Hoffnungen in die Avantgardepartei als revolutionärer Akteur:in, gründeten schließlich Ende 1918 die KPD und traten der 2. Komintern bei. Sie schlugen nun neben einer Ausrichtung auf Massenstreiks und bewaffnete Aufstände ebenfalls widerwillig den parlamentarischen Weg ein, um nach sowjetrussisch-leninistischem Vorbild die Revolution in Deutschland strategisch auf legalem und illegalem Wege zu vollenden. Als Luxemburg und Liebknecht schließlich am 15. Januar 1919 ermordet wurden, waren ihre auf eine Emanzipation der proletarischen Massen ausgerichteten politischen Positionen in der Partei bereits nicht mehr mehrheitsfähig (vgl. Scriba 2014a).

Der Spartakusbund und die KPD bildeten im politischen Spektrum der Arbeiterparteien der Weimarer Republik einen linksradikalen Pol, der auf eine konsequente Enteignung und Vergesellschaftung aller Großbetriebe durch das Rätesystem – also auf eine Vollsozialisierung – setzte. Dieses sollte Katalysator der Emanzipation und Befreiung der Arbeiterschaft sein und einen neuen, dezentralen Organisationsmodus der Gesellschaft bilden. Mit dem Fortschreiten der Revolution kam es jedoch zur strategischen Neuausrichtung auf die leninistische Avantgardepartei als Hebel der revolutionären Umwälzung.

---

21 Luxemburg etablierte die Krisentheorie einer unaufhaltsamen Periode kapitalistischer Schlusskrisen in der Linken (vgl. ebd. 1899a, 10-11).

3.3 Verfassung und realpolitische Konzeptionen

Nach Ansätzen der bewegungspolitischen Akteur:innen sowie den Positionen sozialistischer Parteien sollen im Folgenden die verfassungsmäßigen und rechtlichen Institutionalisierungen ihrer Forderungen behandelt werden. Darüber hinaus gab es aus den Reihen der SPD zwei konkrete Konzepte der Vergesellschaftung respektive der Ausweitung gesellschaftlicher Verfügungsmacht, die in der Zeit nach dem Ersten Weltkrieg im Kontext dieser juristischen Manifestationen diskutiert wurden und hier ebenfalls untersucht werden sollen.

3.3.1 Artikel 156 und 165 der Weimarer Reichsverfassung

Am 11. August 1919 trat die Weimarer Reichsverfassung in Kraft, und mit ihr erreichte die Vergesellschaftung das erste Mal in der deutschen Geschichte Verfassungsrang (vgl. Brückner 2013, 31). Der Artikel 156 gewährte dem Staat ausdrücklich die Sozialisierungskompetenz[22]. Bedeutsam ist vor allem sein erster Absatz:

> „Das Reich kann durch Gesetz, unbeschadet der Entschädigung, in sinngemäßer Anwendung der für Enteignung geltenden Bestimmungen, für die Vergesellschaftung geeignete private wirtschaftliche Unternehmungen in Gemeineigentum überführen. Es kann sich selbst, die Länder oder die Gemeinden an der Verwaltung wirtschaftlicher Unternehmungen und Verbände beteiligen oder sich daran in anderer Weise einen bestimmenden Einfluß sichern" (Art. 156 WRV in Nipperdey 1930, 322).

Historisch ist die Festschreibung von Vergesellschaftung in der Reichsverfassung ein Meilenstein. Gleichwohl stellte der Artikel aus mehreren Gründen einen Rückschlag für Befürworter:innen der Vergesellschaftung dar: Weder wird die Vergesellschaftung als Pflichtaufgabe der Regierung festgeschrieben, noch werden konkrete Maßnahmen in ihre Richtung vereinbart. Das „Muss" war einem „Kann" gewichen (vgl. Brückner 2013, 7/37). Die Formulierungen bieten viel Ermessensspielraum für die Legislative und umfassen in toto ein „unverbindliches Programm ohne viel reale Bedeutung" (vgl. Brückner 2013, 19/37). Lediglich „im Falle dringenden Bedürfnisses" sicherte der Artikel dem Reich Kompetenzen des Zusammenschlusses wirtschaftlicher Unternehmungen auf Grundlage der Selbstverwaltung und Gemeinwirtschaft zu (Art.156 WRV in Nipperdey 1930, 322). Entschädigungszahlungen wurden als Voraussetzung der Enteignung

---

22 Generell lag Gesetzgebungshoheit beim Reich, aber – falls noch keine gesetzgeberischen Maßnahmen in einem Sektor getroffen wurden – im Sinne der konkurrierenden Gesetzgebung beim Land. Allerdings regelten nur wenige Länder Sozialisierung in ihrer Verfassung (vgl. Brückner 2013, 35ff).

und Vergesellschaftung festgelegt, mögliche Sozialisierungsobjekte auf private Unternehmen eingeschränkt. Privatwirtschaftlich organisierte Betriebe von Staat und Kommune wurden somit davon ausgenommen (vgl. Friedländer 1930, 330). Auch die Träger des Gemeineigentums blieben undefiniert und konnten Staat, Land, Gemeinde oder wirtschaftliche Selbstverwaltungskörper sein (vgl. Brückner 2013, 33). Obgleich der Artikel insgesamt weder eine Eingrenzung auf bestimmte wirtschaftliche Teilbereiche vornahm, noch eine Vollsozialisierung der Wirtschaft ausschloss[23], stellte er lediglich die Potenzialität der Verwirklichung eines auf Gemeineigentum beruhenden Wirtschaftssystems dar.

Eine konkrete Erweiterung der Verfügungsmacht von Arbeiter:innen findet sich lediglich im Artikel 165 WRV. Dieser sichert zum einen eine Interessenvertretung der Arbeitenden durch Betriebs- und Bezirksräte, sowie den Reichsarbeiterrat, als auch ihre paritätische Beteiligung mit Arbeitgeber:innen in Bezirkswirtschaftsräten und den Reichswirtschaftsrat unter Beibehaltung der Eigentumsverhältnisse in privatrechtlicher Form zu (vgl. ebd., 19). Außer den Betriebsräten und einem vorläufigem Reichwirtschaftsrat kamen diese Institutionen allerdings nie zustande.

Die Weimarer Reichsverfassung wich insgesamt wenig von bisherigen Traditionen der Wirtschafts- und Sozialordnung ab und hielt das Privateigentum als institutionelle Garantie aufrecht. Gleichwohl schrieb sie im Sinne einer gemischten Wirtschaftsverfassung das erste Mal eine rechtliche Grundlage für – obgleich keine unmittelbare Verpflichtung zu – Vergesellschaftungsmaßnahmen fest (vgl. ebd., 43). Die Vergesellschaftung wurde so – im Sinne der MSPD – als langfristige, reformistische Möglichkeit im Artikel 156 formuliert. Mit den Wahlergebnissen der Nationalversammlung, sowie der weiteren Ausrichtung der SPD rückte eine Verwirklichung alsbald in weite Ferne (vgl. Apelt 1965, 360). Die Artikel 156 und 165 WRV können als Kompromiss zwischen bürgerlichen und sozialistischen Kräften gesehen werden, der eine unmittelbare Sozialisierung vermied.

3.3.2 Die Sozialisierungskommission

Die „Kommission zur Vorbereitung der Sozialisierung der Industrie" (kurz: Sozialisierungskommission) wurde Anfang 1919 vom Rat der Volksbeauftragten noch vor dem Zustandekommen der Nationalversammlung eingesetzt, um eine Entscheidungshilfe für den einzuschlagenden wirtschaftspolitischen Kurs

---

23 Eine Vollsozialisierung wird im Grundgesetz der Bundesrepublik abgelehnt (vgl. Grupp 1066, 58).

zu erhalten[24] (vgl. Brückner 2013, 16f). Sie bestand aus Sachverständigen und Vertreter:innen der Unternehmer:innen, Gewerkschaftler:innen, Angehörigen des wissenschaftlichen Sozialismus, sowie solchen der bürgerlichen Sozialreform und war paritätisch aus MSPD und USPD-Mitgliedern besetzt (vgl. Steinmann 1959, 45). Ihr primärer Auftrag war es, „Bedingungen und Möglichkeiten einer Sozialisierung des Kohlenbergbaus zu erkunden, mit der eine Serie der auf lange Sicht durchzuführenden Sozialisierungsexperimente begonnen werden sollte" (Biechele 1972, 33). Sie bezog sich auf die an die Theorie des Finanzkapitals angelegte Regierungsstrategie, Wirtschaftszweige zu vergesellschaften, „die nach ihrer Art und ihrem Entwicklungsstand einen privatmonopolitischen Charakter angenommen haben" (Grupp 1966, 13). Am 15. Februar 1919 legte sie mehrere konkrete Gesetzesentwürfe, sowie zwei Gutachten – ein Mehrheits- sowie ein Minderheitsgutachten – vor, da ihre Mitglieder zu keinem Konsens gelangten. Beide Fraktionen waren sich allerdings darin einig, dass der Kohlebergbau vollständig vergesellschaftet werden sollte – lediglich beim Tempo gab es Unstimmigkeiten (vgl. Steinmann 1959, 82).

Im Mehrheitsgutachten (Sozialisierungskommission 1920, 32-41) schlug die Kommission vor, die Kohlewirtschaft vollkommen aus staatlichen und privaten Eigentumsverhältnissen zu lösen. Sie hielt den staatlichen Betrieb für unökonomisch und sah darüber hinaus in einer reinen Verstaatlichung die bloße Ersetzung eines Arbeitgebers durch den anderen und damit keine qualitative Verbesserung der Lage der Beschäftigten. Als neuen juristischen Träger schlug sie stattdessen wirtschaftliche Selbstverwaltungskörper vor. Diese sollten sich klar von syndikalistischen und produktivgenossenschaftlichen Organisationsformen unterscheiden, sowohl rechtlich als auch finanziell vom Staat unabhängig sein, sowie einen größtmöglichen autonomen Entscheidungsspielraum haben (vgl. Steinmann 1959, 46f). Ein Kohlerat, der sich zu gleichen Teilen aus Arbeiter:innen, Konsument:innen, der Betriebsleitung und durch vom Parlament und Reichsministerpräsident:in bestimmten Personen zusammensetzen sollte, war als Leitung der gesamten Kohlegewinnung gedacht. Seine Aufgabe sollte es sein, Entscheidungen über Fördermenge und Betriebsmethoden zu treffen. Ferner sollte er ein geschäftsführendes Direktorium, welches auf 5 Jahre gewählt werden sollte, bestimmen. Das Reich war in 20-25 Bezirke aufzuteilen, die durch den Reichskohlerat koordiniert werden sollten. Die grundlegende Idee war, die Vergesellschaftung der Kohlewirtschaft als ersten Schritt zur Vollsozialisierung zu

---

24 Kritiker:innen sehen in ihr ein taktisches Mittel um die revolutionär gestimmten Massen zu beruhigen (vgl. Biechele 1972, 33).

betrachten und sie vom Grad[25] her hoch genug anzusetzen, um eine entscheidende Beeinflussung der restlichen Privatwirtschaft zu ermöglichen. Das Minderheitsgutachten wehrte sich gegen die ihrer Meinung nach zu weitgehende Ausschaltung des Unternehmertums und plädierte für eine stärkere Rolle des Staates gegenüber der Selbstverwaltung. Der Reichskohlerat sollte in ihrem Entwurf eher als Zentralsyndikat fungieren. Über die Kohlenwirtschaft hinaus veröffentlichte die Sozialisierungskommission einen Entwurf für ein Rahmengesetz zur Vergesellschaftung von Wirtschaftszweigen von rein lokaler Bedeutung. Dieses sollte Kommunen das Recht zugestehen, verschiedene regionale Wirtschaftssektoren der Daseinsfürsorge und Infrastrukturerhaltung zu übernehmen und/oder zu vergesellschaften. Die konkrete Organisationsform der zu sozialisierenden Betriebe blieb dabei jedoch offen (vgl. Sozialisierungskommission 1919, 3ff).

Die Kommission legte im April 1919 aus Protest gegen Behinderungen durch das Reichswirtschaftsministerium ihr Amt nieder, wurde jedoch, als nach dem Kapp-Lüttwitz-Putsch der radikale Teil der Arbeiter:innenschaft abermals auf eine Vergesellschaftung des Bergbaus drängte, 1920 in veränderter Zusammensetzung erneut einberufen (vgl. Brückner 2013, 20). Die zweite Sozialisierungskommission legte am 31. Juli 1920 abermals ein Mehrheits- und ein Minderheitsgutachten vor (Sozialisierungskommission 1920, 6-20). Sie war davon überzeugt, dass die bisherigen Vorschläge des Reichswirtschaftsministeriums nicht ausreichten, um den Sozialisierungsforderungen der Arbeiter:innen nachzukommen. Sie war der Auffassung, dass das bereits verabschiedete Kohlenwirtschaftsgesetz, welches weiter unten behandelt wird, bewirke, dass die Machtpositionen der privaten Unternehmungen im „paritätischen" Wirtschaftskörper weiterhin ausschlaggebend seien. Somit handele es sich nicht um eine wirkliche Vergesellschaftung, sondern lediglich um eine Erweiterung der gesellschaftlichen Verfügungsmacht. Darüber hinaus führe die alleinige Beteiligung von Vertreter:innen der Beschäftigten dazu, dass diese gemeinsam mit den Syndikaten für Preiserhöhungen stimmen, da diese positiv an Lohnsteigerungen gekoppelt seien. Ein anderer Modus der gesellschaftlichen Beteiligung müsse gefunden werden, um eine Orientierung am Gemeinwohl zu sichern: „Die Sozialisierung kann nur von Erfolg begleitet sein, wenn sie den Gegensatz des privaten zum Allgemeininteresses aufhebt, nicht, indem sie die Vertreter beider Interessen zwingt, zusammenzuhalten" (Sozialisierungskommission 1920, 12).

---

25 Es blieb unklar, bis zu welchem Verarbeitungsstadium genau sozialisiert werden sollte. (vgl. Sozialisierungskommission 1920, 41).

Die zweite Sozialisierungskommission sollte daher Pläne unterbreiten, die das gemeinwirtschaftliche Prinzip stärker zur Geltung brachten (vgl. Steinmann 1959, 75). Sie forderte erneut eine sofortige Enteignung des Kohlenbergbaus und eine Überführung in einheitliche Selbstverwaltungskörper der Deutschen Kohlengemeinschaft, die wiederum in zwanzig örtlich und wirtschaftlich zusammenhängende Bezirke aufzuteilen war. Der Reichskohlerat, der in diesem Entwurf eine stärkere personelle Beteiligung der Angestellten und Arbeiter:innen im Vergleich zum ersten Vorschlag beinhaltete, sollte diese koordinieren und leiten (vgl. Sozialisierungskommission 1920, 14). Das Minderheitsgutachten äußerte ähnliche Bedenken wie das der ersten Sozialisierungskommission und setzte sich erneut für eine langfristige, schrittweise Sozialisierung ein (vgl. ebd., 80). Es wollte weiterhin den Erhalt des Privateigentums an Produktionsmitteln ermöglichen, wollte ihm aber gleichzeitig die Preis- und Gewinnbestimmung entziehen und die Wirtschaft durchsichtig und kontrollierbar machen. Das Ziel sollte eine langfristige, gesetzlich festgelegte Enteignung sein. Kurzfristig fürchtete man sich sonst vor Störungen im Produktionsablauf der Kohlewirtschaft, die als Grundpfeiler des gesamten Wirtschaftsbaues gesehen wurde. Diese zweite Sozialisierungskommission bestand zwar noch bis 1923, ihre Vorschläge wurden jedoch ebenfalls nicht realisiert (vgl. Grupp 1966, 15).

Die Sozialisierungskommissionen versuchen erstmalig konkrete institutionelle, realpolitische Vorschläge für einen vergesellschafteten Wirtschaftszweig zu entwerfen. Mit Selbstverwaltungskörpern und Reichskohlerat versuchten die Mehrheitsgutachten ein dezentral agierendes System auf Basis des Gemeineigentums bei gleichzeitig konzentrierter Koordination zu entwerfen. Beschäftigte und weitere Vertreter:innen der Gesellschaft sollten so wesentlich an Entscheidungen beteiligt werden. Die Kohlewirtschaft wurde aufgrund ihrer Wichtigkeit für die Versorgung der Volkswirtschaft mit dem zentralen Gut der Energie gewählt, um sich von ihr ausgehend Dispositionsmacht über die verbleibende Privatwirtschaft zu sichern.

3.3.3 Das Sozialisierungsgesetz und das Kohlen- und Kaliwirtschaftsgesetz

Als Konzession an die Beteiligten der Märzkämpfe und des Generalstreiks am 03. März 1919[26] wurde am 23. März 1919 das Sozialisierungsgesetz als Rahmengesetz

---

26 Man fürchtete um die „Reichseinheit" und „russische Zustände" (vgl. Brückner 2013, 181).

von der Nationalversammlung unter Wirtschaftsminister Rudolf Wissell erlassen (Reichsministerium des Inneren 1919, 341; vgl. Steinmann 1959, 68). Seine Kernformulierungen gleichen der des späteren Artikels 156 der Reichsverfassung und enthalten damit ebenfalls lediglich die lose Möglichkeit der Gemeinwirtschaft und keine konkreten Vergesellschaftungsschritte oder Verpflichtungen (vgl. Brückner 2013, 181). Im Gesetz erfolgt eine Fokussierung auf die Wirtschaftsbereiche der Bodenschätze und Naturkräfte, für deren konkrete bereichsspezifische Regelung nach gemeinwirtschaftlichen Gesichtspunkten weitere Reichgesetze folgen sollen (vgl. Reichsministerium des Inneren 1919., 341f). In der weiteren Ausführung ergingen konsekutiv das Kohlenwirtschaftsgesetz (ebd., 342), das Kaliwirtschaftsgesetz (ebd., 413) sowie das Gesetz über die Sozialisierung der Elektrizitätswirtschaft[27] (Reichsministerium des Inneren 1920, 19) – ersteres noch am selben Tag[28].

Das Kohlenwirtschaftsgesetz sollte Modellcharakter für eine Neuordnung der übrigen Wirtschaftszweige haben (vgl. Biechele 1972, 183f). Das Kaliwirtschaftsgesetz war ihm daher nachempfunden. Generell ließen diese neuen Wirtschaftsgesetze das Privateigentum an Produktionsmitteln unangetastet[29]. Die privatwirtschaftlichen Unternehmen sollten in Selbstverwaltungskörper in Form von Zwangssyndikaten zusammengefasst werden, die Fördermengen, Verbrauch und Absatz regeln. Theoretisch sollte der paritätisch besetzte Reichskohlenrat die Oberaufsicht über die Syndikate haben, faktisch beriet dieser das Reichswirtschaftsministerium allerdings eher (vgl. Grupp 1966, 15). Das Ministerium verfügte über ein Vetorecht auf dem Gebiete der Preisfestsetzung, weswegen die finale Instanz jeder Entscheidung stets bei ihm lag (vgl. Brückner, 20; Steinmann 1959, 70). Als Institutionalisierung der Ausweitung von gesellschaftlicher Verfügungsmacht war die Schaffung von Betriebsräten einerseits, sowie von überbetrieblichen Bezirks- und Zentralarbeitsräten auf Grundlage von Arbeitskammern andererseits formuliert (vgl. Steinmann 1959, 71). Die Gesetze ließen somit summa summarum die Privatwirtschaft unangetastet, maßen dem Staat

---

27 Ein Gesetz, dass das den Rahmen des Sozialisierungsgesetzes in der Elektrizitätswirtschaft ausfüllen konnte, kam allerdings nie zustande (vgl. Naphtali 1977, 59).

28 Die besonders radikalen Märzunruhen im Bergbau gaben Anlass, gerade dort mit Reformen zu beginnen (vgl. Biechele 1972, 183). Die Forderung nach Sozialisierung war schon länger bei den Bergleuten populär und wurde Anfang 1919 auf dem Rätekongress der Arbeiter- und Soldatenräte dauerhaft auf die Tagesordnung der Ruhrarbeiter gesetzt (vgl. Brückner 2013, 15).

29 Eine Entschädigung der Unternehmer war in den Gesetzesentwürfen nicht vorgesehen (vgl. Biechele 1972, 186).

zwar mehr Macht zu, entsprachen aber insgesamt nicht der Idee einer emanzipatorischen kollektiven Wirtschaftsverfassung (vgl. Brückner 2013, 20). Sie machten keinen Gebrauch von den zur Verfügung stehenden Sozialisierungs- und Partizipationsmöglichkeiten und koordinierten lediglich Teile der Herstellung, sowie Verteilung im gemeinwirtschaftlichen Sinne (vgl. Grupp 1966, 14). Die Milde der Gesetze im Hinblick auf Vergesellschaftungsmaßnahmen war unter anderem dem Umstand geschuldet, dass die Streikfreudigkeit der Arbeiter:innen im Frühjahr 1919 abklang und sich der Widerstand bürgerlicher Parlamentarier gegen sozialistische Neuerungen in diesem Zuge merklich verschärfte. Gepaart mit einer Furcht vor unkalkulierbaren Störungen des Produktionsklimas beim wirtschaftlich wichtigen Sektor des Kohlebergbaus durch ein neues Organisationsmodell, minderte sich die Chance einer breiten parlamentarischen und außerparlamentarischen Zustimmung für tiefgreifende Gemeinwirtschaftspläne von Tag zu Tag (vgl. Biechele 1972, 187/199; Brückner 2013, 19).

Die konkreten Gesetzgebungen orientierten sich eher an den Minderheitsgutachten der Sozialisierungskommission, da sie das Privateigentum an den Produktionsmitteln unangetastet ließen, dem Staat aber eine prominentere Rolle einräumen wollten. Die zwar gestärkten Mitbestimmungsmöglichkeiten der Arbeitenden blieben institutionell weit hinter den Erwartungen der Vergesellschaftungsbefürworter:innen[30] zurück. Arbeitnehmer- und geber:innen standen durch die Kopplung von Lohn und Preis im Widerspruch zum Gemeininteresse der restlichen Gesellschaft. Die Reichsregierung legte zwar oftmals gegen ihre Preispolitik ein Veto ein und erreichte dadurch zwar Preise, die der Gesamtheit eher entsprachen, führte so aber die vermeintliche Autonomie der Selbstverwaltungskörper ad absurdum: „Schließlich blieb von alledem nichts anderes übrig als ein Zwangskartell, dessen Preispolitik von der Regierung kontrolliert wurde" (Stopler 1950, 125). Die Erlasse und Institutionen können als wenig funktionaler Kompromiss zwischen kapitalistischer und sozialistischer Wirtschaftsauffassung betrachtet werden. Zu einer Form des Gemeineigentums kam es in den Selbstverwaltungskörpern nicht.

---

30 Gerade das Mehrheitsgutachten der Kommission forderte eine breite gesellschaftliche Ausrichtung des Kohlerats durch Einbezug von Konsument:innen, Wissenschaft etc., sowie eine vom Reichswirtschaftsministerium unabhängige gewählte Geschäftsführung. Die Gesetze blieben weit hinter diesem Anspruch zurück.

3.3.4 Die Gemeinwirtschaftskonzeption des Reichswirtschaftsministeriums unter Rudolf Wissell

In den revolutionären Jahren 1918 und 1919 wurden zahlreiche Vorstellungen kollektivwirtschaftlicher Institutionengefüge formuliert. Die Gemeinwirtschaftskonzeption des Reichswirtschaftsministeriums ist die einzige, deren Verwirklichung durch die Kohlen- und Kaliwirtschaftsgesetze in Angriff genommen wurde. Das Konzept von SPD-Reichswirtschaftsminister Rudolf Wissell und seinem Unterstaatssekretär Wichard von Moellendorf, stellte einen Versuch dar, ein daran anknüpfendes geschlossenes Programm'weiterführender institutioneller Ideen der Kollektivwirtschaft zu formulieren (vgl. Biechele 1972, 25/95).

Obgleich Wissell insgesamt die Idee der Selbstverwaltung der Wirtschaft durch die Wirtschaftenden unter Ausschluss staatlicher Intervention befürwortete und als langfristiges Ziel anvisierte, sprach er sich gegen einen unmittelbaren Zwang der Enteignung und Vergesellschaftung aus. Er war der Ansicht, dass die Vorbedingungen[31] für diese noch geschaffen werden müssten, und ließ das Privateigentum an Produktionsmitteln, sowie die bewährten Triebkräfte der Marktwirtschaft vorerst unangetastet (Grupp 1966, 15; Biechele 1972, 55ff/239). Innerhalb der Debatte um Vergesellschaftung in der jungen Republik stellte er somit einen der Antagonisten der Mehrheit der Sozialisierungskommission dar. Die von ihm erdachten Maßnahmen richteten sich auf eine Ausweitung der Verfügungsgewalt und verfolgten das Ziel einer langfristigen Transformation zum Sozialismus (vgl. Biechele 1972, 60/239).

Wissells Konzept gründet sich auf seine Auslegung des Begriffs der Gemeinwirtschaft. Diese war für ihn vor allem als System einer Volkswirtschaft zu verstehen, welches sich nicht auf die betriebliche Ebene übertragen ließ. Dort war er von der Leistungsfähigkeit privatwirtschaftlich geführter Unternehmen überzeugt[32] (vgl. ebd., 63/107). Alle betriebsinternen Demokratisierungsbestrebungen lehnte er daher strikt mit dem Argument ab, sachliche Funktionen wie die Führung eines Betriebes könnten nicht auf demokratischem Wege erfüllt werden (vgl. ebd., 107). Für Wissell war das wichtigste Element der Gemeinwirtschaft die Planmäßigkeit

---

31 Wissel glaubte, dass sich das sozialistische Gedankengut gesamtgesellschaftlich noch durchsetzen müsse und hielt den Bolschewismus für west- und mitteleuropäische Industriestaaten für ungeeignet. Außerdem sprach die leere Staatskasse gegen eine Enteignung und die damit verbundenen Entschädigungszahlungen, die das Ministerium für notwendig hielt (vgl. Biechele 1972, 55ff).

32 Aufgrund der desolaten ökonomischen Lage, war diese Leistungsfähigkeit für Wissel essentiell. Unter den gegebenen Bedingungen musste eine kollektive Bedarfdeckungswirtschaft eine deutliche Steigerung der Produktion bedeuten (vgl. ebd., 113f).

der Produktion, die allerdings ohne zu starre Organisationsschemata die Freiheit wirtschaftlicher Betätigung erhalten sollte[33] (vgl. ebd., 143; Wissel 1919a, 104). Er war der Meinung, dass auch in einer sozialistischen Gesellschaft eine Pluralität an Eigentumsformen existieren könne (vgl. Biechele 1972, 110). Schlussendlich sollten in Wissells Konzeption nur kollektivwirtschaftliche Elemente realisiert werden, die zu einer Ertragssteigerung beitragen konnten (Wissel 1919b, 1484). Statt Demokratisierung und Förderung von Teilhabe steht bei ihm Effizienz im Vordergrund.

Institutionell versuchte Wissell zentrale und dezentrale Elemente in zwei Säulen zu verbinden. Wie Hilferding war er der Überzeugung, der Weg zum Sozialismus führe über die kapitalistischen Kartelle[34], wollte diese im Gegensatz zu ihm aber nicht enteignen. Stattdessen schlug er fach- bzw. berufsspezifische Wirtschaftsbünde zur Lenkung und Koordinierung einzelner Wirtschaftszweige vor. Die Bünde sollten Erzeugung, Verkauf und Verbrauch regeln und – im Unterschied zu Kartellen – auch Arbeitnehmer:innen, Handelvertreter:innen und Verbraucher:innen in Entscheidungsstrukturen miteinbeziehen[35]. Außerdem sollten sie den Beitritt von Unternehmen durch Zwang herbeiführen können. Da in diesen Gemeinwirtschaftskörpern neben mangelnder Risikobereitschaft heftige Machtkämpfe um Quoten und Führung entstanden, tendierte Wissell später dazu, die Wirtschaftsbünde eher Trust-förmig mit einer einheitlichen, zentralen Führung unter Ausschaltung der freien Selbstbestimmung der einzelnen Betriebe zu organisieren (vgl. Wissell 1919a, 113ff). Die zweite Säule der Wissellschen Gemeinwirtschaftskonzeption stellte die regionale Gliederung in Bezirke mit je eigenen Wirtschaftsräten dar. Diese sollte sich in getrennten Arbeiter- und Unternehmer:innenräten. sowie in sozialpartnerschaftlichen Wirtschaftsräten manifestieren. Erstere waren eine Konzession an die innenpolitische Situation, die die Bildung von Arbeiter:innenräten forderte. Wissell selbst betrachtete sie

---

33 Auch Staatsbetriebe lehnte Wissel entschieden ab, da diese dem Wirken schöpferischer Kräfte nur ungenügend Raum böten (vgl. ebd., 107).
34 Konkret nannte er die Schlüsselindustrien Kohle, Kali und Eisen sowie Chemie und Papier (teilweise).
35 Das Reichswirtschaftsministerium hielt Arbeitnehmer:innen objektiv nicht zur Unternehmensführung fähig. Wissels Konzept beinhaltet daher Elemente der Bildung, sowie die Beauftragung von Akademiker:innen und Jurist:innen bis genügend qualifizierte Arbeiter:innen vorhanden waren um ihre Betriebe selbst zu leiten. Außerdem war die Frage, ob auch Verbrauchervertreter:innen mit in die Selbstverwaltungskörper aufgenommen werden sollten, im Verfassungsausschuss der Nationalversammlung heftig umstritten (vgl. Biechele 1972, 124ff).

als „Relikt unzeitgemäßen Klassendenkens" (vgl. Biechele, 136). Echte Mitbestimmung sah er nur durch die höhere Ebene der zusammengeschlossenen Wirtschaftszweige und nicht über die Betriebsräte zu erreichen. Die sozialpartnerschaftlichen Wirtschaftsräte bildeten daher das Herzstück seiner Konzeption. Diese sollten sich als Bezirkswirtschaftsräte überall im Reich konstituieren und als oberste Leitung den Reichswirtschaftsrat haben, der wirtschafts- und sozialpolitische Gesetzesentwürfe verabschiedet und gesamtwirtschaftliche Vorschläge der Produktionssteigerung macht (vgl. ebd., 136ff).

Wissells Konzeption stieß an verschiedenen Punkten auf Kritik[36] und auf reale Dilemmata. So blieb unter anderem unklar, wie das Gemeinwohl konkret zu bestimmen sei. Wissell verließ sich darauf, dass die Selbstverwaltungskörper von sich aus den richtigen Weg finden würden. Innerhalb der Selbstverwaltungskörper, die nach dem Krieg real institutionalisiert wurden[37], lief (wie oben bereits erwähnt) die zwangsmäßige Kartellbildung den Interessen der Unternehmer:innen zuwider und führte zu Konflikten. Industrielle wanderten in weniger eingeschränkte Wirtschaftssektoren aus, faktische Produktionserfolge fehlten, in den Selbstverwaltungsgremien der Wirtschaftsbünde dominierte bald der Branchenegoismus. Arbeitgeber und -nehmer:innen waren zu oft bereit, Vereinbarungen auf Kosten der Konsument:innen und der Allgemeinheit zu treffen (vgl. ebd., 231ff). Es erwies sich als Illusion, den Marktmechanismus der Privatwirtschaft auszuschalten, ohne gleichzeitig das zentralisierende Gewicht des Staates zu verstärken (vgl. ebd., 115ff/129/142). Außerdem war es nur einem kleinen Bruchteil der Arbeiter:innen möglich, sich mitbestimmend in die Selbstverwaltungsorganisationen einzubringen. Die Entfremdung des Produktionsprozesses bestand generell fort (vgl. ebd., 239).

Mit planwirtschaftlichen Eingriffen und Vergesellschaftungsmaßnahmen gegenüber den Grundstoffen, sowie wirtschaftsdemokratischer Organisation unter der Verwendung des Rätewesens wollte Wissell der Demokratie ihren bürgerlichen Klassencharakter nehmen (vgl. auch Abendroth 1958c, 259). Sein Konzept der Gemeinwirtschaft zielte darauf ab, innerhalb der bürgerlichdemokratischen Verfassung und unter Beibehaltung des Privateigentums an Produktionsmitteln eine paritätisch geleitete, sich selbst verwaltende Gesamtwirtschaft zu stärken (vgl. Biechele 1972, 55). Dabei setzte er institutionell auf die überbetriebliche Mitbestimmung der Arbeitenden, sowie auf das Miteinbeziehen

---

36 Gerade Befürworter:innen der Sozialisierung kritisierten Wissels Konzept.
37 In vielen Industrien (Textil, Chemie, Öl, Holz, etc.) blieb es bei vorbereitenden Schritten für die Bildung von Gemeinwirtschaftsorganisationen (vgl. Biechele 1972, 233).

weiterer Vertreter:innen der Produktionskette in regionale Wirtschaftsbünde und -räte. Diese stellten eine Weiterentwicklung der Selbstverwaltungskörper dar, die bereits durch die vorhanden Gesetzgebungen geschaffen worden waren. Die Gesetze der Kohle- und Kaliindustrie verwirklichten demnach nur Teile der Idee einer Gemeinwirtschaft nach Wissell (vgl. Grupp 1966, 14f). Das Gesamtkonzept wurde dem Kabinett im Sommer 1919 zur Beschlussfassung vorgelegt und abgelehnt. Wissell trat daraufhin zurück und die Konzeption gelangte zu keinem weiteren Einfluss auf die Politik der SPD (vgl. ebd.; vgl. Biechele 1972, 25).

3.3.5 Fritz Naphtalis Konzept der Wirtschaftsdemokratie

Nach Wissells Rücktritt und dem Scheitern der Sozialisierungsbewegung war in den Fraktionssitzungen der SPD eine klare wirtschaftspolitische Konzeption nicht mehr erkennbar[38]. Vom Begriff der Sozialisierung wurde kaum noch Gebrauch gemacht (vgl. Biechele 1972, 209ff/233). Differenzierte Konzepte einer Kollektivwirtschaft wurden erst wieder nach der relativen Stabilisierung der Weimarer Republik im Kontext der Wiederaufnahme theoretischer Auseinandersetzungen der Arbeiterbewegung aus der Zeit vor dem Krieg entwickelt (vgl. Eberl/Salomon 2012, 198; Kuda 1977, 12). Der Allgemeine Deutsche Gewerkschaftsbund (ADGB) war 1924 enttäuscht aus der paritätisch besetzten Zentralarbeitsgemeinschaft mit den Arbeitgeber:innen ausgetreten und verlangte ab dem Folgejahr eine Demokratisierung von Unternehmen (vgl. Scriba 2015b).

1928 legte der Sozialdemokrat und Wirtschaftsexperte des ADGB Fritz Naphtali mit der Idee der Wirtschaftsdemokratie ein erneuertes Grundsatzprogramm kollektiven Wirtschaftens vor. Naphtali war der Überzeugung, dass die sozialen Machtverhältnisse während der Revolution nicht reif für die Durchführung einer allgemeinen Neugestaltung der Wirtschaft, wie sie Wissell forderte, waren[39] (vgl. Napthali 1928, 52). Mit einer Stabilisierung der parlamentarischen Demokratie hatte sich die Ausgangslage seiner Ansicht nach nun verbessert. Hatte man sich zuvor eine Ergreifung der politischen ohne die der wirtschaftlichen Demokratie nicht vorstellen können, war dies nun Realität geworden (vgl. Steinmann, 113). In der parlamentarischen Demokratie sah Naphtali einen Sieg der proletarischen

---

38 Sein Nachfolger Robert Schmidt setzte auf die Bildung von Staats- und Kommunalbetrieben, um der Verwirklichung des Sozialismus näher zu kommen und sah die Gemeinwirtschaft nur als möglichen Notbehelf (vgl. Biechele 1972, 213).
39 Lediglich die staatliche Oberhoheit über das natürliche Monopol der Bodenschätze gelangte laut Naphtali zur allgemeinen Anerkennung (vgl. ebd. 1928, 52).

Klasse gegenüber dem Bürgertum und das notwendige Fundament, von dem aus die Demokratisierung der Wirtschaft nun als reformistischer Prozess möglich war (vgl. ebd., 25/192). Vornehmlich schaffte sie für Naphtali die Voraussetzung für die Beteiligung der Gewerkschaften an allen Organen der Wirtschaftspolitik. Diese nahmen in seinem Konzept eine zentrale Rolle als Akteur:innen demokratischer Praxis ein. Sie fungierten als „kollektive Willensträger", die die geteilten Lebensbedingungen in wirtschaftsdemokratischer Manier ändern sollten (vgl. ebd., 147/156f; Eberl/Salomon 2012, 207). In seiner Kapitalismusanalyse bezog sich Napthali ebenfalls auf Hilferdings Theorie des organisierten Kapitalismus, den auch er als großen „Antrieb in der Richtung der Entwicklung der Demokratisierung der Wirtschaft" betrachtete (Naphtali 1928, 45). Diese sah er erst als erreicht an, wenn der freiheitsrechtlichen Vergesellschaftung der Arbeit auch eine gemeinheitsrechtliche Vergesellschaftung des Eigentums gefolgt war. Im Gegensatz zu Wissell verortete Naphtali seine Konzeption von Gemeinwirtschaft nicht lediglich auf meso- und makroökonomischer, sondern vorwiegend auf betrieblicher Ebene. Dort sollte mit der sozialen Gewalt des Eigentums gebrochen werden.

Napthali formulierte mit seinem Konzept insbesondere ein Plädoyer zur Verbindung von politischer Genossenschafts- und Gewerkschaftsbewegung (vgl. ebd., 8). Diese sollten den gemeinsamen Kampf der Demokratisierung der Wirtschaft in zwei[40] Stoßrichtungen führen: Die der Unterordnung der monopolistischen Unternehmensorganisationen unter das Gemeinschaftsinteresse und die der Demokratisierung des Arbeitsverhältnisses. Um einen Ansatzpunkt für erstere zu finden, suchte Naphtali nach Gründen für das Scheitern der bisherigen Institutionen, die seiner Einschätzung nach als Kompromisslösungen der Kräfteverhältnisse in den ökonomischen Bedingungen der Nachkriegswirren entstanden waren (vgl. ebd., 49-64). Naphtali sah zwei grundlegende Probleme: Zum einen waren die Machtpositionen der Unternehmer:innen in den Wirtschaftskörpern weiterhin ausschlaggebend geblieben. Zum anderen standen sowohl die fachliche Arbeiter:innenschaft, als auch die Konsument:innen bzw. die kohleverbrauchende Industrie ihren Interessen näher als denen der Gesamtwirtschaft (z.B. durch die Kopplung von Lohn- und Preisfrage). Daraus schlussfolgerte er erstens, dass die Selbstverwaltung zunächst hinter die öffentlichen Hand als Sicherungsmittel demokratisch-gemeinwirtschaftlicher Wirtschaftsführung zurücktreten müsse[41]

---

40 Eine dritte bildete die Demokratisierung des Bildungswesens, die hier aber nicht behandelt werden soll (vgl. Kuda 1977, 12f).
41 Eine Einsicht die auch Wissel – allerdings zu spät – gekommen war.

(vgl. ebd., 64). Naphtali postulierte daher für monopolistische Unternehmerorganisationen ein staatliches Kontrollamt, sowie eine Ausgestaltung des staatlichen Einflusses auf die Syndikate. Zweitens war er der Ansicht, dass solange es bei der Mitbestimmung der Arbeiter:innen vornehmlich um eine Einordnung des Wirtschaftszweiges in die Gesamtwirtschaft, statt um die spezifische fachliche Wirtschaftsführung ginge, diese personell durch die Spitzenorganisation der Gewerkschaften statt durch die Betriebsräte geschehen müsse. Nur so könnten gemeinwirtschaftlich orientierte Kräfte der Arbeiter:innenschaft im Entscheidungsprozess präsent sein (vgl. ebd., 67). Die Führer:innenerauslese der Arbeiter:innen dürfe also nicht vom Besitzmonopol her geschehen (vgl. ebd., 50). Die Gewerkschaften sollten gleichberechtigt in den Bezirkswirtschaftsräten, sowie im Reichswirtschaftsrat mitarbeiten und an den Entscheidungsstrukturen aller monopolistischen Unternehmen beteiligt werden (vgl. ebd., 143). Als Betriebsformen, die wenigstens ein partielles Ausschalten des Profitprinzips ermöglichen sollten, stellte Naphtali sich neben den zu reformierenden Selbstverwaltungskörpern öffentliche Betriebe[42], sowie die Selbsthilfeorganisationen der Arbeitnehmer:innen (insbesondere die Konsumgenossenschaften und die gewerkschaftlichen Eigenbetriebe[43]), vor (vgl. Kuda 1977, 13). Die Demokratisierung des Arbeitsverhältnisses als solches sollte dagegen – neben gewerkschaftlichen Lohnkämpfen – über eine stärkere Mitbestimmung der Betriebsräte bei der Arbeitsgestaltung, sowie durch staatliche Sozialgesetzgebungen zur wirtschaftlichen Absicherung geschehen (vgl. ebd., 13). Die Vermittlung zwischen den betrieblichen Erfahrungen und überbetrieblichen Forderungen bildete bei Naphtali die entscheidende Voraussetzung für die Erfolgsaussichten eines sozialreformistischen Übergangskonzepts (vgl. ebd., 21).

Insgesamt sollte das Konzept der Wirtschaftsdemokratie einen reformistischen Ansatz der partiellen Ausweitung gesellschaftlicher Verfügungsmacht der Arbeiter:innen darstellen (vgl. ebd. 25). Wie Wissell ließ Napthali die privatwirtschaftliche Eigentumsordnung völlig unangetastet und suchte stattdessen nach Ansatzpunkten, die Dispositionsgewalt von parlamentarischem Staat und

---

42 Diese haben in Naphtalis Verständnis der parlamentarischen Demokratie ihre Identität zwischen Organen der wirtschaftlichen und politischen Demokratie und lassen ihren Inhalt von pluralen Interessengruppen statt lediglich vom Dualismus der Arbeitgeber und -nehmer:innen prägen (vgl. ebd. 1928, 72f/87ff).

43 Konsumgenossenschaftliche und gewerkschaftliche Unternehmen spielen damit insgesamt eine größere Rolle bei Naphtali als in vielen anderen volkswirtschaftlich ausgerichteten Konzepten der Kollektivwirtschaft wie z.B. bei Wissel oder Agartz (vgl. Weinzen, 1982, 187).

Arbeitnehmer:innen – vor allem in Gestalt der Gewerkschaften – über- und innerbetrieblich zu erweitern. Er gedachte auf diesem langfristigen Wege einer Gefahr der Lähmung der bisher treibenden Kräfte der Privatwirtschaft aus dem Weg zu gehen. Der wirtschaftliche Stillstand schien ihm im Falle der unmittelbaren Überführung des Privateigentums an Produktionsmitteln als unumgänglich. Die innerbetriebliche Mitbestimmung erachtete Naphtali für das Wesen der Wirtschaftsdemokratie als unabdingbar. Demokratie sollte nicht lediglich an die Bildung des überbetrieblichen Gemeinwillens in Form von planerischen Lenkungsvorgaben, sondern auch an die Mitbestimmung aller Beschäftigten gebunden sein (vgl. Steinmann 1959, 117). Dies unterschied ihn von Wissell und kennzeichnete eine strategische Neuausrichtung von ADGB und SPD. Naphtalis Ansatz wurde nach seiner Veröffentlichung vor allem für sein Vertrauen in die bürgerlich-parlamentarische Republik bemängelt. Kritiker:innen sahen keine unaufhaltsame, konfliktfreie Demokratisierungstendenz in der staatlich geleiteten öffentlichen Wirtschaft und den Gewerkschaften innerhalb des Kapitalismus (vgl. Koolen 1979, 63; Eberl/Salomon 2012, 199). Naphtali wurde eine Ideologie des Wirtschaftsfriedens bzw. der „Klassenversöhnung" statt der des „Klassenkampfs" vorgeworfen, da er sozialpartnerschaftliche Tendenzen der Gewerkschaften fördere und zu institutionalisieren suche (vgl. Eberl/Salomon 2012, 199).

3.4 Kritik der Kollektivwirtschaft: Mises und der Liberalismus

Ludwig von Mises gilt als einer der einflussreichsten Denker des klassischen Liberalismus. 1922 legte er mit „Die Gemeinwirtschaft" eine grundlegende Kritik kollektiver Wirtschaftssysteme vor, deren Kernargument das der Preisbildung und Wirtschaftsrechnung ist. Mises Kritik richtet sich gezielt nicht etwa auf verschiedene Graustufen der Vergesellschaftung und Konzepte der Mitbestimmung, sondern auf vollsozialisierte Wirtschaften in Staatshand: „Sozialismus ist Überführung der Produktionsmittel aus dem Sondereigentum in das Eigentum der organisierten Gesellschaft, des Staates" (Mises 1922, 30).

Den Begriff der Vergesellschaftung hält Mises lediglich für eine kalkuliert gewählte Redeweise, die den Ausdruck des Staates vermeiden und Institutionen beschreiben soll, die sich „wenigstens äußerlich von den Verstaatlichungen [...] der früheren Regierung unterscheiden" (ebd., 108f/215). Obgleich er anerkennt, dass es verschiedene sozialistische Denkrichtungen gibt, die sich in unterschiedlicher Weise mit dezentraler Demokratie und der hierarchischen Diktatur (des Proletariats) verbinden, stellt das sozialistische Gemeinwesen für ihn in jedweder Ausprägung stets einen herrschaftlichen Verband von Beamten dar, der nur durch einen Zwangs- und Gewaltapparat aufrechterhalten werden kann (vgl. ebd., IX/128/162ff). Mit dieser Verabsolutierung diskreditiert Mises kollektive Wirtschaftsmodelle per se. Darüber hinaus verspricht er sich vom Sozialismus insgesamt eine deutlich verschlechterte Güterversorgung. Da die Arbeit auch in diesem System Unlustgefühle erzeuge, die Arbeiter:innen allerdings keinen Anreiz mehr hätten, ihr Arbeitsleid zu überwinden und sich zu bemühen, bleibe anstelle des im Kapitalismus gegebenen ökonomischen Ansporns nur der diktatorische Zwang als Mechanismus zur Aufrechterhaltung der Produktivität[44] (vgl. ebd., 23/154ff).

Das Kernargument, welches Mises allen anderen voranstellt, bildet allerdings das des Preismechanismus bzw. der Wirtschaftsrechnung. Es besagt, dass in einer sozialistischen Wirtschaft der Ausdruck jeglicher Preise in Geld als Folge der Ausschaltung des Marktverkehrs unmöglich gemacht würde. Dies belege, dass „der Sozialismus undurchführbar" sei (ebd., 115). In Form der Preisbildung wird die Wertrechnung aller wirtschaftlichen Prozesse von den selbstständigen, über Sondereigentum an Produktionsmitteln verfügenden Gliedern der Gesellschaft automatisch und alltäglich geführt (vgl. ebd., 99). Ohne sie käme die Möglichkeit, Aufwand und Erfolg einer wirtschaftlichen Handlung zu ermitteln, abhanden (vgl. ebd., 183). Es würde kein Richtmaß des Handelns mehr geben und jedwede Entscheidungen würden nur noch auf der Grundlage vager Schätzungen getroffen werden können. Keinem Einzelnen – auch nicht dem Staat – sei es möglich, die „unendliche Fülle verschiedener Produktionsmöglichkeiten" ohne Preise beherrschen zu können (vgl. ebd., 96ff): „Alles tappt im Dunkeln" (ebd., 101). Sozialistische Rechnungsansätze wie die der Natural- oder Arbeitsrechnung (wie z.B. das Konzept von Otto Neurath) hält Mises für eine Illusion, da diese über keine objektiv erkennbare Wertgröße verfügten, die „die Wirtschaftsrechnung auch in der verkehrs- und geldlosen Wirtschaft ermöglichen" würden[45] (ebd., 114). Sozialistische Utopien hätten demnach stets einen Ruhezustand vor Augen, der keine ständige Neu-Kalkulation benötigt. Dieses Idealbild werde der elastischen, immer in Bewegung stehenden Wirtschaft allerdings nicht gerecht (vgl. ebd., 138/189). Sozialistische Oasen im Hier und Jetzt – wie die Genos-

---

44 Dieses Argument ist vor dem Hintergrund zu verstehen, dass die Befürworter:innen der Kollektivwirtschaft diese zur damaligen Zeit der kapitalistischen Verschwendung durchaus als effizienteren Produktionsmodus entgegensetzten.

45 So bestehen z.B. zwischen verschiedenen Arbeitsleistungen qualitative Unterschiede, die mit Rücksicht auf Angebot und Nachfrage zu verschiedenen Bewertungen führen müsse (vgl. Mises 1922, 135).

senschaften – können demnach nur bestehen, da sie noch vom Organismus der Marktwirtschaft und des Preismechanismus profitieren (vgl. ebd., 98).

Dem Sozialismus stellt Mises das System des Liberalismus gegenüber. In diesem sei die Verfügungsgewalt über die Produktionsmittel ebenfalls demokratisch geregelt: und zwar durch die Entscheidungen der Verbraucher:innen. Diese seien die eigentlichen Eigentümer:innen der Produktionsmittel[46], da sie mit ihrem Konsumverhalten über den Gang der Produktion bestimmen würden (vgl. ebd., 16). Im Gegensatz zum Sozialismus fordere der Liberalismus immer und überall Demokratie und Freiheit, die durch die Gleichheit vor dem Gesetze und das „kalte, von allem Persönlichen losgelöste Tauschprinzip" des Marktes gewährleistet seien (ebd., 172). Wo der Zweck der sozialistischen Bewegung das Ideal einer gerechten und gleichen Verteilung sei, habe der Kapitalismus diese bereits über das Einkommen geregelt (vgl. ebd., 126ff). Der Staat solle lediglich die Grundbedingungen der privaten Eigentumsordnung sichern und sich nicht an der Unmöglichkeit versuchen, objektive Bedürfnisse unterschiedlicher Menschen zu erkennen und zu vergleichen (vgl. ebd. 35ff/128). Die grundlegende Annahme, auf der das Konzept des Liberalismus fußt, ist jedoch die des rationalen Handelns des Individuums. Rationales Handeln setzt Mises mit den Begriffen des Wirtschaftens und der Vernunft gleich: „Alles rationale Handeln ist Wirtschaften, alles Wirtschaften ist rationales Handeln" vgl. ebd., 90). In einem zweiten Schritt definiert er dieses als natürliche Verhaltensmaxime des Individuums. Da sein Handeln allzeit daran ausgerichtet sei, die höchstmögliche Lust zu erreichen, handle dieses stets vernünftig und rational (vgl. ebd., 89ff). Um gesamtwirtschaftlich ein Maximum an Bedürfnisbefriedigung und Wohlstand zu erlangen, müsse sich demnach alle Produktion lediglich an dem Gewinnstreben der Individuen ausrichten. Dieses stelle nichts anderes als den Bedarf der Volkswirtschaft dar (vgl. ebd., 118). Das seiner Theorie zugrunde liegende Menschenbild versteht Mises als naturgesetzlich und argumentiert daher, dass ebendiese menschliche Natur auch im Sozialismus bestehen würde, dieser ihre Grundzüge aber nicht produktiv zu nutzen wisse (vgl. ebd., 156). Faktisch erwarte der Liberalismus von der auf Sondereigentum beruhenden Wirtschaftsverfassung demnach konsequent eine bessere Versorgung und größeren Wohlstand als vom auf Gemeineigentum beruhenden Sozialismus. Beide Wirtschaftssysteme streben laut Mises dasselbe Ziel an, unterscheiden sich aber deutlich in der Wahl ihrer Mittel (vgl. ebd., 32).

---

46 Mises setzt in seinen Ausführungen den Begriff des Eigentums mit dem der Verfügungsmacht gleich (vgl. ebd. 1928, 16).

Mises blendet in seiner Analyse die multiplen Herrschafts- und Machtverhältnisse des Kapitalismus aus und argumentiert in quasi-religiöser Manier mit der Vorstellung des stets rational im Sinne seines eigenen Nutzens agierenden Individuums. Nichtsdestotrotz weist er in seiner Kritik an fehlendem Preismechanismus und Rechnungswesen auf eine evidente Problematik hin, für die die Kollektivwirtschaft Lösungen finden muss. Diese Argumentation stellte ein Novum in der bislang weltanschaulich geführten Grundsatzdebatte um Sozialismus und Kapitalismus dar. Mises stellt Markt und die Preisbildung statt Produktion und Arbeit ins Zentrum seiner Gedanken. Fortan nahm der Begriff der Marktwirtschaft den des Kapitalismus in Debatten der Ökonom:innen an (vgl. Schlaudt 2021, 44f).

3.5 Zwischenfazit

Die gesellschaftliche Situation Deutschlands war nach dem Ersten Weltkrieg in vielerlei Hinsicht offen. Der Obrigkeitsstaat des Kaiserreichs war überwunden und es gab wirkmächtige Akteur:innen, die sich für eine Demokratisierung von Politik und Wirtschaft einsetzten. Die Rätebewegung forderte eine grundlegende systemische Neuordnung der Eigentumsverhältnisse, sowie der gesellschaftlichen Organisation. Ihre materielle Streik- und Durchsetzungsmacht bildete das Rückgrat der Revolution und ihre Forderungen stellten ein massives und reales Drohszenario für die Besitzenden dar. In der ökonomischen Notlage der Nachkriegszeit wuchs die Genossenschaftsbewegung als zweiter selbstorganisierter Arm der Arbeiterbewegung zu einem historischen Hoch an. Sie versorgte die Arbeiter:innen mit dem zum Leben Notwendigsten und stellte dabei den Referenzpunkt einer emanzipatorischen Wirtschaftsweise, wenn auch keine systemüberwindende strategische Perspektive, dar. Die sozialistischen Parteien bildeten sowohl im Rat der Volksbeauftragten, als auch in der schlussendlichen Regierung die stärkste Fraktion (vgl. Steinmann 1959, 107f). Die Schlagworte der Sozialisierung und Vergesellschaftung riefen in der Gründungsphase der Weimarer Republik „so viel Hoffnung hervor, dass Politiker ihnen Beifall zollen mussten" und auch bürgerliche Parteien und Verbände ihnen nicht grundsätzlich ablehnend gegenüberstanden (vgl. Biechele 1972, 26/35). Gleichwohl stellten die historischen Bedingungen die gesellschaftliche Linke vor große Herausforderungen und die Revolution traf sie in großen Teilen unvorbereitet. Die desaströse ökonomische Lage erforderte es, dass jede Kollektiv- oder Bedarfdeckungswirtschaft eine gesteigerte und sichere Produktion bedeuten musste (vgl.

ebd. 1972. 113). Der MSPD, den Gewerkschaften und den Vertreter:innen der Kollektivwirtschaft fehlte es jedoch an praktischer Regierungserfahrung und volkswirtschaftlichen Kenntnissen. Man ging nur zögerlich vor und griff bald auf Expert:innen aus dem bürgerlichen Lager zurück, da man sich vor den Folgen ungewisser Vergesellschaftungsversuche fürchtete (vgl. ebd., 114; Brückner 2013, 43; Steinmann 1959, 109). Einen Bürgerkrieg wie in Russland wollte man in jedem Fall vermeiden (vgl. Brückner 2013, 42). Die Gräben innerhalb der bereits gespaltenen deutschen Linken vertieften sich anhand der Rätefrage und der „Parole der Demokratie (vgl. Abendroth 1929, 131): Der Forderung nach einem schnellen revolutionären Handeln standen demokratischer Anspruch und die Angst vor einem ökonomischen Zusammenbruch gegenüber.

Mit der Theorie des Finanzkapitals von Rudolf Hilferding etablierte sich in den sozialistischen Parteien und Gewerkschaften die Vergesellschaftung von Großmonopolen, die unter marktwirtschaftlichen Bedingungen gewachsen waren oder als Grundstoffe strukturell monopolistischen Charakter haben, als vordergründiges Großziel der Sozialisierungsbefürworter und fand breite gesellschaftliche Anerkennung. Insgesamt zielten konkrete Konzepte der Zeit stets auf die Sozialisierung eines kompletten, durch ein solches Monopol dominierten Wirtschaftszweiges ab, um dessen planerische Lenkung zu ermöglichen. Den Anfang sollte die Kohlen- bzw. Bergbauindustrie machen. Diese war zum einen volkwirtschaftlich einflussreich und zum anderen existierte in ihren Werken eine starke Streikbewegung, die ihre Sozialisierung forderte. Die Sozialisierungskommission und das Sozialisierungsgesetz wurden geschaffen, um konkrete institutionelle Möglichkeiten einer Vergesellschaftung zu untersuchen und ihnen einen rechtlichen Rahmen im sich konstituierenden Staat zu geben. Mit Artikel 156 WRV wurde dieser erstmalig verfassungsrechtlich gesichert, allerdings ohne eine Verpflichtung oder konkrete Maßnahmen zu formulieren. Die auf ihn folgenden Branchengesetze und ihre Ausführungsbestimmungen für die kollektivwirtschaftliche Organisation der Kohlen- und Kaliwirtschaft blieben jedoch weit hinter den Vorstellungen der Mehrheit der Kommission zurück. Sie nutzten die rechtlichen Möglichkeiten nicht aus. Die geschaffenen Selbstverwaltungskörper ließen die Eigentumsordnung unangetastet, blieben hinter ihrem emanzipatorischen Potenzial zurück und scheiterten so u.a. an der systematischen Verknüpfung von Lohn und Preis (vgl. Cassau 1925, 312). Insgesamt kamen sie daher eher einer Verstaatlichung gleich und stellten somit allenfalls einen ersten Schritt in Richtung Vergesellschaftung dar. Weiterführende, primär auf überbetriebliche Planung ausgerichtete Konzeptionen wie die von Rudolf Wissell wurden sowohl von Kritiker:innen, als auch von Befürworter:innen der Sozialisierung abgelehnt.

Insgesamt fehlte ein einheitliches Aktionsprogramm der Vergesellschaftung, was den Begriff von einer abstrakten Hoffnungsträgerin zu einer realen Gegebenheit hätte verwandeln können (vgl. Steinmann 1959, 110). Der revolutionäre Arm der Bewegung hatte sich als nicht langatmig genug erwiesen, um die viel diskutierte Sozialisierung der Grundstoffindustrien durchzusetzen (vgl. Steinmann 1959, 108).

Auf politischem Gebiet erreichte die Arbeiterbewegung neue gesellschaftliche Teilhabemöglichkeiten in Form der parlamentarischen Demokratie. Die Räte wurden durch das Betriebsrätegesetz rechtlich abgesichert, dabei allerdings auf die Sphäre der Wirtschaft abgedrängt. Da ihre überregionalen Institutionen nie zustande kamen, erlangten sie keine politische Entscheidungsmacht, sondern fokussierten sich auf die betriebliche Mitbestimmung. Die Gewerkschaften gaben die Möglichkeit einer unmittelbaren Sozialisierung zugunsten ihrer juristischen Anerkennung als offizielle Vertreter:innen der Arbeitnehmer:innenschaft, sowie der Realisierung lang existierender, lebensverändernder Forderungen wie dem Acht-Stunden-Tag, auf. Diese stellten für sie fraglos bereits einen monumentalen Sieg dar. Sie schreckten davor zurück, selbst für die Leitung von Unternehmen verantwortlich zu sein, und richteten sich auf die sozialpartnerschaftliche Zusammenarbeit mit den Arbeitgeberverbänden in der Zentralarbeitsgemeinschaft ein. Die Forderung nach Sozialisierung war 1920 fast völlig aus der Öffentlichkeit verschwunden und hatte sich in Richtung politischer, (gesamt)wirtschaftlicher und betrieblicher Mitbestimmung aufgelöst. Die privatwirtschaftliche Eigentumsordnung mit ihren Besitz- und Machtverhältnissen war weder von der Übergangsregierung, noch vom Reichswirtschaftsministerium berührt worden und konnte sich in der Weimarer Republik restaurieren. Insgesamt stellte die Vergesellschaftung und die Umwälzung der Eigentumsordnung in der unmittelbaren Nachkriegszeit allerdings eine reale, greifbare Möglichkeit dar. Sie wurde von Gewerkschaften und (M)SPD auf die Rolle einer Drohkulisse von links reduziert, um die Besitzenden auf demokratischem Weg zu weniger riskanten, aber nichtsdestotrotz weitreichenden und unmittelbaren Konzessionen zu zwingen. In der Folge wurden Maßnahmen der Vergesellschaftung in die Zukunft verlagert, in der die Machtkonstellationen sich bereits wieder derartig verschoben hatten, dass sie nicht zur Realisierung gelangte. Zu Zeiten der Revolution war die Vergesellschaftung eine real greifbare Möglichkeit gewesen, die durch die Entscheidung zum Stinnes-Legien-Abkommen abhandenkam.

Nach wenigen Jahren verabschiedete sich der ADGB bereits desillusioniert aus der Zentralarbeitsgemeinschaft und drängte erneut auf weiterführende Institutionalisierungen der Wirtschaftsdemokratie. So beinhaltet das Konzept von

Fritz Naphtali Forderungen nach einer zentralen, gleichberechtigten Rolle der Gewerkschaften in allen wirtschaftlichen Institutionen als überbetrieblich denkende Organisationen, sowie eine Erweiterung der Verfügungsmacht der Beschäftigten im Betrieb. Die Einflussnahme auf die Ökonomie über den Parlamentarismus bestimmte allerdings die wirtschaftswissenschaftlichen und -politischen Debatten der 1920er Jahre (vgl. Ptak 2008, 17). Die kämpferischen, system-oppositionellen Bewegungsakteur:innen waren zu großen Teilen verschwunden. Der Staat war im Verlauf der Revolution auch zum Staat der Arbeiterbewegung geworden, ihre Organisationen hatten sich auf eine Mitarbeit in ihm eingerichtet (Steinmann 1959, 112).

4. Die Gründung der BRD und das Grundgesetz: Ein dritter Weg?

4.1 Politische, ökonomische und technische Voraussetzungen

Der Sieg der Alliierten über den Nationalsozialismus 1945 führte die deutsche Bevölkerung in eine erneute Phase der gesellschaftlichen Neuordnung. Die Jahre nach dem Krieg waren von einer tiefgreifenden wirtschaftlichen Notlage und politischen Identitätskrise im Zuge des Aufdeckens der Kriegsverbrechen geprägt. Nach einem ersten Debattenhöhepunkt in der Gründungsphase der Weimarer Republik kam es in dieser Periode abermals zu Suchbewegungen nach einer grundlegenden Ausrichtung des Wirtschaftssystems. Die unmittelbare Zeit nach dem Krieg bis zur Gründung der Bundesrepublik (BRD) lässt sich dabei gemäß Biebricher und Ptak im Wesentlichen in drei Phasen einteilen: Die der ordnungspolitischen Weichenstellung bis 1947, die der Durchsetzung der (Sozialen) Marktwirtschaft von den Wirtschaftsreformen 1948 bis zum Beginn der 50er Jahre und schließlich in die der Stabilisierung in den „langen fünfziger Jahren" (vgl. ebd. 2020, 77).

1945 befand sich die deutsche Bevölkerung in einer katastrophalen ökonomischen und gesellschaftlichen Lage: Die Hälfte der Wohnflächen war zerbombt, ein Großteil der Verkehrs- und Transportwege nicht mehr nutzbar. Im ersten Jahr nach Kriegsende kehrten fünf Millionen Kriegsgefangene gemeinsam mit Flüchtlingen und Heimatvertriebenen aus den Ost-Gebieten zurück. Ein Viertel der landwirtschaftlich genutzten Fläche des Reiches war an die Sowjetunion abgetreten worden. Der besonders kalte Winter 1946 führte schließlich zur Ernährungs- und Kohlekrise. Die Produktion kam in breiten Teilen der Wirtschaft zum Erliegen, so dass Deutschland vollkommen auf die Hilfeleistungen der Alliierten angewiesen war (vgl. Benz 2005a). Die industriellen Anlagen hatten den Bombenkrieg hingegen – ähnlich wie viele qualifizierte Arbeitskräfte – besser als das Transportsystem überstanden und waren relativ modern und intakt[1].

---

1 Unter anderem auch deshalb, weil ihre Kapazitäten im hohen Maß während des Krieges erweitert wurden (vgl. Benz 2005b).

Ihre Kapazitäten und Ressourcen wurden von dem Alliierten Kontrollrat nach dem Krieg zunächst insbesondere bei Kohle, Energie und Stahl mengenmäßig festgelegt und vorerst deutlich verringert oder im Zuge der ökonomischen Entmilitarisierung in Teilen sogar demontiert (vgl. ebd. 2005b; Krüger 2016, 286). Im Jahre 1947 verschoben sich diese wirtschaftlichen Lenkungsmaßnahmen allerdings allmählich hin zu bloßen Schwerpunktplanungen in den Bereichen der Grundstoff- und Investitionsgüterindustrien. Eine erste Weichenstellung in Richtung sukzessiver Liberalisierung und marktwirtschaftlicher Allokation war vollzogen (vgl. Krüger 2016, 286).

Den Alliierten – vor allem der US-Besatzungsmacht – kam in der Neuordnung der deutschen Wirtschaft nach dem Krieg eine Schlüsselrolle zu. Mit großen Krediten im Rahmen des Marshall-Plans[2] verfolgten sie das Ziel, die Volkswirtschaften Europas schnell wieder zur selbstständigen Güterproduktion zu befähigen und sich dabei gut aufeinander abzustimmen (vgl. ebd.). Der Plan stellte rückblickend einen ersten großen Integrationsschritt Westdeutschlands in das westlich-amerikanische Wirtschaftssystem[3] dar, dessen Wirtschaftspolitik dem Gebot der marktförmigen Gewerbefreiheit und dem Verbot der wirtschaftlichen Zusammenschlüsse unterlag (Schmidt 1971, 55). Nach den exzessiven Zentralisierungsbewegungen der NS-Zeit standen für die amerikanische Besatzungsmacht die Föderalisierung des politischen Systems, sowie die grundlegende Dezentralisierung der wirtschaftlichen Organisations- und Unternehmensstruktur im Vordergrund (vgl. Weinert 1994, 33). Die US-Amerikaner suchten sich mit der wirtschaftspolitischen Integration Westdeutschlands zum einen langfristig die europäischen Absatzmärkte zu sichern (vgl. Benz 2005b). Zum anderen wurden in der Sowjetischen Besatzungszone allmählich eigene Wirtschaftsreformen umgesetzt, die 1949 schließlich mit der Gründung der DDR zu einer separaten politischen und wirtschaftlichen Ordnung in Ostdeutschland führten (vgl. Bleek 2009). Mit der Konstitution dieses Systemgegensatzes wurde der sich zusehends verschärfende Kalte Krieg auf deutschem Boden in besonderer Schärfe ausgetragen (vgl. Deppe 2012, 93). Die amerikanische Besatzungsmacht strebte danach, mit einem westdeutschen Staat ein „Bollwerk nach eigenem wirtschaftlichen und politischen Vorbild gegen den Kommunismus im Osten zu schaffen" (Brückner 2013, 77). Die Ausdehnung stalinistisch-entfremdeter Herrschaftsformen und

---

2 Der offizielle Titel des Marshall-Plans war „European Recovery Program" (ERP).
3 Die USA wurden u.a. durch die Einführung des Bretton-Woods-Systems 1944, welches den Dollar als Leitwährung der Wechselkurse setzte, zur hegemonialen Wirtschaftskraft in der westlichen Welt der Nachkriegsjahrzehnte (vgl. Mason 2015, 81ff).

die Verstaatlichung des Sozialismus im Osten führten schon bald zu einem Lebensstandardverlust bzw. –Unterschied, der zum Schreckensbild der Westbevölkerung wurde und die westliche Integrationsdynamik verstärkte (vgl. Abendroth 1958c, 264).

Der Direktor des Wirtschaftsgebietes der Bizone und spätere Wirtschaftsminister Ludwig Erhard erhielt in der Folge 1948 alle nötigen Vollmachten zum Abbau der planwirtschaftlichen Lenkungsmechanismen der unmittelbaren Nachkriegsjahre und hob sukzessive die Preis- und Rationalisierungsvorschriften auf[4] (vgl. Benz 2005b). Außerdem war die deutsche Währung inflationär ruiniert, da der Krieg mit Hilfe der Notenpresse finanziert worden war. Die Wertlosigkeit des Geldes hatte zu riesigen Schwarzmärkten geführt, auf denen Natural- und Tauschhandel vorherrschten und sich die Menschen mit dem Lebensnotwendigsten versorgten (vgl. ebd., 2005a). Im Juni 1948 kam es unter Erhard schließlich zur Währungsreform und Einführung der Deutschen Mark. Die Reform stellte das Geld- und Kreditsystem wieder her und begünstigte besonders Besitzende von Sachwerten, da sie das Eigentum an Grund und Boden oder Produktionsmitteln nicht anrührte (vgl. ebd., 2005b). Generell stand Erhard während seiner Amtszeit für das wirtschaftsliberale Dogma „So wenig staatliche Eingriffe wie möglich, so viel freier Markt wie möglich" (Nuss 2019, 29). Zeitgleich riefen die Gewerkschaften der Bizone im November desselben Jahres zum Generalstreik gegen die sich unter Erhard formierenden Marktwirtschaft auf (vgl. Benz 2005b). Die Entwicklung ließ sich jedoch nicht mehr aufhalten.

In den 50er Jahren kam es zu einem in der deutschen Geschichte ungekannten Prosperitätsgewinn, der heute als westdeutsches „Wirtschaftswunder" bekannt ist. Während dieser Dekade verzeichnete die Wirtschaft ein Wachstum von durchschnittlich über acht Prozent[5] und gelangte zur Vollbeschäftigung, die schließlich eine umfassende Arbeitsmigration durch 'Gastarbeiter' nötig werden ließ. Es war gelungen, auf Grundlage der relativ gut erhaltenen Industrie mit einem pragmatisch-unideologischen Policy-Mix eine erfolgreiche Transformation der Kriegswirtschaft zu vollziehen (vgl. Biebricher/Ptak 2020, 104). Diese Zeit prägte das Selbstbild der jungen Bundesrepublik tiefgehend. Der ökonomische Erfolg bildete eine Art „Ersatzidentität für den durch Krieg und schwerste Verbre-

---

4 Die Preise im Konsumgüterbereich sowie der Wohnungswirtschaft und den Grundstoff-, Agrar- und Energiesektoren wurden bereits 1948 wieder freigegeben (vgl. Biebricher/Ptak 2020, 103). Bei wichtigen Gütern wie Kohle, Stahl und Treibstoff existierten festgesetzte Höchstpreise allerdings noch einige Zeit (vgl. Benz 2005b).

5 Im Folgejahrzehnt lag das Wachstum bei immerhin noch vier Prozent (vgl. Biebricher/Ptak 2020, 14).

chen beschädigten deutschen Nationalstolz" (vgl. Biebricher/Ptak 2020, 14). Gebunden war dieser unter anderem an den Siegeszug der nach dem amerikanischen Automobilproduzenten Hendry Ford bezeichneten Warenproduktionsform des Fordismus. Der Fordismus beschreibt das Grundmuster der standardisierten Massenproduktion der Industriegesellschaft. Dieses zeichnet sich durch eine hochgradig rationalisierte und technisierte Arbeitsteilung in viele monotone Schritte am Fließband aus, die zu erheblichen Kostenvorteilen führt und so die Kaufkraft der Massen erheblich erweitert (vgl. Schimank 2012).

Innerhalb der Phasen der wirtschaftlichen und gesellschaftlichen Neuordnung der unmittelbaren Nachkriegsjahre veränderten sich auch die Debatten um Sozialisierung. Obgleich die Institutionen und mit ihnen das Bewusstsein der Arbeitnehmerschaft durch die NS-Zeit zersplittert waren und die Bedingungen, gemeinsame Interessen der sozialen Klasse zu vertreten, erschwert waren, herrschte nach dem Krieg zunächst der Eindruck einer kompletten Desorganisation des Kapitalismus vor. Daraus folgte eine günstige Einschätzung der sich neu konstituierenden Organisationen der Bewegung für einen Ausbau der Chancen zur Einflussnahme auf die zukünftige Wirtschaftsordnung (vgl. Weinert 1994, 61; Müller 1987, 69f). Es kam zur Wiederbelebung marxistischen Denkens und breit getragenen antikapitalistischen Forderungen, die sich besonders gegen die Großindustrie formulierten (vgl. Abendroth 1958c, 263; Brückner 2013, 219). Gerade im sozialdemokratischen und kommunistischen Spektrum wurden diese als Programmatik der Sozialisierung und Vergesellschaftung sichtbar, aber auch im konservativen Lager formierten sich zunächst einflussreiche Strömungen wie die des Christlichen Sozialismus (vgl. Biebricher/Ptak 2020, 80).

4.2 Gewerkschaften und die Gemeinwirtschaft

Nachdem die antikapitalistische Arbeiterbewegung bereits durch die Sozialistengesetze des Kaiserreichs im 19. Jahrhunderts ein erstes Mal in die Illegalität gedrängt und die systemoppositionelle Rätebewegung im Zuge der Novemberrevolution blutig niedergeschlagen worden war, traf der deutsche Faschismus die mittlerweile in die Republik integrierte Arbeiterbewegung 1933 erneut mit ganzer Härte. Das Dritte Reich vernichtete die alten Kader der Arbeiterbewegung in seinen Konzentrationslagern, trieb diejenigen, die überlebten, ins Ausland und zerschlug ihre Parteien. Der NS schaltete die Gewerkschaften in der Deutschen Arbeitsfront gleich und wandelte Genossenschaften in Aktiengesellschaften und GmbHs um, da sie mit dem Führerprinzip kollidierten. Er erzog die Massen zum

Hass gegen marxistische Vorstellungsweisen und setzte gesamtgesellschaftlich auf eine Entsozialisierung (vgl. Abendroth 1958c, 263ff; Mason 2015, 195; Notz 2021, 129ff). Die Nationalsozialisten löschten so die gegenkulturellen Institutionen der Arbeiterbewegung aus, ersetzten sie durch ihre eigenen und trieben einen sozialpsychologischen Wandel voran, der tiefe Spuren in der Arbeiterbewegung der Nachkriegszeit hinterließ (vgl. Hoffrogge 2017, 9; Abendroth 1958c, 265).

4.2.1 Das Münchener Programm und die Gründung des DGB

Nachdem 1933 alle drei damals bestehenden Gewerkschaftsbünde durch das nationalsozialistische Regime zerschlagen worden waren, wurden die Gewerkschaften 1945 wieder zugelassen (vgl. Von Loesch 1979, 79). Zur Gründung ihres Dachverbandes, dem Deutschen Gewerkschaftsbund (DGB), kam es allerdings erst im Oktober 1949, nachdem sich die Westzonen im April zur sogenannten „Trizone" zusammengeschlossen hatten, und so die Gründung der Bundesrepublik vorbereitet war (vgl. DGB-Website). Auf dem Gründungskongress des DGB in München versuchte man strategische Schlüsse aus den Jahren der Weimarer Republik zu ziehen und sich organisatorisch sowie strategisch neu aufzustellen. Man war sich darüber einig, dass die weltanschaulich gespaltenen Richtungsgewerkschaften alten Stils verschwinden müssten, um gemeinsam als Einheitsgewerkschaften über mehr Durchsetzungsfähigkeit verfügen zu können (vgl. Abendroth 1962a, 403). Diese Einheits- und Industriegewerkschaften neuen Stils sollten parteipolitisch unabhängig und religiös – wenn auch nicht politisch – neutral sein. Darüber hinaus wurde das Prinzip „ein Betrieb – eine Gewerkschaft" angestrebt[6] (vgl. Von Loesch 1979, 83). Dieser neue Modus der Organisation hatte die Trennung von sozialdemokratischer Partei und Gewerkschaft zur Konsequenz[7], was zwar zur Stärkung der Industriegewerkschaften führte, gleichzeitig aber auch einen Erosionsprozess der Arbeiterbewegung und ihrer auf unterschiedlichen Ebenen des politisch-ökonomischen Kampfes aktiven Organisationen vorantrieb. Dies stellte die Weichen dafür, dass sich die Gewerkschaften insgesamt von reinen Institutionen der Arbeiterbewegung im Verlauf der Nachkriegsjahrzehnte zu intermediären Institutionen wandelten (vgl. Weinert 1994, 36). Sie entwickelten

---

6 Oft umfasste eine Gewerkschaft daraufhin sogar ganze Industrieverbände (vgl. Von Loesch 1979, 83).
7 Faktisch wirkte ihre Verbundenheit jedoch bis mindestens in die 1990er-Jahre fort. Z.B. durch institutionelle Arrangements wie die Voraussetzung der Parteimitgliedschaft für Betriebsratsposten.

sich zu halb-öffentlichen Körperschaften, die sich für das Gemeinwohl mitverantwortlich fühlten und von der Öffentlichkeit in Verantwortung genommen wurden[8]. Dies hatte eine stärkere Bürokratisierung und „Verstaatlichung" zur Folge und trug mit dazu bei, dass sich die Bindung zur Arbeiterschaft löste (vgl. Von Loesch 1979, 51). Auch innerhalb des DGBs sollten die Einheitsgewerkschaften nun unabhängiger agieren können und die zentralen Politikfelder vorrangig bestimmen. Der DGB sollte lediglich das politische Sprachrohr der freien Gewerkschaften Westdeutschlands werden (vgl. Weinert 1994, 96; Deutscher Gewerkschaftsbund 2021b). Beim Aufbau der neuen Gewerkschaftsbewegung galt somit insgesamt das Prinzip der „politischen Einheit in der Verschiedenheit" und der DGB wurde in der Folge zu einer Plattform „von solcher Breite, dass sich die unterschiedlichen politischen Anschauungen darauf zurechtfinden konnten" (Müller 1987, 69). Gleichwohl einigten sich die Gewerkschaften 1949 auf gemeinsame wirtschaftspolitische Grundsatzforderungen im Rahmen des Gründungsprogramms des DGBs.

Dieses postulierte drei Säulen einer wirtschaftlichen Neuordnung: eine zentrale volkswirtschaftliche Planung, eine Überführung der Schlüsselindustrien in Gemeineigentum, sowie eine konsequente Ausweitung der Mitbestimmung der organisierten Arbeitnehmerschaft in der Wirtschaftsführung und -gestaltung (vgl. Protokoll des Gründungskongresses des Deutschen Gewerkschaftsbundes für das Gebiet der Bundesrepublik Deutschland 1949, 1). Die darin formulierte Idee der volkswirtschaftlichen Planung grenzt der DGB ausdrücklich von den Formen der Zwangswirtschaft zwecks Rüstungspolitik des Nationalsozialismus, sowie der Lenkungsmechanismen der unmittelbaren Nachkriegsjahre ab. Diese seien „nicht mehr als eine Notstandsmaßnahme zur Verteilung lebenswichtiger Güter, die zur Vollversorgung nicht ausreichen und ohne Zwangsbewirtschaftung zum Untergang der nicht zahlungsfähigen Bevölkerung geführt hätten"[9] gewesen (ebd.). Er begreift die Planung als zentralen Teil der Agenda und als betonten Gegenspieler zur „chaotischen Marktwirtschaft, die in Deutschland seit der Währungsreform herrscht", da diese die Gegensätze zwischen reich und arm verschärfe und unfähig sei, den Aufgaben des Wiederaufbaues gerecht zu

---

8   So übernahmen sie z.B. in der Wohnungswirtschaft der Nachkriegsjahre eine quasi-staatliche Rolle.

9   Argumentativ versucht das Gründungspapier ebenfalls den Zwangscharakter aus seiner Vorstellung der Planung zu nehmen, indem es betont, freie Konsumwahl, ein Recht auf den Wechsel des Arbeitsplatzes und die Freiheit der Berufswahl seien keine Gegensätze zur volkswirtschaftlichen Planung (vgl. Protokoll des Gründungskongress des Deutschen Gewerkschaftsbundes für das Gebiet der Bundesrepublik Deutschland 1949, 2).

werden (ebd., 1f). Institutionell fordern die Gewerkschaften als Vertreter:innen des Produktionsfaktors Arbeit, „an allen Planungs- und Lenkungsorganen maßgeblich beteiligt zu sein"[10] (ebd.). Darüber hinaus proklamierten sie breit angelegte Maßnahmen der Sozialisierung in Form einer

> „Vergesellschaftung der gewerblichen Urproduktion (Kohle-, Erz-, und Ölgewinnung), der Basisindustrien (Eisen- und Stahlerzeugung, Industrien chemischer Grundstoffe), der Energiewirtschaft, der Versorgungsbetriebe, der wichtigen Verkehrseinrichtungen und der Kreditinstitute" (Protokoll des Gründungskongress des Deutschen Gewerkschaftsbundes für das Gebiet der Bundesrepublik Deutschland 1949, 3).

Nur in Ausnahmefällen sollte die hier angestrebte Überführung in Gemeineigentum als Verstaatlichung erfolgen. In den Bereichen, die sich bereits in öffentlicher Hand befanden, sollten am volkswirtschaftlichen Gemeinwohl orientierte Ziele über regionalen und privatwirtschaftlichen Sonderinteressen stehen. Was die Trägerschaft des Gemeineigentums anbelangt, beabsichtigten sie allerdings Körperschaften der wirtschaftlichen Selbstverwaltung mit paritätischer Beteiligung der Gewerkschaften als Regel aufzubauen. Neben einer Erweiterung an Verfügungsmacht über die restliche (Markt-)Wirtschaft sollte die Vergesellschaftung der Schlüsselindustrien eine friedenswahrende Funktion haben. Der erste Vorsitzende des DGB Hans Böckler betonte auf dem Gründungskongress, dass mit ihren Mitteln die erste deutsche demokratische Republik zerstört worden sei (vgl. Deutscher Gewerkschaftsbund 2021b). Darüber hinaus forderte der DGB die Beteiligung von Vertreter:innen der Arbeitnehmerschaft in Aufsichts- und Verwaltungsorganen der von Manager:innen geführten Großindustrie (vgl. ebd.). Der DGB knüpfte in seinen Vergesellschaftungsvorstellungen an Ideen und Konzepte der Weimarer Zeit sowie an Hilferdings Analyse des monopolkapitalistischen Eigentumsverhältnisses als Grundlage des Weges in die Kollektivwirtschaft an (vgl. Abendroth 1962b, 488). Die Gewerkschaften forderten als wichtigste Trägerin dieser Sozialisierung sowohl auf staatlicher Planungsebene, als auch in den konkret zu schaffenden wirtschaftlichen Selbstverwaltungskörpern vertreten zu sein (vgl. Brückner 2013, 49f).

Zum Gründungszeitpunkt ging der DGB davon aus, dass die politischen Mehrheitsverhältnisse die Forderungen nach Vergesellschaftung begünstigen würden.

---

10 Zuvor forderten die Gewerkschaften bereits eine paritätische Beteiligung an den Wirtschaftseinrichtungen der Militärregierung, insbesondere am Verwaltungsamt für Wirtschaft in Minden, sowie an den (überbetrieblichen) Wirtschaftskammern (vgl. Protokoll der 1. Gewerkschaftskonferenz, Entschließung Nr. 6, S.56, sowie S. 30, S. 32ff. und S.35).

In Sachsen und Hessen hatten Volksabstimmungen jeweils große Mehrheiten für die Sozialisierung der Industrie gebracht (vgl. Deutscher Gewerkschaftsbund 2021b)[11]. Sämtliche vor dem Grundgesetz verabschiedeten Landesverfassungen erhielten Sozialisierungsartikel (vgl. Hensche 1876, 689). Hans Böckler sah den Kapitalismus aktionsunfähig und in seinen letzten Zügen, weshalb er es als Aufgabe der Gewerkschaften sah, neben dem ökonomischen Klassenkampf konkrete Arbeit im Wohnungs- und Wiederaufbau, sowie in der Verbesserung der Ernährungslage zu leisten (vgl. Protokoll der 1. Gewerkschaftskonferenz, 18). Die SPD hatte jedoch bereits zuvor auf die Gewerkschaften eingewirkt, Anträge zur Wirtschafts- und Sozialverfassung erst im bald antizipierten, vereinigten Deutschland zu stellen. Frühere Forderungen nach einer sofortigen Umsetzung der Sozialisierungsmaßnahmen entfielen daher (vgl. Brückner 2013, 160).

Mit der fortschreitenden Manifestation der Marktwirtschaft und der wirtschaftlichen Entwicklung der fünfziger Jahre veränderten sich auch die programmatischen Forderungen des DGB hin zu unmittelbaren lohn- und sozialpolitischen Verbesserungen (vgl. Hensche 1976, 691). In dem 1951 verabschiedeten Montanmitbestimmungsgesetz wurde den Gewerkschaften eine paritätische Besetzung des Aufsichtsrats von Unternehmen der Montanindustrie[12] zugesprochen. Obwohl von einer Überführung in Gemeineigentum keine Rede ist, verzichten die Gewerkschaften im Gegenzug sogar auf die Ausdehnung dieser Art der Verfügungsmachterweiterung auf andere Wirtschaftsbereiche[13]. Die paritätische Mitbestimmung wird zur Sonderregelung für die Montanindustrie (vgl. Deutscher Gewerkschaftsbund 2021a). Das Betriebsverfassungsgesetz von 1952 bestätigt dies und räumt Betriebsräten nur eingeschränkte Mitwirkungsrechte in personellen und sozialen Angelegenheiten, sowie lediglich ein Drittel der Aufsichtsratssitze in Großunternehmen ein (vgl. ebd.). Darüber hinaus trennt das Gesetz die Betriebsratsfunktion von gewerkschaftlichen Aufgaben ab und mani-

---

11 Im westdeutschen Hessen wurde das Votum jedoch von der US-Besatzungsmacht suspendiert, da solch weitreichende Entscheidungen dem künftigen Parlament vorbehalten werden sollten (vgl. DGB-Website).

12 Konkret haben Arbeitnehmer in AGs und GmbHs, die überwiegend Kohle und Eisenerze fördern oder Eisen und Stahl erzeugen mit mehr als 1000 Arbeitnehmern ein Mitbestimmungsrecht (vgl. Willing 2021).

13 Die IG Bergbau hatte zuvor in Form der „Kohlen-Treuhand AG" eine vergesellschaftete Körperschaft im Stil der Vorstellungen Wissels vorgeschlagen. Die Bundesregierung sollte ihre Aktien verwahren und faktisch die Verfügungsmacht an einen Aufsichtsrat abtreten, der aus verschiedenen an der Kohle interessierten Gruppen bestehen sollte, die jeweils zur Hälfte mit Gewerkschaftler:innen zu besetzten gewesen wären (vgl. Steinmann 1979, 148ff).

festiert durch die positionelle Ausrichtung auf die Kategorie des „Betriebswohls" das sozialpartnerschaftliche Prinzip im Unternehmen (vgl. Eberl/Salomon 2012, 202). Im Zuge der Auseinandersetzung um das Betriebsverfassungsgesetz kam es 1952 zu Streiks in verschiedenen Zeitungsbetrieben. Diese wurden vom Freiburger Landesgericht als rechtswidrig interpretiert. Seitdem gilt der politische Streik in Deutschland als verboten, was den Gewerkschaften ein wichtiges Werkzeug im Kampf für weitgehende, über den systemischen Ist-Zustand hinausweisende Reformen nahm[14] (vgl. Nowak 2016). Die Gesetzgebung und Rechtsprechung Anfang der 50er Jahre schwächte somit die Gewerkschaften im punkto überbetriebliche Mitbestimmung, obgleich sie ihre Beteiligung an der betrieblichen Mitbestimmung festschrieb.

Insgesamt stellten die Gewerkschaften 1949 weniger radikale Forderungen der Vergesellschaftung, als sie in den programmatischen Initiativen des Allgemeinen Deutschen Gewerkschaftsbundes (ADGB) und seiner Führungspersonen in der Gründungsphase der Weimarer Republik taten. Eine Vollsozialisierung stand für sie nicht zur Debatte. Man erhoffte sich von einer Überführung der Grundstoffindustrien in Gemeineigentum ausreichende Einflussmöglichkeiten auf die Volkswirtschaft, um Wirtschaftsplanungen durchführen zu können, die den Grundstein für eine sozialistische Neuordnung der Gesellschaft bilden sollten. Der konkrete Forderungskatalog formulierte sich 1949 allerdings zu spät, um im für Vergesellschaftungsmaßnahmen günstigen Klima der unmittelbaren Nachkriegsjahre bedeutenden Einfluss auf die Neukonstitution der Republik nehmen zu können. Das Gründungsprogramm des DGB baut daher auf die Strategie wirtschaftspolitischer Reformen, statt auf revolutionäre Schritte. Gleichwohl stellt das Programm eine Erneuerung marxistischen Denkens dar, die merklich radikalere Maßnahmen vorschlägt als gewerkschaftliche Positionen, wie z.B. die von Fritz Naphtali es unmittelbar vor dem Nationalsozialismus taten (vgl. Brückner 2013, 50; Abendroth 1958c, 263). Die Konstitution als Einheitsgewerkschaften, das Verbot des politischen Streiks und die gesetzlichen Einhegungen führten im weiteren Verlauf der Nachkriegsjahrzehnte tiefer in sozialpartnerschaftliche Dynamiken, die ihre Ziele auf die Lohnauseinandersetzungen, statt auf langfristige systemische Veränderungen richteten. Die Fähigkeit zur entscheidenden politischen Einflussnahme, des Ausdrucks sozialer Antagonismen, sowie die Korrektivfunktion

---

14 Das Verbot von Generalstreiks und politischen Streiks ist jedoch umstritten. Es galt 1952 zwar als rechts- jedoch nicht als verfassungswidrig und ist auch völker- und europarechtlich nicht eindeutig geklärt. Das Verbot gilt bislang als Kompromiss der Gewerkschaften mit der politischen Ordnung (vgl. Nowak 2016).

der Gewerkschaften zum Parteistaat, kam abhanden (vgl. Eberl/Salomon 2012, 202/209). Lediglich die Verfügungsmacht von Arbeitnehmervertreter:innen in der Montanindustrie konnte erweitert werden. Zu einer Neuordnung der Eigentumsverhältnisse kam es in keinem vom DGB geforderten Bereich, und die Planungsbestrebungen wurden von der Marktwirtschaft abgelöst. Die Mitbestimmung blieb auf die institutionalisierte Partizipation im Einzelbetrieb beschränkt. War der Politikwissenschaftler Wolfgang Abendroth 1956 noch davon überzeugt, dass der Weg zur Veränderung der gegenwärtigen Klassenlage über die Beschlüsse des Münchener Kongresses des DGB führte, war er bereits 1962 der Meinung, dass die Gewerkschaften den Weg der SPD gehen würden. Dies würde den Verzicht auf jede grundsätzliche Kritik an der bestehenden Gesellschaftsordnung und damit die Aufgabe jedes Ansatzpunktes für antikapitalistisches Denken bedeuten (vgl. ebd. 1956b, 146; ebd. 1962a, 409). 1996 wurde diese Einschätzung mit dem Bekenntnis des DGB zur Sozialen Marktwirtschaft Realität.

4.2.2 Agartz' Konzeption von Wirtschaftsdemokratie

Neben dem Grundsatzprogramm des DGB entstanden in der Nachkriegszeit in den Reihen der Gewerkschaften differenzierte Konzepte der Vergesellschaftung, die zwar auf dem Programm fußten, jedoch weiterführende Ideen der Institutionalisierungen unterbreiteten. Ein einflussreicher Vorschlag wurde von Viktor Agartz mit der „Neuen Wirtschaftsdemokratie" formuliert. Agartz leitete ab 1946 das Verwaltungsamt für Wirtschaft der Bizone in Minden[15], ab 1948 das Wirtschaftswissenschaftliche Institut des Deutschen Gewerkschaftsbundes und wurde 1946 für zwei Jahre in den Vorstand der SPD gewählt (vgl. Krämer 1995, 312). Das Konzept der Neuen Wirtschaftsdemokratie sollte – ähnlich wie 1928 das Programm von Napthali – einen Weg zum Sozialismus aufzeigen, der sich transformativ innerhalb des Kapitalismus bewegt.

Obgleich sich beide Konzeptionen stark an Hilferdings Theorie des Finanzkapitals orientieren, unterscheiden sich die Ideen von Agartz und Naphtali in einigen Punkten (vgl Weinzen 1982, 169/225). Differenzen haben sie primär in ihrem Verständnis des Staates. Naphtali, der sein Programm formulierte, als die Weimarer Republik sich bereits stabilisiert hatte, begreift den Staat als Boden der schrittweisen Verwirklichung des Sozialismus. Agartz hingegen teilt dieses Vertrauen in die demokratische Solidarität der bürgerlich-parlamentarischen Re-

---

15 Mit dem Amt übertrugen die Alliierten Agartz das „ranghöchste Wirtschaftsamt, das sie zu diesem Zeitpunkt vergeben konnten" (Krämer 1995, 312).

publik nicht (vgl. Koolen 1979, 63). Erwartete er im nationalstaatlichen Vakuum unmittelbar nach dem Zweiten Weltkrieg noch große Teile der Verwirklichung seiner Ideen vom zukünftigen demokratischen deutschen Staat[16], betrachtet er diesen nach Konstitution der Bundesrepublik erneut als Klassenstaat, der der Form nach zwar auf die Allgemeinheit gerichtet ist, inhaltlich aber lediglich die Teilinteressen der besitzenden Klasse vertritt (vgl. Weinzen 1982, 201/207/230).

Agartz lehnt darüber hinaus allerdings ebenfalls einen „guten" Staat als zentralen Akteur eines Staatkapitalismus' der marktlosen Gesellschaft ab, da dieser immer zur Diktatur neige (vgl. ebd., 169). Folglich setzt er auf den außerparlamentarischen Akteur der Gewerkschaften, um demokratisierende Maßnahmen in der Wirtschaft durchzusetzen. Diese begreift Agartz als die „einzige große demokratische Kraftreserve, über die unsere moderne Gesellschaft verfügt" (ebd., 208).

Agartz' Hauptforderungen der Neuen Wirtschaftsdemokratie bestehen aus vier Säulen der Verwirklichung: Der sofortigen Vergesellschaftung monopolistischer Branchen, sowie großer Banken und Unternehmen; einer umfassenden dezentralen und sozialistischen Rahmenplanung; dem Ausbau von Genossenschaftswesen und koordinierter wirtschaftlicher Selbstverwaltung, sowie der Erweiterung der überbetrieblichen Mitbestimmung durch unabhängige Gewerkschaften (vgl. ebd., 197; Koolen 1979, 62ff). Dabei lehnt Agartz die konsumorientierte sozialistische Wohlfahrtskonzeption der Weimarer Republik ab und fordert statt eines Maximums ein Optimum an Versorgung (vgl. ebd. 1979, 64/143).

Wie das Grundsatzprogramm des DGBs fordert der Ansatz von Agartz ebenfalls, zunächst auf eine Vergesellschaftung der Schlüsselindustrien der Eisen- und Stahlindustrie, sowie der Großchemie und der Elektrizitätswirtschaft zu setzen, um durch ihre Übernahme den Einfluss auf die Gesamtwirtschaft erheblich zu erweitern[17] (vgl. Koolen 1979, 93). Darüber hinaus sah er ebenfalls die großen Banken und weitere monopolistische Großunternehmen für eine direkte Sozialisierung vor. Die Unmittelbarkeit der Vergesellschaftungsvorhaben unterschied ihn dabei sowohl vom Programm des DGB als auch vom Konzept Naphtalis: Die Aufhebung des Privateigentums an monopolistischen Produktionsmitteln sollte nicht etwa im fernen Verlauf der Konzeptverwirklichung, sondern als erster Schritt stattfinden und nicht lediglich einen Eingriff in die Verfügungsgewalt

---

16 Agartz hoffte ausdrücklich auf den Einfluss der von einer Labour-Regierung geführten britischen Besatzungsmacht, um Vergesellschaftungsmaßnahmen und Schritte der Wirtschaftsdemokratie zu verwirklichen (vgl. Weinzen 1982, 230).

17 Die Beteiligung der Schwerindustrie am Nationalsozialismus liefert Agartz eine zusätzliche Argumentationsgrundlage für ihre demokratische Kontrolle und Vergesellschaftung (vgl. Weinzen 1982, 174).

darstellen (vgl. Weinzen 1982, 168). Darüber hinaus ging es darum, die gesamte Versorgungs- und Verkehrswirtschaft der öffentlichen Regie zu unterstellen (vgl. Koolen 1979, 94). Auch wenn Agartz die verarbeitende Industrie, wie auch die Verbrauchsgüterherstellung von Vergesellschaftungsmaßnahmen nicht ausschloss, sollte das nicht-monopolistische Privateigentum fortbestehen bzw. sogar ausdrücklich garantiert und gefördert werden, bis dies Formen annimmt, die zu sozialem Unrecht und Klassenprivilegien führen[18] (vgl. ebd.; Weinzen 1982, 167). Zuvorderst ging es darum, Machtzusammenballungen wie das Monopolkapital zu vergesellschaften (vgl. Weinzen 1982, 167ff). Als eine Realisierung breiter Forderungen der Vergesellschaftung mit der Manifestation der BRD immer unwahrscheinlicher wurde, reduzierte Agartz seinen Ansatz (ähnlich wie der DGB) auf die Montanindustrie. Für diese entwickelte er eine rechtlich-institutionelle Konzeption der vergesellschafteten Trägerschaft. Die montanindustriellen Unternehmen sollten in Form von Dachgesellschaften in staatliche Hand überführt werden. Diese sollten ihre Aktien in Form von Obligationen[19] übernehmen und die durch die Übernahme bzw. Enteignung entstandenen Entschädigungskosten privater Anteilseigner langsam durch die Werke ohne Belastung der öffentlichen Hand tilgen (vgl. Koolen 1979, 96). Die Betriebe sollten so finanziell autonom bleiben. Der Staat hätte jedoch ferner all seine Hoheitsrechte aus diesem Eigentumsverhältnis an die Dachgesellschaft abzutreten, so dass diese den Charakter einer Selbstverwaltungskörperschaft bekäme und der Staat seine Funktionen auf eine lediglich korrespondierende Staatsaufsicht beschränke (vgl. Weinzen 1982, 185). In den Aufsichtsräten der Dach- und Untergesellschaften war eine stärkere Beteiligung der Arbeiter durch Gewerkschaftsvertreter:innen vorgesehen. Darüber hinaus sollten Sachkenner:innen der Grundstoffindustrien, Vertreter:innen der gesamten Wirtschaft, sowie der nachgelagerten Verbraucher:innengruppen, der Wissenschaft und freier Berufe mit unternehmerischen Qualitäten in ihnen vertreten sein (vgl. ebd., 97). Als weiteren Schritt der Demokratisierung sollte außerdem eine Kontrolle durch „gläserne Taschen" gewährleistet werden: alle wichtigen Zahlen der Betriebsgebarung seien durch eine Abänderung des Aktiengesetzes offenzulegen[20] (vgl. ebd., 99).

---

18 Eine Einschränkung war allerdings durch staatliche Produktionsauflagen sowie eine Lohn- und Preiskontrolle denkbar. Ziel war es dabei aber, den Wettbewerb um Qualitätsverbesserung und Kostensenkung weiterhin aufrechtzuerhalten (vgl. ebd., 182).
19 Obligationen sind festverzinsliche Schuldverschreibungen.
20 Der Vorschlag gleicht insgesamt dem weiter oben in einer Fußnote erwähnten Konzept der „Kohlen-Treuhand AG" der IG Bergbau.

Der Selbstverwaltungsgedanke bildet für Agartz das entscheidende Kriterium einer wirklich vergesellschafteten Wirtschaft jenseits von staatlich-zentralisierter Bürokratie (vgl. Koolen 1979, 71). Der Begriff der Selbstverwaltung bedeutete für ihn, dass wirtschaftliche Belange im vorstaatlichen Raum von den von ihnen Betroffenen selbst wahrgenommen werden (vgl. ebd., 142). Um dies zu erreichen, sollten – neben den konkreten unternehmerischen Selbstverwaltungskörpern – jeweils regional zusammengefasst branchenspezifische Wirtschaftsverbände auf Seiten der Unternehmer[21] und Arbeitnehmer:innen bzw. Gewerkschaften, sowie Kammern als vermittelnde Institution zwischen ihnen entstehen. Die Kammern sollten paritätisch zu besetzen und demokratisch zu wählen sein, um so eine objektive Zusammenfassung der wirtschaftlichen Gesamtinteressen abbilden zu können (vgl., Weinzen 1982, 180). Sie sollten auf die staatlich-verwaltungsmäßigen Willenbildungs- und Entscheidungsprozesse der Planungs- und Lenkungsarbeit einwirken und beraten (vgl. Koolen 1979, 89ff). Agartz betrachtete sie als ein lokales und regionales Gegengewicht zum zentralisierten Staat, welches diesen zugunsten der Selbstverwaltung entlasten sollte. An ihrer Spitze war ein paritätisch besetzter Wirtschaftsrat zur Beratung des Parlaments vorgesehen (vgl. Weinzen 1982, 180f). In Agartz Konzeption spielen (im Gegensatz zu Naphtali) über die Selbstverwaltungskörper hinaus weitere Formen nicht-kapitalistischer Unternehmen keine große Rolle für die Neuordnung der Wirtschaft (vgl. ebd., 229). Obgleich er Konsumgenossenschaften an sich sehr positiv bewertet, stand die Vergenossenschaftlichung nach Gründung der BRD nicht mehr als Teil einer sozialistischen Planwirtschaft zur Debatte. Auch die Unternehmen der Gewerkschaften werden von Agartz kaum thematisiert (vgl. ebd., 190; Koolen 1979, 164).

Die öffentliche Planung und Lenkung der Wirtschaft stellte sich Agartz demnach grundsätzlich dezentral „von unten nach oben" vor. Gleichwohl maß er Mitteln, wie einer zentralen staatlichen Kreditvergabepolitik (ermöglicht durch die Verstaatlichung der Banken) zur Kontrolle der Investitionstätigkeit oder der Einkommenspolitik zur Gewährleistung der Verteilungsgerechtigkeit und des Ansporns zur Leistung weiterhin bedeutende Wirksamkeit zu. Auf die von Mises aufgeworfene Frage, inwiefern marktwirtschaftliche Elemente wie der Preismechanismus in einer Lenkungswirtschaft möglich bleiben, gibt er dennoch keine endgültige Antwort (vgl. Koolen 1979, 165f).

---

21 Die bestehenden Arbeitgeberverbände sollten in diesen regionalen Zusammenschlüsse der Unternehmer aufgehen und nicht mehr separat bestehen (vgl. Koolen 1979, 89). Die Dezentralität der Entscheidungsfindung sollte gestärkt werden.

Die betriebliche Mitbestimmung spielt bei Agartz nur eine begrenzte Rolle und ist daher in seiner Konzeption untergewichtet, da sie eine koordinierte Planung nicht ersetzen könne. Agartz fasst den Begriff der Mitbestimmung als demokratische Kontrolle auf und geht damit über die bloße Partizipation der konkret Beschäftigten hinaus. Unternehmensentscheidungen werden demnach aufgrund der Massenbetroffenheit zur gesellschaftlichen Aufgabe, die eine gemeinsame Grundauffassung über den öffentlichen und sozialen Zweck eines Unternehmens benötigen (vgl. ebd., 78ff; Agartz 1951, 16). Statt wirtschaftlich an den Betrieb gebundener Arbeitnehmervertreter:innen, setzt er deshalb auf gewählte Repräsentant:innen der gesamten Gesellschaft und Vertreter:innen der Gewerkschaften, die die Sonderinteressen des Einzelunternehmens in die Zusammenhänge und Interessen der Volkswirtschaft einordnen können (vgl. Weinzen 1982, 169f). Agartz fordert daher, dass Gewerkschaften gesetzlich stets in den Aufsichtsräten von Kapitalgesellschaften paritätisch vertreten sein sollen (vgl. ebd., 178). Dadurch versprach er sich, eine Partnerschaft zwischen Kapital und Arbeit abzuschwächen, da die Gewerkschaftler:innen nicht auf das betriebliche Wohl verpflichtet seien (vgl. Koolen 1979, 76/85; Agartz 1947, 121). Das Betriebsverfassungsgesetz verschob die Benennung von Aufsichtsratsvertreter:innen jedoch auf die Betriebsbelegschaft und stärkte so eben diese Tendenz der Betriebsautonomie gegenüber der Gewerkschaft (vgl. Weinzen 1982, 178).

Obgleich Agartz' Konzeption einer „Neuen Wirtschaftsdemokratie" keine revolutionäre Systemüberwindung darstellt[22], bietet sie dennoch Ansatzpunkte einer vergesellschaftenden Veränderung des kapitalistischen Systems und legt im Spektrum der damaligen Vorschläge eine differenzierte Position vor, die sich nicht in das sich manifestierende gesellschaftliche Machtsystem integrieren wollte (vgl. Abendroth 1962a, 409). Mit den Prinzipien der Selbstverwaltung, Dezentralisierung, Eigenständigkeit der Gewerkschaften und der Ersetzung der Bürokratie durch Wahlkollegien formulierte Agartz Transformationspfade einer sozialistischen Neuordnung, die weiter greifen als das Grundsatzprogramm des DGB und radikaler denken als Naphtali. Das Konzept sucht ferner, die Eigentumsordnung der Schlüsselindustrien und der Banken auf einen Schlag im historisch günstigen Zeitfenster zu verändern, anstatt dies im Rahmen einer unsicheren langfristigen Strategie zu tun. Weiterhin formuliert Agartz institutionelle Vorschläge dafür, die gesellschaftliche Verfügungsmacht über die Koordination der Wirtschaftslenkung zu erweitern und bricht in Teilen mit der liberalen Zielvorstellung des

---

22 Zu dieser hatten die Gewerkschaften nach dem Zweiten Weltkrieg „weder Willen noch Fähigkeit" (vgl. Koolen 1979, 86).

wirtschaftlichen Maximum- und Effizienzdenkens (vgl. Koolen 1979, 142). Auch wenn die verwaltungstechnische Ausgestaltung der Selbstverwaltungskörper der Montanindustrie Fragen offenlässt, zeichnet Agartz eine mögliche Blaupause eines vergesellschafteten Industriezweiges und seines Verhältnisses zum Staat auf. Den Gewerkschaften misst Agartz in seinem Konzept eine zentrale Rolle bei und begreift sie als einzige integre Hüter:innen der Demokratie. Bei Verwirklichung bliebe zu hoffen, dass ihre Funktionär:innen diesem Idealbild entsprechen können[23]. Agartz schied 1947 aufgrund des antisozialistischen Kurses der amerikanischen Besatzungsmacht aus allen Ämtern aus. Obgleich sein Konzept 1949 weitestgehend mit den offiziellen Positionen des DGBs und der SPD einherging, entfernte es sich bis zum Düsseldorfer Grundsatzprogramm und Godesberger Parteiprogramm von ihnen und verlor so immer mehr an Bedeutung (vgl. Weinzen 1982, 231).

4.2.3 Die gemeinwirtschaftlichen Unternehmen der Gewerkschaften

Neben den Genossenschaften und den Unternehmen der öffentlichen Wirtschaft bildeten die gemeinwirtschaftlichen Unternehmen der Gewerkschaften einen weiteren Typus nicht-kapitalistischer Wirtschaftsformen, der auf betrieblicher Ebene zu einem gewissen Grad als vergesellschaftet verstanden werden kann. Die Gewerkschaften betrachteten sie anfangs nicht als strategisches Werkzeug, mit dem das Wirtschaftssystem umgewandelt werden könne, sondern wollten mit ihnen Missstände beheben, unter denen die Lohnarbeitenden in ihrer Rolle als Verbraucher:innen außerhalb der Arbeitsbeziehung litten (vgl. ebd., 129). Sie richteten sich demnach – wie die der Genossenschaften – als Selbsthilfeorganisationen der produzierenden Klasse gegen „andere Teile der Bourgeoisie" als die Arbeitgeber:innen, wie Hausbesitzer:innen oder Pfandleiher:innen (vgl. Von Loesch 1979, 128). In Teilen bereits im Kaiserreich als kleine, basisdemokratische und regional ausgerichtete Unternehmen im Genossenschaftsgeist gegründet, verliehen die Gewerkschaften ihnen jedoch in der Weimarer Republik mit dem Begriff der Gemeinwirtschaft einen diskursiven kollektiven strategischen Überbau. Im Zuge dessen fanden erste Zentralisierungsmaßnahmen dieser Unternehmen

---

23 Frühere Vertreter:innen der Arbeiterbewegung wanderten nach dem Ersten Weltkrieg in staatliche und kommunale Verwaltungen ab und wurden ihren gewerkschaftlichen Aufgaben nicht mehr gerecht (vgl. Weinzen 1982, 177f).

statt, die zum Ansammeln von Machtressourcen führen sollte, aus denen heraus wichtige Bereiche der Wirtschaft sozialisiert werden können (vgl. Kramper 2018).

Historisch formten sich zwei unterschiedliche Typen gemeinwirtschaftlicher Unternehmen der Gewerkschaften heraus. Zum einen gab es den Typus der Selbstversorgungs- bzw. Eigenunternehmen. Diese sollten der Selbsthilfe der Gewerkschaftsmitglieder dienen oder einen konkreten gewerkschaftspolitischen Auftrag erfüllen (z.B. gewerkschaftliche Banken oder bildungspolitische Unternehmen). Zum anderen entwickelten sich die widmungswirtschaftlichen Unternehmen der Gewerkschaften, die ihre Leistungen nicht nur den eigenen Mitgliedern, sondern der gesamten Gesellschaft anboten. Zu nennen sind hier die „großen Vier" Unternehmen „Neue Heimat" (Bau- und Wohnungsunternehmen), die „Bank für Gemeinwirtschaft" (Kreditinstitut), die „Volksfürsorge" (Versicherung) und die „Co op AG" (Handelsunternehmen). Diese sollten zum einen eine beispielsetzende Funktion erfüllen und so Möglichkeitsräume kollektiven Wirtschaftens aufzeigen, zum anderen sollten sie aber auch konkret das Konkurrenzprinzip in einem Marktbereich durch ihre genossenschaftliche Selbsthilfe überwinden bzw. ersetzen (vgl. Von Loesch 1979, 351ff). Wie die Genossenschaften sahen sie sich dabei ebenfalls vor die Problemlage gestellt, dass sie als Unternehmen mit nichtökonomischen Zielsetzungen solchen, die ausschließlich für den Markt produzieren, wirtschaftlich unterlegen waren, da sie stets gemäß ihrem sozialen Auftrag, aber auch der Wirtschaftlichkeit, handeln müssen, um nicht vom Markt geräumt zu werden[24] (vgl. Von Loesch 1979, 141/340ff). Sie genossen keine Präferenzen steuerlicher Art[25] und durften keine Verluste erleiden, da die Gewerkschaften sie nicht in dem Maße finanziell unterstützen konnten, wie es z.B. der Staat bei öffentlichen Unternehmen tut (vgl. ebd., 342ff). Die gemeinwirtschaftlichen Unternehmen galten trotz oder gerade wegen dieser Hindernisse bis zu ihrer Auflösung als Beweis dafür, dass „die Arbeitnehmer:innenschaft" in gleichem Maße wie die Unternehmer:innen zur Unternehmensführung fähig sei. Damit sollten sie aufzeigen, dass privates Eigentum am Unternehmen keine unabdingbare Voraussetzung für seinen wirtschaftlichen Erfolg darstellt (vgl. ebd., 365ff).

---

24 Ihre Gewinne sollten entweder ex ante in Form von Verzichten an die Verbrauchenden weitergegeben werden und so den Markt regulieren oder z.B. an Stiftungen übergeben werden (vgl. Von Loesch 1979, 146/347).

25 Enthielt die Weimarer Verfassung im Artikel 156 noch einen Abschnitt zum Wirtschaftsleben, der die Förderung von Genossenschaften beinhaltete, war dies offenbar bei der Formulierung des Grundgesetzes nicht mehr durchzusetzen (vgl. Notz 2021, 82).

Im Folgenden soll nun anhand des Bau- und Wohnungsunternehmens „Neue Heimat" (NH) die Organisationsgeschichte der gemeinwirtschaftlichen Unternehmen der Gewerkschaften mit einem Fokus auf die Zeit nach dem Zweiten Weltkrieg bis zu ihrem Ende exemplarisch beschrieben werden. Verkörperte ihr Bestehen einen der größten strategischen Versuche der Vergesellschaftung von unten, so stellte ihr Zusammenbruch gemeinsam – mit dem Untergang des Realsozialismus – einen „der wichtigsten und verhängnisvollsten Einschnitte in der westdeutschen Gewerkschaftsentwicklung" (Weinert 1994, 19) dar. Der Werdegang der NH steht für eine allgemeine Tendenz der Neuorganisation gemeinwirtschaftlicher Unternehmen in der Nachkriegszeit bis Ende der 50er Jahre, die die Zentralisierung und Rationalisierung an Stelle eines basisnahen Genossenschaftswesens setzt (vgl. ebd., 140; Notz 2021, 137). Eine der Vorgängerorganisationen der NH war die in der Weimarer Republik gegründete Deutsche Wohnungsfürsorge-Aktiengesellschaft (DEWOG). Die DEWOG war konzeptuell als dreistufiger Verbund mit über 200 Bewohner:innengenossenschaften an der Basis, örtlichen Betreuungsunternehmen und zentraler Muttergesellschaft aufgebaut (vgl. Novy/Mersmann 1991, 85). Im Nationalsozialismus wurde dieser demokratische Organisationsmodus, wie zahlreiche Formen der genossenschaftlichen Selbstverwaltung, zu einem einstufigen Unternehmenskonzept regionaler Monopolverbände ohne genossenschaftliche Basis zwangsverschmolzen[26] (vgl. Weinert 1994, 60). Nach dem Zweiten Weltkrieg wurde diese zentralistische Verbandsstruktur in der gemeinnützigen Wohnungswirtschaft beibehalten. Zum einen entsprach sie „einer übergeordneten gewerkschaftspolitischen Basis-Norm der Nachkriegszeit: dem Prinzip der Einheit" (ebd., 141) und galt demnach als modernisierte Form einer Institution der Arbeiterbewegung. Zum anderen ermöglichte die extreme Wohnungsnot gesellschaftlichen Rückhalt für eine möglichst bruchlose Übernahme des funktionierenden Unternehmensapparates, zumal gewerkschaftliche Strukturen nach dem Krieg erst neu aufgebaut werden mussten (vgl. ebd., 41f/60). Als 1954 schließlich auch die letzten bis dato noch freien gewerkschaftseigenen Wohnungsbaugesellschaften ebenfalls unter dem Dach der NH Hamburg zentralisiert wurden, stand ihrer organisatorischen Ausrichtung auf Größe und Expansion nichts mehr im Wege (vgl. ebd., 95). Das Unternehmen zeichnete in den 50er Jahren Neubauzahlen, die mehr als dreimal so hoch wie die des nächstgrößeren Anbieters waren und war als einziges Bauunternehmen im großen Stil bundesweit

---

26 Genossenschaftliche Organisationsprinzipien kollidierten mit dem Führerprinzip und wurden in „normale" Aktiengesellschaften oder GmbHs umgewandelt und dadurch mit privatwirtschaftlichen Unternehmen gleichgestellt (vgl. Notz 2021, 129ff).

tätig (vgl. Kramper 2018). Im Verlauf dieser Entwicklungen setzte schließlich ein Prozess der Autonomisierung gegenüber dem DGB, sowohl mit der Entkopplung von den Gewerkschaftskassen als auch mit einer politischen Verselbstständigung ein. Darüber hinaus kam es zu einer Managerialisierung des Unternehmens, die sich in starken Hierarchisierungs- und Bürokratisierungstrends, dem expansiven Einstieg ins internationale Baugeschäft sowie dem Einsetzen einer hauptamtlichen Geschäftsführung manifestierte (vgl. Weinert 1994, 41f/150/156). Begründet wurden diese Entwicklungen durch Argumente der vermeintlichen Sachlichkeit und unpolitisch-rationaler Objektivität (vgl. ebd., 58ff), die in den Katalog der sich in der Nachkriegszeit verbreitenden ordo- und neoliberaler Denkweisen passen, die weiter unten behandelt werden. So fanden schließlich die Debatten um die Geschäftstätigkeiten der NH im DGB auch nicht mehr als politisches Problem, sondern als rationalisierte Debatten unter Spezialist:innen des Themenfeldes statt. Eine Kontrolle durch die Gewerkschaften existierte lediglich noch in Form der Rechenschaftslegung des Bundesvorstandes vor den Gewerkschaftskongressen[27] (vgl. ebd., 123). Als die Wohnungsnot der Nachkriegszeit sich in den 70er Jahren schließlich legte, kam das Massenproduktionsmodell der NH zu einem Ende. Ihre Ausrichtung und Struktur war in den Marktbedingungen der 80er Jahre nicht mehr lebensfähig (vgl. Kramper 2018). Darüber hinaus war es in der Vorstandsriege des Unternehmens zu Bilanzfälschungen und krimineller Bereicherung am Unternehmen gekommen. Die Einbindung der Beteiligten in eine verhaltenssichernde politische Kultur und Moral – die „Sozialisierung der Köpfe", die für die Funktionsfähigkeit der Gemeinwirtschaft zuvor als unabdingbar galt – war abhandengekommen (vgl., Novy/Mersmann 1991, 86f). Das Unternehmen diente zu diesem Zeitpunkt nur noch sich selbst und seinen Funktionär:innen. Die zentralisierenden Zwangsverschmelzungen der Genossenschaften und gewerkschaftlichen Unternehmen im Nationalsozialismus hatten ihre politische und kulturelle Verankerung in der Arbeiterbewegung gekappt (vgl. Weinert 1994, 45). Dass die Gewerkschaften diese Entscheidungen nach dem Krieg nicht rückgängig machten, sondern sogar vorantrieben, verstärkte das Austrocknen der Arbeiterkultur und schwächte die Anziehungskraft kollektivistischer Wirtschaftsweisen, sowie die Politisierung der Arbeitenden entscheidend (vgl. ebd., 46ff). Eine Revitalisierung dieses Zusammenhangs wäre allerdings durch die Besatzungsmächte verhindert worden (vgl. Weinert 1994, 45).

---

27 Debatten über die Kontrolle der Gemeinwirtschaften mussten den Gewerkschaften durch öffentliche Kritik bis zum Schluss aufgenötigt werden (vgl. Weinert 1994, 140).

Die hier beschriebenen Prozesse des bereitwilligen Verlusts von Einflussfähigkeit können als Entlegitimierung oder auch als Entsozialisierung der gemeinwirtschaftlichen Unternehmen bis zu ihrer Auflösung verstanden werden. Sie fanden ihren Ursprung in den zentralistischen Organisationsentscheidungen des Nachkriegsjahrzehnts und führten dazu, dass jeder systemüberwindende, kollektivwirtschaftliche Anspruch aus der Unternehmensstrategie verschwand[28]. Stattdessen verstanden diese sich vermehrt als Korrektiv der Marktwirtschaft, welches maximal Anstöße im Rahmen der Wettbewerbsordnung gibt, diese aber nicht ändern kann (vgl. Kramper 2018; Von Loesch 1979, 371). Die Auflösung der gemeinwirtschaftlichen Unternehmen traf die Gewerkschaften – und mit ihnen die Idee der Vergesellschaftung – hart: Der „ideelle Schaden für die Idee der Gemeinwirtschaft oder für die Idee des Unternehmens als politisches Reformprojekt ist [...] enorm" (Kramper 2018). Das Oppenheimische Transformationsgesetz, nach dem genossenschaftliche Unternehmen langfristig nicht überleben können, wenn sie ihren sozialen und politischen Ansprüchen treu bleiben wollen, schien bewiesen. Die zentralisierten Großunternehmen hatten dem politischideologischen Anspruch der Gemeinwirtschaft nicht gerecht werden können. Zeitlich veränderten sich auch die großen Konsumgenossenschaften durch das Aufkommen von Supermärkten und integrierten sich in den Kapitalismus. Die genossenschaftliche Idee schien entkernt und an ihre Grenzen gestoßen zu sein. Ihre Abwicklung wurde als Beleg dafür verstanden, dass die Arbeitnehmerschaft nicht fähig sei, monopolistische Unternehmen zu führen und dass privates Eigentum die Voraussetzung für ökonomischen Erfolg darstelle. Nachdem das Grundgesetz bereits ganzheitliche, revolutionäre Vergesellschaftungsmaßnahmen ausschloss (für die nach dem Zweiten Weltkrieg zudem die Akteursbasis fehlte), schien nun die Möglichkeit einer breiten Sozialisierung von unten als widerlegt.

4.3 Parteipolitische Positionen

Auch die sozialdemokratischen und sozialistisch-kommunistischen Parteien wurden vom NS verboten und aufgelöst, ihre Mitglieder verfolgt, inhaftiert und getötet. Als sie sich nach dem Krieg neu gründeten, blieben die innerlinken Kämpfe der Novemberrevolution um die Etablierung unterschiedlicher politischer

---

28 So wurde den gewerkschaftseigenen Unternehmen im Münchener Programm und auf dem Gründungskongress des DGB keine politisch-strategische Funktion zugewiesen (vgl. Weinert 1994, 96).

Systeme aus. Die Herrschaft des Proletariats durch ein Rätesystem stand nicht mehr zur Debatte. Der Gang in Richtung einer parlamentarischen Demokratie war in Westdeutschland gesichert. Was die Kollektivwirtschaft anbelangt, so standen die im Verlauf der Weimarer Republik aus der Parteipolitik verschwundenen Forderungen nach Maßnahmen der Vergesellschaftung – ähnlich wie bei den Gewerkschaften – erneut weit oben auf der Agenda der Parteien. Sowohl SPD und KPD als auch die CDU strebten nach Sozialisierungsmaßnahmen und der Gemeinwirtschaft. Im Folgenden sollen die konkreten Positionen und Entwicklungen der Parteien in den Jahren nach dem Zweiten Weltkrieg untersucht werden.

4.3.1 SPD

In den unmittelbaren Jahren nach dem Krieg bis zur Gründung der BRD herrschte innerhalb der SPD die Überzeugung vor, dass ein wirtschaftlicher Aufschwung auf Grundlage kapitalistischer Eigentumsverhältnisse nicht mehr möglich wäre. Man sah den Kapitalismus grundlegend am Boden liegend und war der Meinung, dass jeder Versuch der Gegenseite, die deutsche Wirtschaft mithilfe kapitalistischer Mechanismen wieder aufzubauen, zum ökonomischen Debakel und zu letztendlichen Wahlerfolgen der eigenen Partei führen würde. Man war – wie schon in der Gründungsphase der Weimarer Republik – der Überzeugung, mit demokratischen Wahlen die Grundlagen einer sozialistischen Gesellschaftsordnung mit basisdemokratischem Staat schaffen zu können: den „demokratischen Sozialismus" (vgl. Schmidt 1974, 67f; Brückner 2013, 49).

Wirtschaftspolitisch knüpfte die SPD nach dem Krieg vorerst an die Traditionslinien der Klassenpartei an: So fand der erste ordentliche Parteitag nach dem Krieg 1946 unter dem Titel „Sozialistische Wirtschaftspolitik" statt. Der wirtschaftspolitische Ausschuss des Parteivorstands formulierte mit den „Grundgedanken eines sozialistischen Wirtschaftsprogramms" im selben Jahr eine erste konkretere wirtschaftspolitische Stoßrichtung der Partei. Sozialismus bedeutete für die SPD eine „planende Wirtschaftsgesellschaft mit gesellschaftlichem Eigentum an den Wirtschaftszentren, mindestens an allen monopolistischen und oligopolistischen wirtschaftlichen Machtzentren" (Abendroth 1962a, 396). Dieses Gemeineigentum sollte den Einfluss auf Umfang und Grundrichtung der Produktion unter Achtung und Förderung der privatwirtschaftlichen Unternehmer:inneninitiative im Wirtschaftsleben sichern (vgl. Wirtschaftspolitischer Ausschuss des Parteivorstands der SPD 1946, 9). Es sollte kollektive Planung von Zielführungen im staatlichen Ordnungs- und Lenkungsrahmen ermöglichen, die marktwirtschaftliche Form des Wirtschaftsablaufes aber weitgehend beibehalten (vgl. ebd., 10; Brückner 2013, 56). Eine gänzliche Abschaffung der privatrechtlichen Eigentumsverfassung und des Kapitalverhältnisses als Ausbeutungsverhältnis stand demnach in der SPD auch vor Gründung der BRD nicht zur Debatte. Die „volkswirtschaftlich sinnvoll eingesetzten" Klein- und Mittelkapitalien sollten unberührt bleiben (ebd., 9). Sozialisierungsmaßnahmen waren daher in erster Linie (wie auch schon in der Weimarer Republik) für die Grundstofferzeugung vorgesehen[29]. Monopolförmige Wirtschaftsbereiche der Daseinsfürsorge, wie die Energiewirtschaft oder die landwirtschaftlichen Großgrundbetriebe, sollten darüber hinaus in öffentliche Hand überführt werden (ebd., 12/21). Eine unternehmerische Partnerschaft von Staat und freier Wirtschaft in Form von gemischtwirtschaftlichen Unternehmen lehnt die SPD allerdings zu diesem Zeitpunkt noch konsequent ab (vgl. ebd., 16).

Die kollektivwirtschaftlichen Grundentscheidungen sollte das nach demokratischen Grundsätzen gewählte Parlament treffen. Allerdings sollten diesem sowohl die Gewerkschaften als auch die regionalen, demokratisch gewählten Selbstverwaltungskörper der Kammern beratend zur Seite stehen (vgl. ebd. 10f/15). Als Maßnahmen der demokratischen Planwirtschaft sah die SPD neben diesen, sowie einer generell zentraleren Rolle der Gewerkschaften, die direkte Lenkung durch Gebote und Verbote in wichtigen Sektoren, sowie indirekte Steuerungsmechanismen der Geld-, Kredit-, Steuer- und Preispolitik, die Veränderung des Erbrechts, sowie in der Förderung gemeinwirtschaftlicher Unternehmensformen (vgl. ebd. 9/12). Darüber hinaus fordert sie neue Maßstäbe der Unternehmungsbeurteilung neben der rechnungsmäßigen Ertragsbilanz, die ebenfalls soziale und volkswirtschaftliche Ziele abbilden (vgl. ebd., 16). Mit den „Grundgedanken eines sozialistischen Wirtschaftsprogramms" verfolgt die SPD einen sozialistischen dritten Weg zwischen Zentralverwaltungswirtschaft und Kapitalismus und einigt sich früh nach dem Krieg auf eine gemeinsame Stoßrichtung, die in der Gründungsphase der Weimarer Republik fehlte. Mit dem Konzept sicherte sich die SPD die Unterstützung der Alliierten, die weitreichendere Vergesellschaftungsmaßnahmen verhindert hätten, und grenzte sich zugleich von der Sowjetunion ab (vgl. Huster 1978, 114).

Was die Durchsetzung ihrer Ideen anbelangt, war die SPD nach dem Krieg der Überzeugung, einen Kampf um Sozialisierung müsse es nicht mehr geben. Man war der Überzeugung, zu diesem Zeitpunkt könne es nur noch um ihre Realisierung gehen (vgl. Antoni 1992, 154). Die SPD vertraute darauf, die füh-

---

[29] Eine institutionelle Ausdifferenzierung wird jedoch nicht formuliert.

rende politische Kraft innerhalb der Bundesrepublik zu werden und über den legalen Erwerb der Regierungsmacht die Wirtschaftsverhältnisse nach ihren Wunschvorstellungen Schritt für Schritt im Rahmen der parlamentarischen Demokratie formen zu können (vgl., Ehni 1973, 149; Brückner 2013, 159). Der revolutionäre Akt wurde erneut zugunsten der parlamentarischen Demokratie ausgeschlossen (vgl. Schockenhoff 1986, 151). Ferner ging die SPD davon aus, dass das Grundgesetz lediglich ein Provisorium darstelle und mit einer gesamtdeutschen Verfassung nach der Wiedervereinigung aller Besatzungszonen zu rechnen sei. In der Konsequenz sah sie davon ab, sozialistische Grundsätze im Grundgesetz zu verankern. Sie wollte sich die Möglichkeit offen halten, diese zu einem späteren Zeitpunkt in dieser erwarteten gesamtdeutschen Verfassung einzubringen (vgl. Brückner 2013, 55/159). Darüber hinaus war die SPD der Meinung, ihre wirtschaftspolitischen Ziele nach dem sicher geglaubten Wahlerfolg deutlich reibungsloser durch einfache Gesetze erreichen zu können. Der Grundgesetzentwurf der SPD enthielt deshalb keinen eigenen Teil zur Wirtschaftsordnung[30] (vgl. ebd., 59/173). Die rechtliche Möglichkeit, bei entsprechender parlamentarischer Mehrheit eine grundlegende Umgestaltung der Wirtschaftsordnung durch Vergesellschaftung vornehmen zu können, stellte für die SPD der Artikel 15 des 1949 verabschiedeten Grundgesetzes dar. Er war der tragende Grund für die Zustimmung der Sozialdemokratie zum Gesamtwerk und soll an späterer Stelle ausführlich behandelt werden (vgl. Bryde 2012, 1206).

Die Einschätzungen der SPD der unmittelbaren Nachkriegsjahre erwiesen sich jedoch als fehlerhaft. Sie verlor die ersten Bundestagswahlen und war bis 1966 eine reine Oppositionspartei. Den Artikel 15 brachte sie niemals zur Anwendung. Im Verlauf der 50er Jahre entfernte die SPD sich davon, eine Klassen- und Industriearbeiterpartei zu sein und suchte Zugang zu den neu entstehenden Mittelschichten (vgl. Von Loesch 1979, 57). 1959 beschloss sie schließlich in Godesberg ihr erstes Parteiprogramm seit dem Heidelberger Programm 1925. In diesem legt sie die Orientierung am Marxismus und mit ihr die Forderungen nach Vergesellschaftung ab[31] (vgl. Volltext in Hergt 1976, 38ff). Sie bekannte sich endgültig zur Sozialen Marktwirtschaft und setzte das private Eigentum an Produktionsmitteln und die „freie Unternehmer-Initiative" an die program-

---

30 Im Parlamentarischen Rat, der 1949 das Grundgesetz verabschiedete, wären konkrete sozialistische Vorstellungen der SPD allerdings wahrscheinlich gescheitert. Geringe Teile der sozialistischen Idee fanden mit der offenen Gestaltung des Textes schließlich ihren Eingang (vgl. Brückner 2013, 193).
31 1952 hatte sich die SPD bereits von der Planwirtschaft entfernt (vgl. Von Loesch 1979, 57).

matische Stelle des Sozialismus[32]. Die grundsätzliche Regelung der Produktion durch Profitmaximierung und Wettbewerb löste den Plan und die kollektiven Lenkung des Wirtschaftsprozesses ab. Monopolistische Tendenzen möchte sie lediglich noch durch öffentliche Kontrolle am Machtmissbrauch hindern – eine Sozialisierung betrachtet sie nicht mehr als Lösungsansatz gesellschaftlicher Probleme (vgl. Abendroth 1962a, 406f; Biebrichter/Ptak 2020, 14f): 1960 erklärt der Parteivorsitzende Erich Ollenhauer, die SPD habe die Vorstellung aufgegeben, dass das zentrale Mittel zur Kontrolle wirtschaftlicher Macht die Überführung in Gemeineigentum sei (vgl. Frankfurter Allgemeine Zeitung vom 23.11.1960 in Grupp 1966, 20). Die SPD konstituierte sich als pluralistische Volkspartei neu, „die eine Vielzahl politischer Interessen und sozialer Schichten zu integrieren suchte" (vgl. Von Loesch 1979, 58). Seit der Verabschiedung des Godesberger Programms gibt es in der BRD keine politische Partei von gesamtgesellschaftlicher Relevanz, die sich programmatisch zum sozialistischen bzw. kollektivwirtschaftlichen Wirtschaften bekennt und die eine Änderung der Eigentumsordnung im Sinne einer Vergesellschaftung proklamiert (vgl. Abendroth 1962a, 407).

Innerhalb der SPD stand eine Vollsozialisierung der Wirtschaft auch nach dem Zweiten Weltkrieg nicht zur Debatte. Nichtsdestotrotz formulierte die SPD in den unmittelbaren Nachkriegsjahren als einzige Partei weitreichende programmatische Forderungen der Vergesellschaftung. Diese umfassen sowohl konkrete Überführungen von Großindustrien in Gemeineigentum, als auch den überbetrieblichen Aufbau wirtschaftsdemokratischer Strukturen zur planerischen Einflussnahme auf die verbleibende Marktwirtschaft. Obgleich sich die Partei nach dem Zweiten Weltkrieg schnell auf ein grundlegendes Programm einigen konnte und nicht wie in Zeiten der Novemberrevolution von der eigenen Regierungsverantwortung in komplexer wirtschaftlicher Lage überwältigt war, baute die SPD ihre Strategie auf ähnlichen Fehleinschätzungen wie schon in der Gründungsphase der Weimarer Republik auf: Sie betrachtete das kapitalistische Wirtschaftssystem als überwunden und war sich kommender Wahlerfolge zu sicher (vgl. Brückner 2013, 221ff). Die starke demokratische Basis für Vergesellschaftungsmaßnahmen und sozialistische Wirtschaft schied nach beiden Kriegen in wenigen Jahren dahin. In der Nachkriegszeit existierte sie laut Brückner „spätestens 1947 nicht mehr. So scheiterte die SPD mit ihren zunächst umfangreichen Sozialisierungsbestrebungen bereits auf Landesebene mangels eines politischen Konsenses" (ebd. 2013, 221). Sie entschied sich in historischen Möglichkeits-

---

[32] Eine entscheidende Rolle bei diesem Paradigmenwechsel spielte der spätere Wirtschaftsminister Karl Schiller.

fenstern der politischen Neuausrichtung stets für demokratische Wahlen und Reformen und gegen ein autoritäres Umsetzen von kollektivwirtschaftlichen Maßnahmen. Sie verschob Vergesellschaftungsmaßnahmen allzeit auf einen unbestimmten Zeitpunkt in der Zukunft (vgl. Brückner 2013, 71). Das Fenster schloss sich rasch und 1959 entfernte sich die SPD von ihren Forderungen nach einer und bekannte sich schließlich zur Sozialen Marktwirtschaft.

4.3.2 KPD

Die KPD war – bis zu ihrer Zerschlagung durch den NS 1933 – eine der stärksten Parteien der Weimarer Republik und vereinigte im November 1932 noch sechs Millionen Stimmen auf sich (vgl. Kluth 1959, 11). Nach dem Zweiten Weltkrieg war sie als politischer Akteur vorrangig in den unmittelbaren Nachkriegsjahren einflussreich, bevor sie gegen Ende der 40er Jahre ihre Akzeptanz im Großteil der Bevölkerung verlor und 1956 schließlich vom Bundesverfassungsgericht verboten wurde.

Die Neugründung der KPD nach 1945 konstituierte sich im Rahmen der allerorten entstehenden Antifaschistischen Ausschüsse (vgl. Sieger 2000, 55). Ihre Programmatik war zunächst eine antifaschistisch-demokratische, die die „Einheitsfrontstrategie" der Arbeiterklasse betonte und bereit schien, Konzessionen in ihrer revolutionären Tradition der Weimarer Zeit zu machen (vgl. Kleinert 2021). Dies zeigte sich zum einen in der Bereitschaft zur Zusammenarbeit mit der Sozialdemokratie nach den Jahren der NS-Diktatur, welche in dem Bestreben, eine SED Westdeutschlands zu gründen, mündete. Die SPD lehnte derartige Einheitsgebote nach dem Muster der sowjetischen Besatzungszone allerdings strikt ab[33] (vgl. Sieger 2000, 57ff). Der Antikommunismus setzte sich allmählich als Leitmotiv der westlichen Besatzungszone, und damit auch im Großteil der SPD, durch (vgl. ebd., 59). Die KPD forderte bereits 1945 die „Enteignung des gesamten Vermögens der Nazibonzen und Kriegsverbrecher", sowie eine Überführung „aller jener Betriebe, die lebenswichtigen öffentlichen Bedürfnissen dienen (Verkehrsbetriebe, Wasser-, Gas- und Elektrizitätswerke usw.)", in Gemeineigentum (KPD 1945, 208). Dazu zählte sie ebenfalls die Zerschlagung der Kartelle und Syndikate, die Liquidierung und Übereignung der Großbetriebe und monopolistischen Machtzusammenballungen der Hauptschuldigen des Krieges an die Allgemeinheit, sowie eine Überführung der für den Krieg wich-

---

[33] Darüber hinaus erteilten die westdeutschen Besatzungsmächte ein Verbot, eine Partei unter dem Namen SED zu gründen (vgl. Sieger 2000, 63).

tigen Schlüsselindustrien in Gemeineigentum (vgl. SAPMO-BA BY, 1/57; BA B118/41). Diese Enteignungsbestrebungen unmittelbar nach dem Krieg wollte sie allerdings nicht als Sozialisierung, sondern als Demokratisierung der Wirtschaft durch Entnazifizierung verstanden wissen. Die KPD wollte den Eindruck vermeiden, sie betrachte solche Enteignungen als Beginn einer sozialistischen Transformation (vgl. Sieger 2000, 91f). Die bald von den Alliierten vorgenommenen Dezentralisierungen und Ausgliederungen von Werken aus Großkonzernen wurden allerdings heftig von der KPD kritisiert, da diese Maßnahmen Eingriffe in die Eigentumsstruktur der Betriebe generell unterließen.

Als der Entnazifizierung nachgelagerte Formen der Wirtschaftsdemokratie trat die KPD für ein Verbot reiner Arbeitgeberorganisationen, sowie einen verstärkten Einbezug der Gewerkschaften an wirtschaftlichen und sozialpolitischen Institutionen, wie den Industrie- und Handelskammern und zu schaffenden Ausschüssen zur Lenkung der Rohstoffe, Energiemengen, Arbeitskräfte und Produktionsmittel auf Landes-, Bezirks- und Gemeindeebene ein (vgl. ebd., 200ff). Was die Gewerkschaften selbst anbelangte, so setzte die KPD auf eine Radikalisierung durch offene Konfrontation mit der Arbeitgeberseite im Streik und strebte danach, sie unter Druck zu setzen, um sie von sozialpartnerschaftlichem Verhalten abzubringen (vgl. SAPMO-BArch, NY 4142/49). Weiterhin sollten ihrer Meinung nach die Betriebsräte als wichtiges Korrektiv im gewerkschaftlichen Meinungsbildungsprozess und als Faktor der Verhinderung von Gewerkschaftsbürokratie eine zentralere Stellung in der westdeutschen Arbeiterbewegung erhalten (vgl. Sieger 2000, 125). Im Zuge der Formulierungen erster Landesverfassungen nach dem Krieg bemühte sich die KPD besonders in Nordrhein-Westfalen und Hessen[34] um Sozialisierungen Kraft der Verfassung. Sie forderte zum einen entschädigungslose Enteignungen der Großindustrie und setzte sich in beiden Bundesländern für Volksabstimmungen zu ihrer Legitimation ein[35] (vgl. Sieger 2000, 95ff). Der KPD schwebte ein demokratischsozialistischer Staat nach einem Umbau wie in der Sowjetischen Besatzungszone vor (vgl. Brückner 2013, 64).

Brachte sich die KPD in den unmittelbaren Nachkriegsjahren mit den oben erwähnten Forderungen im Zuge des Wiederaufbaus noch in das politische

---

34 In Hessen sollten neben Bergbau, Eisen- und Stahlerzeugung sowie Verkehrs- und Energiewirtschaft auch Großbanken und Versicherungsunternehmen staatlich verwaltet werden (vgl. Sieger 2000, 98f).

35 Obgleich 71,9% der hessischen Bevölkerung für eine Sofortsozialisierung votierte, blieben die Bemühungen folgenlos (vgl. Steinmann 1959, 166f).

Geschehen ein, so entwickelte sie sich im Kontext der Gründungsbestrebungen und der damit verbundenen marktwirtschaftlichen Ausrichtung der BRD 1948 zu einer systemoppositionellen Partei. Ihr Reformwille kam abhanden, und sie richtete ihr politisches Handeln kaum noch auf das politisch Machbare der politisch-ökonomischen Gestaltung Westdeutschlands aus (vgl. ebd., 64/332). 1948 revidierte sie die bisher vertretenen Thesen der Möglichkeit eines friedlichen Weges zum Sozialismus in Westdeutschland, was ihre Kritiker:innen darin bestätigte, dass die KPD den Boden der Demokratie verlassen hätte. Im sich zwischen den Siegermächten zuspitzenden Antagonismus des Kalten Krieges positionierte sie sich deutlich auf der – aus der Sicht der meisten westdeutschen Bürger:innen – gegnerischen Seite der Sowjetunion (vgl. ebd., 234). Die Ausdehnung stalinistisch-entfremdeter Herrschaftsformen auf das Gebiet der DDR, sowie der dortige Lebensstandard-Verlust waren zum Schreckensbild der westdeutschen Bevölkerungsmasse geworden, die darüber hinaus unter Hitler zwölf Jahre lang zum Hass gegen marxistische Vorstellungsweisen erzogen worden war (vgl. Abendroth 1958c, 263). In der Folge hatte die KPD 1950 fast die Hälfte ihres nominellen Mitgliederbestandes, sowie wichtige gewerkschaftliche Funktionsträger:innen und damit alsbald ihre Bündnis- und Handlungsfähigkeit verloren (vgl. ebd. 235/331/339). Sie verschärfte ihre Rhetorik darauf allerdings weiter und förderte damit im Klima des Wirtschaftswunders ihre eigene politische Isolierung, die 1951 im Verbotsantrag und 1956 schließlich im Parteiverbot durch das Bundesverfassungsgericht mündete (vgl. Kleinert 2021). Zum Zeitpunkt des Verbots hatte sie sich allerdings schon so weit von den Massen der Arbeiterklasse entfernt, dass sie politisch keinen relevanten Akteur mehr darstellte (vgl. Abendroth 1956a, 109). SPD und Gewerkschaften hatten kein Interesse daran, das Urteil zu verhindern. Wolfgang Abendroth kritisiert das Verbotsurteil der KPD, da es den im Grundgesetz vermeintlich garantierten Wettstreit unterschiedlicher politischer Leitbilder einhegt und der Verfassung eine idealtypische, normativ aufgeladene Konstruktion einer freiheitlich demokratischen Grundordnung unterstellt, die „mit der Wirklichkeit nichts gemein hat" (vgl. ebd., 115f). Ferner lehne das Bundesverfassungsgericht die Identifikation einer politischen Partei mit einer politischen Theorie ab, deren Fernziele der polit-ökonomischen Entwicklung wesentlich über den gegenwärtigen Status der westdeutschen Gesellschaft hinausweisen (vgl. ebd., 120). Gemäß dieser Interpretation ist das Verbotsurteil als eine Grenzauferlegung von politischen Reformbestrebungen zu lesen. In der Konsequenz identifiziert er außerparlamentarische Aktivitäten als vielversprechende Formen der Artikulation politischer Interessen, die sich juristischer Reglementierung weitgehend entziehen (vgl. ebd., 122).

Mit dem Verbotsurteil der KPD und dem Godesberger Programm der SPD verschwanden Konzepte der Vergesellschaftung und der grundlegenden Änderung der Eigentumsordnung, sowie systemoppositionelle Positionen im Generellen aus der deutschen Parteilandschaft. Keine parlamentarische Akteursbasis war mehr vorhanden, die Macht und Interesse für und an einer revolutionären oder reformistischen Umwälzung des Staates in sozialistische Richtung gehabt hätte. Die demokratische Basis für derartige Vorhaben war zu diesem Zeitpunkt allerdings ebenfalls schon lange erodiert. Der KPD gelang es nicht, ihre Forderungen nach einer Enteignung aller Nationalsozialist:innen durchzusetzen. Die Alliierten setzten ihre Strategie der Dezentralisierung zur Demontage ihrer ökonomischen Machtbasis durch, die die Eigentumsverhältnisse allerdings in großen Teilen unangetastet ließ.

4.3.3 CDU

Die CDU gründete sich 1945 zum Großteil aus Mitgliedern der im NS aufgelösten Zentrumspartei. Unmittelbar nach dem Krieg schien der Graben zwischen sozialistischer Arbeiterbewegung und christlichem Glauben überwunden. Ein „Christlicher Sozialismus" fasste in großen Flügeln der CDU fuß und fand seinen Ausdruck im „Ahlener Wirtschafts- und Sozialprogramm" von 1947 (vgl. Abendroth 1962a, 402). Dieses beginnt mit den Worten „Das kapitalistische Wirtschaftssystem ist den staatlichen und sozialen Lebensinteressen des deutschen Volkes nicht gerecht geworden" und proklamiert weiter: „Die neue Struktur der deutschen Wirtschaft muss davon ausgehen, dass die Zeit der unumschränkten Herrschaft des privaten Kapitalismus vorbei ist". (vgl. Mommsen 1960, 567ff).

Das Programm fordert – ähnlich wie die „Grundgedanken" der SPD – eine Vergesellschaftung der Bergwerke und der Eisenindustrie[36], eine Beteiligung von öffentlicher Hand und Arbeitnehmer:innen an den Entscheidungsorganen monopolartiger Unternehmungen wie Aktiengesellschaften, einen Ausbau des Genossenschaftswesens „mit aller Kraft", sowie eine Planung und Lenkung der Gesamtwirtschaft mit der Hilfe von „Selbstverwaltungskörperschaften der Wirtschaft in Wirtschaftskammern" (vgl. ebd.). Insgesamt hielt die CDU jedoch grundsätzlich am Bestand des Privateigentums fest und betrachtete die Gemeinwirtschaft als Korrektiv eines ungebremsten Kapitalismus in einem Umfang, der

---

36 Die CDU fordert hier eine entschädigungslose Enteignung privaten Besitzes auf Grund „einer Verurteilung als Kriegsverbrecher" sowie eine Zuteilung von Aktien mit vielfachem Stimmrecht an das nicht-private Kapital (vgl. Mommsen, 1960 567ff).

wirtschaftspolitischen Zielen diente (vgl. Brückner 2013, 65ff). Obgleich ihre Programme Parallelen in den Mitteln aufwiesen, unterschied sich die CDU im langfristigen Oberziel grundlegend von der SPD, die nach dem Krieg eine allmähliche Transformation hin zum Sozialismus anstrebte. Gleichwohl erachtete die CDU in den unmittelbaren Nachkriegsjahren die Vergesellschaftung der Schlüsselindustrien – auch aufgrund ihrer Relevanz im NS – für unausweichlich (vgl. Schmidt 1974, 72). Dieser Umstand kann als Indiz dafür gelesen werden, dass der Geist der unmittelbaren Nachkriegsjahre ein kapitalismuskritischer war, so dass selbst bürgerliche Parteien sozialistische Forderungen erhoben, um Wahlerfolge erzielen zu können (vgl. Abendroth 1958c, 263). Die CDU eignete sich für ihr Wirtschaftsprogramm den Begriff der Gemeinwirtschaft, als Gegenentwurf zum demokratischen Sozialismus der SPD, an. Dieser zielte vor allem auf eine Bedarfsdeckungswirtschaft ab, die sich am Gemeinwohl orientiert und in Teilbereichen mittels Sozialisierung und Planung zu verwirklichen war (vgl. Brückner 2013, 66f).

Innerparteiliche Gegenspieler dieser Wirtschaftskonzeption waren der spätere Bundeskanzler Konrad Adenauer und seine Vertrauten (vgl. Abendroth 1962, 402). Adenauer war 1946 zum Vorsitzenden der CDU-Zonenorganisation der britischen Besatzungszone gewählt worden und setzte auf ein gezieltes „Zurückdrängen" der Sozialisierungsbefürworter:innen, was er später als Grund für die Verhinderung des Auseinanderbrechens der Partei bezeichnete (vgl. Adenauer 1965, 60f). In der Tat kristallisierte sich die Entscheidung über die Sozialisierung als „Hauptbrennpunkt zwischen dem linken und rechten Flügel der Partei heraus" (Brückner 2013, 66). Doch auch innerhalb der CDU wurde das Thema – ähnlich wie in der SPD – schließlich in die unbestimmte Zukunft verschoben, wenn „die Wirtschaft wieder frei von alliierter Kontrolle sei" (Schmidt 1974, 72). Obgleich Adenauer den Begriff der Gemeinwirtschaft strategisch prägte, setzte er einen Umdenkungsprozess innerhalb der Partei in Gang, dessen Inhalte sich im Mai 1948 schließlich in einem 12-Punkte Programmentwurf mit dem Titel „Stellungnahme der CDU zur Wirtschaftsordnung" durchsetzten (vgl. Kleinmann 1993, 92). Das Papier schlug die Umstellung der Wirtschaftskonzeption auf eine auf Leistung und Wettbewerb beruhende Ordnung vor, die durch eine adäquate Rechtsordnung vor wirtschaftlicher Machtkonzentration schützt und die Arbeitnehmerschaft als stimmberechtigten „Mitträger" des Systems anerkennt (vgl. Brückner 2013, 68). Auf dem im August folgenden Parteitag war die daran anknüpfende Konzeption einer „Marktwirtschaft moderner Prägung" Ludwig Erhards bereits diskursbeherrschend. Die Begriffe der „Sozialisierung" und „Verstaatlichung" wurden nicht mehr verwendet (vgl. ebd., 69). Mit den

„Leitsätzen zur Verwirklichung der Sozialen Marktwirtschaft"[37] für die erste Bundestagswahl 1949 kamen schließlich sämtliche Sozialisierungsbestrebungen innerhalb der CDU zum Erliegen und wurden seitdem nicht wieder erhoben. Großbetriebe und Monopole sollten einer unabhängigen gesetzlichen Monopolkontrolle unterstellt und Formen des Gemeineigentums nur noch gebilligt werden, „wenn sie wirtschaftlich zweckmäßig, betriebstechnisch möglich und politisch notwendig sind" (vgl. Konrad Adenauer Stiftung 1949, 35). Der CDU gelang es in der Folge den Terminus der Sozialen Marktwirtschaft als positiven Identifikationsbegriff erfolgreich gegen die sozialdemokratischen Forderungen nach Sozialisierung durchzusetzen (vgl. Biebricher/Ptak 2020, 18). Sie hatte erkannt, dass der Kapitalismus kein Auslaufmodell war und setzte das Leistungsprinzip als oberste Maxime. Der Druck des Unternehmerlagers, sowie der amerikanischen Besatzungsmacht ebnete ihr den Weg (vgl. Brückner 2013, 70f). In den 70er Jahren ging die CDU diskursiv einen Schritt weiter und bestritt ihren Wahlkampf 1976 polarisierend mit einem klaren Feindbild, welches sich in der Parole „Freiheit statt/oder Sozialismus" äußerte (vgl. Biebricher/Ptak 2020, 121).

Obgleich sich sowohl die innerparteilichen Debatten der CDU als auch die überparteilichen Diskussionen um die Wirtschaftskonzeption bis zur Verabschiedung des Grundgesetzes zogen, manifestierte der Parteiflügel um Adenauer und Erhard bereits ab 1947 im quasi-parlamentarischen Organ der Bizone – dem Frankfurter Wirtschaftsrat – einen bestimmten wirtschaftspolitischen Kurs, der auf die Soziale Marktwirtschaft zusteuerte. Die FDP und CDU hatten quasi die alleinige Verantwortung im Wirtschaftsrat. Die SPD behinderte sie aufgrund ihrer strategischen Fehleinschätzung des Wartens auf eine gesamtdeutsche Verfassung nicht. Mit neuen wirtschaftspolitischen Institutionen und Gesetzen wurden so im Rahmen des Frankfurter Wirtschaftsrats bereits im Vorfeld der Verfassungsdebatten Fakten geschaffen, die sich später nicht mehr beseitigen ließen (vgl. Brückner 2013, 72ff). Nach einer Annäherung an sozialdemokratische und sozialistische Positionen in den unmittelbaren Nachkriegsjahren und einer damit einhergehenden Aufnahme von Forderungen der Überführung von Teilbereichen der Wirtschaft in kollektives Eigentum in das Parteiprogramm, hatte sich die CDU 1948 wieder für ihre tradierten bürgerlich-liberalen Positionen der Wirtschaftspolitik entschieden. Sie setzte in den Folgejahren erfolgreich die Soziale Marktwirtschaft als Ordnung durch und wurde mit dem realen Prosperitätsgewinn des Wirtschaftswunders der 50er Jahre vermeintlich bestätigt. Gepaart mit der Zuspitzung des Kalten Krieges und der eindeutigen Westorientierung

---

37 Auch genannt „Düsseldorfer Leitsätze".

der Bundesrepublik gelangte sie in den 70er Jahren an einen Punkt, an dem sie vor öffentlich ausgetragenen Schmähungskampagnen kollektivwirtschaftlicher Ansätze nicht mehr zurückschreckte.

4.4 Das Grundgesetz

Nach der Analyse der gewerkschaftlichen und parteipolitischen Positionen zur Vergesellschaftung, sowie ihrem Kräfteverhältnis in den Jahren nach dem zweiten Weltkrieg steht fest, dass Sozialisierungsmaßnahmen nur noch auf dem Weg der Reform debattiert wurden. Im Folgenden soll der Fokus daher auf die Rechtsgrundlage des Grundgesetzes gemäß Wolfgang Abendroth und den Artikel 15 GG, der Vergesellschaftung juristisch ermöglichen soll, geworfen werden.

4.4.1 Wolfgang Abendroth: Das Grundgesetz als Klassenkompromiss

Wolfgang Abendroth war ein sozialistischer deutscher Rechtswissenschaftler. In der Weimarer Republik gehörter er zeitweise der KPD an, nach dem Zweiten Weltkrieg trat er in die SPD ein, verließ diese jedoch aufgrund des Unvereinbarkeitsbeschlusses mit dem SDS 1961, den er nach seinem Austritt weiterhin unterstützte (vgl. Römer 2012, 163). Der Hauptteil der Abendrothschen Konzeptionen zur Wirtschaftsdemokratie ist in der Phase der frühen Bundesrepublik zu verorten, in denen die Sozialisierungsbestrebungen der Volksparteien bereits nicht mehr debattiert wurden und das Grundgesetz bereits verabschiedet war (vgl. Eberl/Salomon 2012, 201). Dieses verstand er als Kompromiss zwischen den Klassen und als mögliche Tür in eine sozialistische Wirtschaft.

Um sich dem Wirtschaftsdemokratiebegriff von Abendroth, sowie seiner Transformationsidee anzunähern, gilt es zunächst sein Demokratieverständnis zu erörtern. Für Abendroth ist die Demokratie das Prinzip der gesamten Gesellschaft und nicht nur das des politischen Bereichs. Der Sozialismus stellt für ihn die Voraussetzung ihrer konsequenten allseitigen Entfaltung in der Aufhebung der Selbstentfremdung dar[38] (vgl. Römer 2012, 158ff). Deshalb sei das „Handeln für den Sozialismus auch ein Kampf für Demokratie und der Kampf für

---

[38] „Sozialismus ist nichts anderes als die allseitige Verwirklichung des Gedankens der Demokratie, der aus einem System politischer Spielregeln zum inhaltlichen Prinzip der gesamten Gesellschaft, zur sozialen Demokratie erweitert wird" (Abendroth 1954, 416).

Demokratie auch ein Kampf für den Sozialismus" (ebd., 160). Abendroth begreift repräsentative Demokratien in der Praxis allerdings unvermeidlich immer als eine defizitäre Form der Demokratie und setzte sich daher stets für Instrumente der unmittelbaren Demokratie, wie Volksinitiativen, -entscheide oder –begehren ein (vgl. ebd., 151). Kapitalistische Demokratien sind laut Abendroth hingegen „durch eine 'prekäre Symbiose' zweier widerstreitender Logiken geprägt" (Urban 2012, 177): Zum einen durch die Unternehmen, die ihr Handeln an der maximalen Kapitalverwertung orientieren und dabei dem Druck unterworfen werden, Mensch und Umwelt auszubeuten und dabei die Kosten dieser Ausbeutung zu externalisieren, um sich Wettbewerbsvorteile zu sichern. Zum anderen durch den Demokratischen Staat, der diese Folgeschäden in Grenzen zu halten und zu korrigieren hat, um sich seine Funktionstüchtigkeit und Legitimität zu sichern (vgl. ebd., 178). Die Demokratie ist bei Beibehaltung des Privateigentums demnach in einem permanenten Konflikt zwischen Marktfreiheit bzw. individuellen Freiheitsrechten und der Forderung nach sozialen, kollektiven Grundrechten (vgl. Deppe 2012, 88). Das Privateigentum an Produktionsmitteln bildet aus diesem Grund stets eine wesentliche Einschränkung der Demokratie. Diese äußert sich zum einen in der „Diktatur der Fabrik" über die Lohnarbeitenden, die trotz ihrer Abschwächung durch lange Kämpfe der Arbeiterklasse, qualitativ weiterhin fortbesteht. Zum anderen tritt sie in Form des Großkapitals, insbesondere des Finanzkapitals, in Erscheinung, welches seine Macht nicht gegen Lohnabhängige sondern gegenüber dem Staat und der öffentlichen Gewalt ausübt (vgl. Römer 2012, 152).

Die Grundannahme, dass kapitalistische Gesellschaften immer antagonistische Gesellschaften sind, in denen sich die politische Demokratie stets unter Bedingungen widerstreitender Interessen und ökonomischer Macht- und Abhängigkeitsverhältnisse behaupten muss, prägt auch Abendroths Verständnis von Recht und Verfassung (vgl. Eberl/Salomon 2012, 203). Beide Begriffe stellen für ihn zeitweilige Festschreibungen der Kräfteverhältnisse zwischen den Klassen bzw. Kompromisse zwischen antagonistischen gesellschaftlichen Kräften dar (vgl. Deppe 2012, 87; Fischer-Lescano/Perels/Scholle 2012, 9). Somit sind Recht und Verfassung gleichzeitig ein Instrument zur Stabilisierung (kapitalistischer) Gesellschaften, als auch Mittel zu ihrer Transformation (vgl. Fischer-Lescano/Perels/Scholle 2012, 9). Abendroth folgert aus dieser Analyse, dass das Recht eine spezifische Form der Macht darstellt, das Gesetz konzentrierte Machtentfaltung verkörpert und ein Kampf um Rechtpositionen demnach auch immer ein Kampf um die Erweiterung von gesellschaftlichen Machtpositionen ist (vgl. Deppe 2012, 87; Römer 2012, 163).

Das Grundgesetz der BRD legte laut Abendroth „mit den Grundrechten und dem Rechtsgrundsatz der demokratischen und sozialen Rechtsstaatlichkeit ein von allen an der Verfassungsgebung beteiligten Gruppen geteiltes Minimum fest" (Fischer-Lescano/Perels/Scholle 2012, 9). Aufgrund dieses Kompromisscharakters bleibt es für Kapitalismus und Sozialismus gleichermaßen offen[39]. Das Spannungsverhältnis zwischen politischer Demokratie und undemokratischer Wirtschaft ließe sich demnach – je nach demokratischen Mehrheitsverhältnissen – auf Grundlage des Grundgesetzes in Richtung beider Paradigmen vorantreiben[40] (vgl. Eberl/Salomon, 203; Römer 2012, 168; Fischer-Lescano/Perels/Scholle 2012, 9). Verfassungsrechtlich sah Abendroth so die Möglichkeit garantiert, eine sozialistische Gesellschaftsordnung mit staatlicher Planung und Leitung schrittweise durch einfaches Gesetz ohne eine Verfassungsänderung oder einen Staatsstreich zu errichten (vgl. Römer 2012, 66f). Er verstand das Grundgesetz demnach nicht als restaurative Bestätigung der bestehenden Wirtschafts- und Gesellschaftsordnung,[41] sondern als Ansatzpunkt zu möglichen demokratisierenden Umformungen der Wirtschaftsstruktur durch den Gesetzesgeber (vgl. Thurn 2012, 125f). Eine umfassende Planwirtschaft in rechtsstaatlicher Form wäre laut Abendroth mit dem Grundgesetz durchaus vereinbar, lediglich eine Zentralverwaltungswirtschaft „im Extremfalle, die den Bürger seiner Rechtssubjektivität völlig entkleidet", nicht (Thurn 2012, 125). Die Sozialisierungsermächtigung war somit für Abendroth „durch das Grundgesetz zum Inhalt seiner wirtschaftspolitischen Entscheidung" (Thurn 2012, 127) gemacht worden. Abendroths eigene Sozialisierungsperspektive stand der der SPD der unmittelbaren Nachkriegszeit nahe und sah diese als zentralen Baustein eines demokratischen und sozialen Bundesstaates (vgl. Deppe 2012, 92). Konkret zielte er auf eine Überführung der ökonomischen Machtzentren der Schlüssel- und Großindustrien in unterschiedliche Formen des Gemeineigentums ab, „in deren Kontext zugleich die Frage nach einer Demokratisierung der Betriebe aufgeworfen wird" (Eberl/Salomon 2012, 212; vgl. Abendroth 1958a, 219). Ein konkreter Auftrag zu einer solchen Umgestaltung sei dem Grundgesetz allerdings nicht zu entnehmen (vgl. Römer

---

39 Was allerdings nicht bedeutet soll, dass es für jede Art des Kapitalismus und für jede Art des Sozialismus offen ist. Autoritäre bzw. entfesselte Formen schließt das Grundgesetz laut Abendroth aus (vgl. Römer 2012, 168).

40 Wie bereits erwähnt kritisierte Abendroth das Verbot der KPD scharf, da dies für ihn einen Bruch mit dem in der Verfassung offen gehaltenen Wettstreit unterschiedlicher gesellschaftlicher Leitbilder bedeutete (vgl. Abendroth 1956a, 116).

41 Laut Abendroth war es weder der Arbeiterbewegung noch dem Bürgertum gelungen, ihre präferierte Gesellschaftsordnung zu verallgemeinern (vgl. Möller 2012, 263).

2012, 167). Abendroth war indes der Ansicht, dass mit „hoher Wahrscheinlichkeit verbindliche Sozialisierungsaufträge an den Gesetzgeber zumindest für Teile der Schlüsselindustrien Bestandteil des Grundgesetzes geworden" wären, wäre der Verfassungsgebungsprozess für Westdeutschland wenige Jahre früher initiiert worden (Brückner 2013, 219).

Zur Durchsetzung sozialistischer Positionen in Politik und Gesellschaft hatte Abendroth eine Arbeiterbewegung vor Augen, die nicht nur für ihre Partikularinteressen kämpft, sondern sich als „Gegen-Gesellschaft, als Ort eigener Sozialisierung und als Träger eines universellen Emanzipationsprojektes versteht" (Möller 2012, 264f). Diese hatte bereits durch ihre bewusste Selbstorganisierung die Möglichkeitsbedingungen für einen Klassenkompromiss geschaffen (vgl. ebd.). Die Aufgabe der Gewerkschaften sah Abendroth dementsprechend darin, stets einen auf die Gesamtklasse statt auf bestimmte Arbeitnehmergruppen orientierten Interessensanspruch zu vertreten. Er betrachtete sie als Hüter:innen der Demokratie, die als Medium umfassender Demokratisierung agieren sollten. Ihr Weg der Einflussnahme auf die politische Willensbildung und Entscheidungsfindung solle der der politischen Demonstrationen und Streiks[42] mit Distanz zu politischen Parteien und zum politischen System sein. Darüber hinaus sollen sie als Schulen solidarischen Verhaltens fungieren und tragen somit einen mehrdimensionalen Demokratieauftrag mit sich (vgl. Urban 2012, 179ff). Obgleich Abendroth erkannte, dass das Klassenbewusstsein in Westdeutschland durch die Zerschlagung seiner institutionalisierten Formen durch das Dritte Reich weitgehend zurückgedrängt war (vgl. Abendroth 1958a, 219), setzte er große Hoffnungen in das Gründungsprogramm des DGBs[43]: „Der wirkliche Weg zur Veränderung der gegenwärtigen Klassenlage wird durch die Beschlüsse des Münchener Kongress des DGB über die wirtschaftspolitischen Ziele der Gewerkschaftsbewegung gewiesen" (Abendroth 1956b, 146).

Obgleich die Weimarer Situation 1949 für Abendroth grundlegend fortbestand und erneut ein Klassenkompromiss in einer Verfassung fixiert wurde, vertrat er eine rechtspositive Position in Debatten um Wirtschaftsdemokratie und Vergesellschaftung. Er sah die Ausgestaltung einer sozialen oder sozialistischen Demokratie als erlaubt, aber nicht vorbestimmt an (vgl. Eberl/Salomon 2012, 206). Die

---

42 Abendroth äußert sich stets affirmativ und unterstützend zum Mittel des politischen Streiks (vgl. Möller 2012, 272).
43 Dem DGB stand Abendroth deutlich positiver gegenüber als dem ADGB der Weimarer Republik, den er für seine gegenrevolutionäre Ideologie scharf kritisierte (vgl. Eberl/Salomon 2012, 200).

Akteursbasis für ihre Verwirklichung bildeten bei Abendroth allerdings nicht die Parteien, sondern die Gegen-Macht-Institutionen der Arbeitnehmer:innen mit ihren politischen und materiellen Einfluss- und Vetomöglichkeiten des Protests und Streiks. Sie betrachtet er als Träger:innen der Demokratie, die in universalistischer Weise aller Teile der Gesellschaft mitdenkt. Das Verfassungsproblem ist bei Abendroth demnach noch stark vom Klassenkampf im ökonomischen Produktionsprozess bestimmt und stellt daher Eigentumsfragen in den Mittelpunkt. In den Jahren und Jahrzehnten nach Abendroths Analyse gerät darüber hinaus eine Vielzahl von Herrschaftsverhältnissen einer funktional immer stärker ausdifferenzierten Weltgesellschaft in den Fokus der Debatte (vgl. Möller 2012, 268). Obgleich Abendroth von der Wirtschaftsformneutralität des Grundgesetzes überzeugt ist, wurden die wirtschaftlichen Institutionen zur Zeit seines Wirkens bereits durch die Fakten, die mit dem Marshallplan, der Währungsreform und den alliierten Plänen zur Entflechtung der deutschen Wirtschaft geschaffen wurden, zugunsten liberal-kapitalistischer Ordnungsvorstellungen ausgefüllt (vgl. Müller 1990, 88 in Weinert, 96). Neo-marxistische Ansätze argumentieren daher vermehrt rechtspessimistisch (vgl. Möller 2012, 262).

4.4.2 Artikel 15 GG: Historie und Tragweite

Der Artikel 15 des Grundgesetzes gibt den Gesetzgebenden die Kompetenz zur Vergesellschaftung und damit die Möglichkeit zur Umformung der Eigentumsordnung und Wirtschaftsverfassung bestimmter Objekte. Im Folgenden soll eine Einordnung der Tragweite und Bedeutung des Artikels vorgenommen werden. 1946 – drei Jahre vor der Verabschiedung des Grundgesetzes – hatten allerdings bereits alle dreizehn Länder Landesverfassungen formuliert, die mehr oder minder energische Sozialisierungsnormen enthielten. In den meisten Fällen verpflichteten sie den Staat zur vergesellschaftenden Enteignung und begnügten sich nicht mit bloßen Erweiterungen der Verfügungsgewalt. In den unmittelbaren Nachkriegsjahren war dies weder von CDU/CSU noch von der US-amerikanischen Besatzungsmacht verhindert worden (vgl. Abendroth 1962a, 404). Der Parlamentarische Rat beriet schließlich 1948 auf Grundlage dieser Landesverfassungen als die Umstände und das gesellschaftliche Klima sich bereits verändert hatten (vgl. Brückner 2013, 6).

Der Artikel 15 des Grundgesetzes lautet konkret wie folgt:

> „Grund und Boden, Naturschätze und Produktionsmittel können zum Zwecke der Vergesellschaftung durch ein Gesetz, das Art und Ausmaß der Entschädigung regelt, in Gemeineigentum oder in andere Formen der Gemeinwirtschaft überführt

werden. Für die Entschädigung gilt Artikel 14 Abs. 3 Satz 3 und 4 entsprechend" (in Münch/Kunig 2012, 1202).

Der hier erwähnte Artikel 14 legt fest, dass eine Enteignung „nur zum Wohle der Allgemeinheit" zulässig ist[44] und „nur durch Gesetz oder auf Grund eines Gesetzes erfolgen [darf], das Art und Ausmaß der Entschädigung[45] regelt" (in Münch/Kunig 2012, 1133). Damit kann es sich rechtlich nie um eine Komplettenteignung handeln, da der Vermögenswert aufgrund der Entschädigungsklausel immer wenigstens zum Teil erhalten bleibt (vgl. Leibiger 2022, 324). Artikel 14 sichert im Sinne „defensiver Freiheitsverbürgungen" Bereiche der individuellen Freiheit gegenüber dem Staat (vgl. Grupp 1966, 23). Das Gesetz differenziert demnach gezielt zwischen Enteignung und Vergesellschaftung. Es formuliert sie als eigenständige Artikel, um darauf hinzuweisen, dass es sich bei der Vergesellschaftung nicht um einen Unterfall der Enteignung, sondern um ein selbstständiges Rechtsinstitut handelt (Brückner 2013, 174). Beide Artikel bilden demnach zwei „grundverschiedene Arten des Eingriffs in das Privateigentum" (Raiser, 152, 118f). Wo die Enteignung vordergründig auf eine reine Änderung der Zweckbestimmung eines Gutes abzielt, geht es der Vergesellschaftung um eine strukturelle Änderung der Wirtschaftsordnung (Brückner 2013, 174): Eine Neubestimmung davon, wie und unter welchen gesellschaftlichen Bedingungen gewirtschaftet wird (vgl. Nuss 2019, 14; Huber 1953, 50/143f; Grupp 1966, 31). Eine Vergesellschaftung ist ferner – im Gegensatz zur Enteignung – nicht durch einen Verwaltungsakt („Administrativenteignung"[46]) möglich, sondern muss stets durch die Gesetzesgebenden selbst erfolgen, was die politische Tiefe und Brisanz des Artikels weiter untermauert (vgl. Brückner 2013, 183). Im Ar-

---

44 Über die Regelung der Enteignung hinaus legt Artikel 14 allerdings ebenfalls fest, dass Eigentum immer „dem Wohle der Allgemeinheit dienen" solle und dadurch eine Verpflichtung dem Kollektiv gegenüber beinhalte (Münch/Kunig 2012, 1133).
45 Die Entschädigung soll ein gewolltes Hindernis für voreilige und unüberlegte Sozialisierungsmaßnahmen darstellen. Sie wurde allerdings von sozialistischen Positionen kritisiert, da eine Sozialisierung im gesellschaftsrevolutionären Sinn Machtpositionen der bisherigen Eigentümer vernichtend treffen will und daher entschädigungsfeindlich eingestellt ist (vgl. Huber 1953, 50; Brückner 2013, 101). Der Begriff der „angemessenen Entschädigung" wurde allerdings gewählt, um festzulegen, dass eine Entschädigung zwar nicht entfallen kann, aber nicht den Verkehrswert ersetzen muss, da der Staat ansonsten unmöglich die finanziellen Mittel für Vergesellschaftungsmaßnahmen aufbringen kann (vgl. ebd., 190).
46 Z.B. werden durch Administrativenteignungen ganze Dörfer für den Abbau von Braunkohle oder den Bau von Autobahnen enteignet und niedergerissen. Zur Frage, inwiefern dies dem Gemeinwohl dient, gibt es kontroverse Positionen.

tikel 15 manifestierte sich daher die im letzten Kapitel diskutierte Offenheit der Verfassung gegenüber verschiedenen Wirtschaftssystemen. Er soll einen legalen, juristischen Weg in eine zumindest teilweise sozialistisch geprägte Wirtschaft darstellen und bildete daher einen tragenden Grund für die Zustimmung der SPD zum Gesamtwerk des Grundgesetzes (vgl. ebd., 2; Grupp 1966, 94). Wolfgang Abendroth ging so weit zu formulieren, dass, wenn der Artikel 15 GG fallen sollte, „die Definition der Bundesrepublik als soziale Demokratie laut Artikel 20 in eine kaum verhüllte Lüge verwandelt" sei (vgl. Abendroth 1957, 177).

Der Artikel meidet den Terminus der Sozialisierung bewusst, da dieser nicht als rechtskräftig galt. Stattdessen verwendet er – ebenso wie der Artikel 156 der Weimarer Reichsverfassung – die Begriffe der Vergesellschaftung, der Gemeinwirtschaft und des Gemeineigentums. Eine Überführung von Grund, Boden und Produktionsmitteln zum Zwecke der Vergesellschaftung kann laut Gesetzesformulierung in zwei Arten der Institutionalisierung stattfinden: Im Gemeineigentum oder „in andere Formen der Gemeinwirtschaft" (Art. 15 GG in Münch/Kunig 2012, 1202). Eine Umwandlung der Eigentumsverfassung im Sinne einer Mehr- oder mindestens Mitherrschaft von durch die von der Eigentumsherrschaft ausgeschlossenen sozialen Gruppen erscheint lediglich im ersteren Fall konsequent möglich (vgl. Grupp 1966, 72). Konkrete juristische überindividuelle Organisations- oder Trägerformen des Gemeineigentums legt der Artikel jedoch nicht fest (vgl. Brückner 2013, 188). Die SPD befürchtete allerdings bereits vor Verabschiedung des Grundgesetzes, dass der Begriff des Gemeineigentums mangels einer genauen rechtlichen Definition nicht justitiabel sei (vgl. Brückner 2013., 1/176). Darüber hinaus bildet die Überführung in Gemeineigentum dem Wortlaut des Artikels nach lediglich einen Unterfall der Überführung in Gemeinwirtschaft (vgl. ebd., 188). Der Begriff der Gemeinwirtschaft zielt hingegen eher auf den Inhalt bzw. die Zielausrichtung des Eigentums ab[47] (vgl. Wissel in Grupp 1966, 89). Dies setzt nicht unbedingt einen Eigentümerwechsel voraus, so dass das Privateigentum des bisherigen Besitzenden grundsätzlich erhalten bleibt (vgl. Brückner 2013, 181). Dieses wird lediglich „einem mehr oder weniger weitgehenden Mitbeteiligungs- oder Einflussrecht gesellschaftlicher Kollektivorgane unterworfen" (Bryde 2012, 1206f), die es unmittelbar lenken oder mittelbar kontrollieren (vgl. Huber in Grupp (79), 168). Konkret kann damit z.B. eine Zwangsbeteiligung der öffentlichen Hand oder die Einführung wirtschaftlicher Mitbestimmungsrechte der Arbeitnehmenden

---

[47] Er meint „eine bestimmte Zweckbestimmung, nämlich die optimale Bedarfsdeckung der Bevölkerung jedoch ohne Gewinnabsicht" (vgl. Bryde 2012, 1206f).

auf betrieblicher und überbetrieblicher Ebene gemeint sein (vgl. Grupp 1966., 91). Brückner argumentiert, dass die Öffnung des Artikels für eine Überführung in die Gemeinwirtschaft dem politischen Kurs der CDU entsprach, die den Begriff strategisch als Mittelweg zwischen Privat- und Gemeineigentum etablierte: Eine gesetzesmäßige Vergesellschaftung „musste somit nicht mehr zwingend den Eigentumsverlust bedeuten und erlaubte feinere Einwirkungsmechanismen zugunsten der Allgemeinheit" (ebd., 181).

Was den Sozialisierungskatalog anbelangt, so waren im Artikel 156 WRV noch „wirtschaftliche Unternehmungen" im Generellen der Vergesellschaftungskompetenz des Gesetzgebenden unterworfen (Art.156 WRV in Nipperdey 1930, 322). Artikel 15 GG grenzt diesen auf bestimmte Wirtschaftsgüter (Grund, Boden, Naturschätze, sowie Produktionsmittel) ein. Da Grund und Boden gesondert erwähnt werden, begreifen Teile der Literatur den unbestimmten Rechtsbegriff der Produktionsmittel so, dass dieser nur solche Mittel erfasse, „die direkt zur Erzeugung von Gütern verwendet werden, nicht jedoch bloße Hilfsmittel der Produktion darstellen" (Brückner 2013, 184). Dies würde bedeuten, dass nicht alle privaten Vermögensrechte einer enteignenden Vergesellschaftung unterliegen. Handel, Banken, Versicherungen und Verkehrsbetriebe wären z.B. von ihr ausgeschlossen (vgl. ebd., 183f). Eine Vollsozialisierung würde damit vom Grundgesetz abgelehnt (vgl. Grupp 1966, 58). Der Fakt, dass in der Zeit der Entstehung des Grundgesetzes die beteiligten politischen Parteien lediglich eine Sozialisierung der Schlüsselindustrien und nicht des Dienstleistungssektors anstrebten, stützt diese Annahme[48] (vgl. Brückner 2013, 184). Dies war primär der Fall, da das Ziel der Vergesellschaftung eine Umstrukturierung der privatkapitalistischen Eigentumsordnung war und Sozialisierungsmaßnahmen bei Kleinbetrieben keine spürbaren Auswirkungen auf die Gesamtwirtschaft darstellen (vgl. Brückner 2013, 189). Darüber hinaus erlaubt das Bonner Grundgesetz im Gegensatz zur Weimarer Reichsverfassung allerdings, dass auch staatliches oder kommunales Eigentum, sowie das der Länder in Gemeineigentum umgewandelt werden kann (vgl. Ipsen 1951, 74/109; Grupp 1966, 70). Umgesetzt werden kann der Artikel 15 GG gemäß der konkurrierenden Gesetzgebung nach Art. 74 Nr. 15 GG grund-

---

48 Dies würde bedeuten, dass der Produktionsmittelbegriff sich auf Unternehmen der Sachgüterproduktion beschränkt (vgl. Brückner 2013, 208). Die Implikationen für unsere heutige Gesellschaft, in der der Dienstleistungssektor deutlich gewichtiger ist als noch 1949 und in der Riesenunternehmen wie z.B. Meta oder Alphabet selbst kaum physische Güter produzieren, wären tiefgreifend.

sätzlich durch die Länder[49] (vgl. ebd., 192). Diesen wird ein Ermessensspielraum darüber eingeräumt, ob und in welcher Gestalt sie konkrete Sozialisierungsgesetze erlassen und die Vergesellschaftung konkret erfolgen soll (vgl. ebd., 182/193). Durch diese Offenheit des Artikels bleibt die praktische Umsetzung das Ergebnis von gesellschaftlichen Auseinandersetzungen (vgl. Nuss 2019, 14).

Neben Artikel 14 und 15 GG gibt es diverse Artikel zur Regelung des betrieblichen und überbetrieblichen Mitbestimmungsrechts, die verschiedene Dimensionen der Vergesellschaftung tangieren. Das betriebliche Mitbestimmungsrecht ist im Mitbestimmungsgesetz, im Mitbestimmungsergänzungsgesetz, sowie im Betriebsverfassungsgesetz geregelt. In keinem der Gesetze wird ein Wechsel der Trägerschaft des Eigentums geregelt, sondern die Verfügungsmacht über dieses beeinträchtigt (vgl. ebd., 163). Sie stehen daher nicht gleichrangig neben der Vergesellschaftung, die eine Neuregelung der Mitbestimmung in besonderer Form darstellt (vgl. ebd., 145).

Das Grundgesetz lenkt die Vergesellschaftung mit Artikel 15 GG erneut in rechtsstaatliche Bahnen, obgleich dieser im Gegensatz zu Artikel 156 WRV, „der in ein auf die Ordnung der Gesamtwirtschaft gerichtetes Normensystem [...] harmonisch eingegliedert war" eher wie ein Fremdkörper wirkt (Grupp 1966, 23). Insgesamt wohnt dem Artikel 15 GG ein widersprüchlicher Vergesellschaftungscharakter inne. So fungiert er als potenzieller Hebel der grundlegenden Änderung der Eigentumsordnung – und damit der Neustrukturierung der Sozial- und Wirtschaftsverfassung der BRD – als essentieller Teil des Kompromisses zwischen den Klassen bzw. den großen Parteien der unmittelbaren Nachkriegsjahre. Gleichzeitig gelang es der CDU, den Begriff der Gemeinwirtschaft strategisch und rechtlich zu prägen. So formulierte sie die vergesellschaftende Überführung von Privat- in Gemeineigentum in Artikel 15 GG lediglich als einen möglichen Unterfall der Gemeinwirtschaft. Dies ermöglichte ein generelles Verständnis des Begriffes, das die privatwirtschaftliche Eigentumsordnung zunächst bestehen lässt und lediglich auf eine Abänderung der Zweckbestimmung von Unternehmen und Wirtschaftszweigen abzielt. Gleichwohl hätte die Sozialdemokratie im Falle einer Mehrheit bei der ersten Bundestagswahl durch den Artikel 15 GG Möglichkeitsräume gehabt, das Gesetz ihrem Verständnis nach anzuwenden. Das Ausbleiben dieser Praxis stärkte die Deutungsweise des Begriffs der Gemeinwirtschaft der CDU. Eine zentrale Planung des Wirtschaftsprozesses, sowie eine Vollsozialisierung sind mit dem Artikel und dem Grundgesetz nicht

---

49 In der Weimarer Reichsverfassung ist noch das Reich für das Gesetz zuständig (vgl. Brückner 2013, 192).

mehr vereinbar gewesen[50]. Der Artikel 15 GG kam während des 20. Jahrhunderts nicht zur Anwendung und besteht, trotz zwei erfolgloser Kippversuche durch die FDP, auch heute noch. Sein Neuordnungscharakter hat weiterhin theoretischen Bestand. Erst der Berliner Volksinitiative „Deutsche Wohnen & Co. Enteignen!" gelang es 2021 ein Volksbegehren, welches eine Umsetzung des Artikels mit Bezug auf Berliner Immobilienunternehmen forderte, durchzusetzen. Zum Zeitpunkt dieser Arbeit ist allerdings noch unklar, inwiefern der Berliner Landtag dem Volksbegehren nachkommt und wie sich die Vergesellschaftung der Immobilienunternehmen konkret gestalten wird.

4.5 Erfolgreiches Zurückdrängen von Vergesellschaftungsideen: Die Soziale Marktwirtschaft

In den Debatten um gesellschaftliche und wirtschaftliche Neuordnung nach dem Zweiten Weltkrieg konnten sich Positionen, die auf eine Änderung der Eigentumsordnung wichtiger Teile der Wirtschaft hinwirkten, nicht durchsetzen. Die erste Bundestagswahl wurde von der CDU gewonnen, die der Vergesellschaftung in der parteipolitischen Auseinandersetzung ab 1948 die Soziale Marktwirtschaft als positiven Identifikationsbegriff[51] gegenüberstellte (vgl. Biebricher/Ptak 2020, 18). Ihr gelang es, den Terminus der Sozialen Marktwirtschaft als einen dritten Weg zwischen dem klassischen Wirtschaftsliberalismus des 19. Jahrhunderts und planwirtschaftlichen Modellen, die sich seit der sowjetischen Oktoberrevolution herausgebildet hatten, darzustellen (vgl. ebd., 12). Im konzeptionellen Sinn begreifen Biebricher und Ptak die Soziale Marktwirtschaft allerdings weniger als eine geschlossene Theorie zwischen diesen beiden Polen, sondern als eine „flexible programmatische, aber auch diskursive Strategie zur Um- und Durchsetzung marktwirtschaftlicher Reformpolitik" (ebd. 2020, 23) auf Grundlage des deutschen Neo- bzw. Ordo-

---

50 „Eine rein kapitalistische Wirtschaftsform, die entgegen der Sozialstaatszielbestimmung in Art. 20. Abs. 1 GG auf jeglichen sozialen Korrektiv verzichten würde", wäre allerdings ebenfalls nicht mit dem Grundgesetz in Einklang zu bringen (vgl. Bryde 2012, 1203f).

51 Müller-Armack – einer der geistigen Väter der Sozialen Marktwirtschaft – stellte später fest, dass man es im deutschen Sprachgebrauch taktisch klug angestellt hatte, „das Wort 'Kapitalismus', das emotionsbelastet ist und im Übrigen zur Sache wenig sagt, durch den neutralen Begriff der modernen Industriewirtschaft oder der Marktwirtschaft zu ersetzen" (vgl. Müller-Armack 1973, 181).

liberalismus. Die Soziale Marktwirtschaft wurde in der Gründungsphase der Bundesrepublik schließlich zum Leitbild der Wirtschafts- und Sozialpolitik (vgl. ebd., 17). Im Folgenden soll daher analysiert werden, wie ihre strategisch-diskursive Konzeption zur Verdrängung von Diskursen um Vergesellschaftung und Kollektivwirtschaft aus den politischen Debatten im Verlauf der Nachkriegsjahrzehnte beigetragen hat.

Als Mitbegründer:innen der Sozialen Marktwirtschaft gelten die Denker der deutschen Spielart des Neoliberalismus: die Ordoliberalen. Zu ihren wichtigsten Vertretern zählen neben dem ersten Wirtschaftsminister der BRD und Direktor für Wirtschaft des Vereinigten Wirtschaftsgebietes der westlichen Besatzungszonen Ludwig Erhard, unter anderem Wilhelm Röpke und Alfred Müller-Amarck, sowie Walter Eucken. Sie waren fester Bestandteil des internationalen Netzwerks des Neoliberalismus, welches seit den 1930er Jahren gesponnen und 1947 mit der Gründung der Mont Pérlerin Society institutionalisiert wurde (vgl. Biebricher/Ptak 2020, 44). Als Netzwerk arbeiteten sie nach 1945 gezielt daran, Ordnungsentscheidungen in Richtung einer Marktwirtschaft zu drängen und hatten durch Erhards außerordentliche autonome Stellung in der Verwaltung für Wirtschaft bereits vor der Gründung der BRD enorme Handlungsspielräume (vgl. ebd., 83f).

Im Zentrum des neuen Liberalismus und der Sozialen Marktwirtschaft steht weiterhin der Markt als bestimmender Koordinationsmechanismus der Ökonomie. Die ersten Jahre der Sozialen Marktwirtschaft waren daher von einer Suchbewegung gekennzeichnet, möglichst viele ökonomische und gesellschaftliche Prozesse durch diesen zu organisieren. Allerdings vertrauten die Ordoliberalen den Selbstregulierungskräften des Marktes nicht mehr ausschließlich zur Lösung ökonomischer und sozialer Probleme. Der Markt wurde nicht mehr als reiner Selbstläufer betrachtet. Der Staat spielt in ihrem Denken als „Veranstalter" der Wirtschaftsordnung eine zentralere Rolle als in liberalen Vorläuferökonomien. Er soll die marktwirtschaftliche Ordnung aktiv durchsetzen, organisieren und absichern, um ihr reibungsloses Funktionieren zu ermöglichen – ohne am Markt selbst zu intervenieren (vgl. Biebricher/Ptak 2020, 39/50ff). Alle wirtschaftspolitischen Maßnahmen sollten dort ihre Grenzen haben, wo sie die freie Preisbildung auf Märkten verhindern[52]. Die rechtliche Garantie des Privateigentums gehörte dabei zu den wichtigsten Sicherungsmechanismen

---

52 Röpke war der Meinung, es gäbe keinen Mittelweg beim ordnenden Prinzip der Wirtschaft: „Entweder ordnen die Preise die Wirtschaft, oder sie tun es nicht; tun sie es nicht, so müssen es die Behörden tun" (Röpke 1947, 19).

der Marktwirtschaft, die vom Staat erwartet wurden. Aus ihr leitet sich für die einzelnen Marktteilnehmer:innen die „Pflicht der Gesamtwirtschaft gegenüber [ab], in den angespanntesten Leistungswettbewerb miteinander zu treten" (vgl. ebd., 51f). Um einen reibungslosen Wettbewerb zu garantieren, stellten die Ordoliberalen den Antimonopolismus ins Zentrum ihrer Überlegungen. Die Konzentration betrachteten sie als das dringlichste Problem der Zeit. Wo Konzepte der Vergesellschaftung gerade an geballten wirtschaftlichen Machtressourcen – im Sinne des organisierten Kapitalismus – ansetzten, versprachen die Ordoliberalen, Kartelle, Trusts und Monopole zu beseitigen, um die individuelle Freiheit im Rahmen des marktwirtschaftlichen Leistungswettbewerbs zu sichern (vgl. ebd., 90f). Die Sozialisierung wurde von ihnen als „Hyperkonzentration" verstanden, die marktförmige Dezentralisierung als „Heilmittel" (Röpke 1947, 29). Diese Vorstellung deckt sich ebenfalls mit den Dezentralisierungsbestrebungen der US-Besatzungsmacht nach dem Krieg. Darüber hinaus richtete sich der Antimonopolismus ausdrücklich gegen die Institutionen der Arbeiterbewegung, sowie gegen staatliche Unternehmen der Daseinsvorsorge: „zu diesen gefährlichsten [...] Machtpositionen rechnen in unserer modernen Gesellschaft vor allem drei: die [...] Gewerkschaften, die zentralisierten Mammutgenossenschaften und schließlich die öffentlichen Monopole" (Röpke 1947, 32). Gerade die Gewerkschaften wurden als „alle anderen an Gefährlichkeit" überragendes Monopol gezielt von den Ordoliberalen attackiert (Röpke 1958, 47).

Die auf diesen ökonomischen Grundannahmen aufbauende politische Strategie der Verankerung der Sozialen Marktwirtschaft als gesellschaftliches Ordnungsprinzip lässt sich anhand von drei Aspekten strukturieren: Dem Antikollektivismus und der Demokratiekritik, der Natürlichkeit bzw. Evolutionslogik, sowie der Gleichsetzung von Ordnungspolitik und wirtschaftlichem Aufschwung. Im Mittelpunkt des Angriffs auf marktkritische Positionen stand der Begriff des „Kollektivismus". Er wurde synonym für nahezu alle politischen und ideologischen Phänomene des 20. Jahrhunderts verwendet, die für die wirtschaftlichen Krisen und beide Weltkriege verantwortlich gemacht wurden[53] (vgl. Biebricher/Ptak 2020, 86). Der Kollektivismus wurde als der „äußerste und tödliche Grad" der Konzentration beschrieben, der nur der Markt entge-

---

53 Deutsche Kommunist:innen und die Sozialdemokratie wurden mit Nationalsozialist:innen ideologisch gleichgesetzt, obgleich sie von ihnen verfolgt und ermordet wurden (vgl. Röpke 1947, 11).

genwirken könne[54] (Röpke 1958, 48). Verkettet wurde dieses Gedankengebäude mit einer Kritik der Demokratie oder „Massendemokratie"[55], die ebenfalls als Teil einer Entwicklung dargestellt wurde, „deren letztes giftiges Zerfallsprodukt der Totalitarismus" sei (ebd., 89). Die Ordoliberalen setzten im Gegenzug auf die unbedingte politische Entscheidungsfindung durch eine Elite, die die „richtige" theoretisch-ökonomische Schulung verinnerlicht hat (vgl. Biebricher/Ptak 2020, 39ff). Die Demokratie wurde als Gefahr für die Wirtschaft gesehen. Als zweite strategische Linie setzten die Ordoliberalen dem Kollektivismus ihr Leitbild einer hierarchisch gegliederten Gesellschafts- und Wirtschaftsordnung als „naturgegebene" Form der Organisation entgegen. Sie wurde im Sinne einer kulturellen Evolution als „Endergebnis der abendländischen Hochkultur, quasi als Höhepunkt menschlicher Entwicklung definiert" und sorgte damit im quasi-religiösen Sinne selbst für ihre eigene unumstößliche Legitimation (ebd., 61). Ziel war es, die für die marktwirtschaftliche Ordnung erforderliche hierarchisch-ungleiche Sozialstruktur in der Ideenwelt normativ zu verorten und so ein generelles Zufriedenheitsgefühl an die Stelle realer, materieller Problemlösungen der Arbeiterbewegung zu setzen (vgl. ebd., 61f). Als dritter Aspekt gelang es den Ordoliberalen schließlich, die Soziale Marktwirtschaft als alleinig entscheidenden Faktor für die Prosperität der Nachkriegszeit verantwortlich zu machen. Der ökonomische Erfolg der BRD in der Nachkriegsphase prägte ihr Selbstverständnis nachhaltig und bildete eine Ersatzidentität für den durch die Kriegsverbrechen beschädigten deutschen Nationalstolz[56] (vgl. ebd., 14). Durch die Gleichsetzung von Aufschwung und ordoliberalen Maßnahmen wurden wirtschaftspolitische Alternativen, die weitgehende Eingriffe in den Markt forderten, mit dieser spezifischen historischen Aufladung diskreditiert (vgl. ebd, 19). Ziel der hier beschriebenen politisch-ideologischen Begründungsstrategie der

---

54 „An einer frei organisierten und zum freiheitlichen Denken erzogenen Arbeiterschaft könnte sich irgendein neuer – in welche Modefarbe auch immer gehüllter – Hitler die Zähne ausbeißen" (ebd., 30).

55 „Masse" wurde von den Ordoliberalen bis in die 80er Jahre als „Synonym für eine nicht gebildete, bisweilen unzivilisierte, an Urinstinkten orientierte Bevölkerungsmehrheit, die sich und die zivilisierte Welt ins Verderben stürzt, solange sie nicht durch eine Übersicht bewahrende, starke und durchsetzungsfähige Elite geführt wird", benutzt (Biebricher/Ptak 2020, 41).

56 Röpke sprach sogar davon, dass die "Lehre in Wohlstand durch Freiheit", die Deutschland der Welt in der Nachkriegszeit vermeintlich erteilte, „eine nicht unedle Art war, das Unheil wiedergutzumachen, das dasselbe Land dadurch über die Welt gebracht hatte, dass es ja auch vorher für den entgegengesetzten Kurs des inflationären Kollektivismus" gestanden hatte (vgl. Röpke 1958, 39).

Sozialen Marktwirtschaft war es, ihr Wertfundament im außerökonomischen Bereich zu verankern und sie so als umfassenden Kulturstil einer Gesellschaft verstanden zu wissen (vgl. Müller-Armack 1948a, 33 & 1948b, 146). Sie sollte keine ideologische Weltanschauung wie der Sozialismus sein, sondern wertfrei als natürlich und rational gelten (vgl. Biebricher/Ptak 2020, 112). Die Arbeitgeberverbände waren von Beginn an Verfechter der Sozialen Marktwirtschaft und unterstützten ihre Popularisierung schon in den 1950er Jahren mit hohem finanziellem Aufwand und PR-Kampagnen, in denen sie als Gegenprogramm zum Kommunismus präsentiert wurde (vgl. ebd., 106, Rüstow 1954, 219ff). So gelangte die Soziale Marktwirtschaft schließlich laut Biebricher und Ptak zum „Charakter einer großen Erzählung, eines Narratives, das einer Staatsräson gleicht und konzeptionell wie politisch-praktisch für den wirtschaftlichen Erfolg Deutschlands steht" (ebd., 13).

Die in den Nachkriegsjahren herrschenden politischen Macht- und Krisenverhältnisse ergaben gemeinsam mit einem konkreten Interessentableau des schnellen Wiederaufbaus eine aus liberaler Sicht günstige Bedingungskonstellation, um das „als richtig und notwendig Erkannte in einer glücklichen Zeitstunde verwirklichen" zu können (Müller-Armack, 1976, 15; vgl. Biebricher/Ptak 2020, 133): Die langfristig angelegte Legitimation marktwirtschaftlicher Ordnungspolitik durch die Verankerung der Sozialen Marktwirtschaft als Identitätskategorie im kulturellen-außerökonomischen Bereich. So gelang es der antisozialistisch und antiwohlfahrtsstaatlich geprägten ordoliberalen Formierung, den Schutz und die Ausweitung des Privateigentums, sowie Dezentralisation und Subsidiarität als primäre Strukturprinzipien der westdeutschen Gesellschaft durchzusetzen. Kollektivwirtschaftliche Konzepte der Vergesellschaftung und des Gemeineigentums wurden so nicht nur aus dem Diskurs verdrängt, sondern – psychoanalytisch gesprochen – außerhalb des kulturellen Selbst der BRD verortet, was ihnen jegliche Legitimationsgrundlage entzog (vgl. Biebricher/Ptak 2020, 61/86). Den Ordoliberalen gelang auf diese Weise eine tiefgreifende Diskurverschiebung der Ideenzusammenhänge, Werthorizonte und Normstrukturen, die die soziale Wirklichkeit und mit ihr die Vorstellung eines gerechten Wirtschaftssystems Westdeutschlands prägen (Kammler/Parr/Schneider 2014, o. S.). Die neoliberale Idee setzte sich durch.

4.6 Kritik der Kollektivwirtschaft: Hayek

Neben Ludwig von Mises zählt Friedrich August von Hayek zu den wichtigsten (neo)liberalen Denker:innen und zu den Hauptkritiker:innen des Sozialismus des 20. Jahrhunderts. Er war Mitbegründer der Mont Pélerin Society und erhielt 1974 den Nobelpreis für Wirtschaftswissenschaften. Er lehrte unter anderem auch an der Universität Freiburg, einem der wichtigsten Orte für die theoretische Genese des Ordoliberalismus bis heute. Mit seinem Hauptwerk „Der Weg zur Knechtschaft" formulierte Hayek eine an Mises anknüpfende Kritik sozialistischer Planwirtschaftssysteme. In dem bedeutenden Aufsatz „The Use of Knowledge in Society" („Die Anwendung von Wissen in der Gesellschaft") argumentiert er für die Lösung ökonomischer Probleme über den Markt, den er als Entdeckungsverfahren und als Mechanismus zur Informationsverarbeitung versteht.

Ähnlich wie Mises richtet Hayek seine Kritik der Kollektivwirtschaft an „jenen älteren Sozialismus", der eine Vergesellschaftung aller Produktionsmittel anstrebt (Hayek 1944, 16). Den Sozialismus versteht er im Generellen als organisatorische Methode, die an Stelle von Privateigentum und Wettbewerb eine zentrale Planwirtschaftsbehörde setzt (vgl. ebd., 54). Darüber, dass in jeder Wirtschaftsordnung geplant werden muss, ist Hayek sich bewusst. Entscheidend sei allerdings, wer der zentrale Akteur dieser Planungs- und Lenkungsbemühungen sei: Das organisierte Kollektiv oder das privatwirtschaftlich agierende Individuum. Er ist – ebenso wie die Ordoliberalen – der Ansicht, dass die beiden mit dem jeweiligen Akteur verbundenen Organisationsweisen „einander ausschließende Prinzipien zur Lösung desselben Problems" darstellen (ebd., 58). In ihnen sieht er den Dualismus von Freiheit und Organisation, der für ihn nicht miteinander zu vereinbaren ist (vgl. ebd., 54).

Hayek entscheidet sich aus mehreren Gründen dafür, das Individuum und mit ihm den Markt ins Zentrum der Wirtschaftsordnung zu setzen. Das zentrale Argument gegen die Kollektivwirtschaft ist für ihn das der (Nicht-)Machbarkeit bewusst herbeigeführter, zielorientierter wirtschaftlicher Steuerung (vgl. Ptak 2007, 33/43). Hayek sieht das Hauptproblem der Ökonomie darin, Wissen nutzbar zu machen. Das gesellschaftliche Wissen bestehe allerdings nie in konzentrierter Form und sei keinem einzelnen gegeben, sondern stets stückhaft auf viele unterschiedliche Individuen verstreut (vgl. Hayek 1945, 519f). Nur sie haben volle Kenntnis über die räumlichen und zeitlichen Umstände ihrer Produktionssphäre und benötigen daher die Möglichkeit, jederzeit frei agieren zu können (vgl. ebd. 1944, 105). Den Markt versteht er hingegen als Prozessor dieses immer imperfekten Wissens, welches ständig erweitert und weitergegeben wird (vgl. ebd., 530). Der aus ihm hervorgehende Preismechanismus reduziert die Komplexität der verteilten Informationen auf ein einziges Signal und ermöglicht so eine gesamtwirtschaftliche Koordination ohne bewusste Überwachung. Neben der Funktion als Informationsprozessor versteht Hayek den Markt ferner als „Entdeckungsverfahren", mit dem sowohl Bedürfnisse als auch Befriedigungsmöglichkeiten in gänzlich unvorhersehbaren Dynamiken aufgespürt werden. Diese spontanen Dynamiken machen für ihn das besonders Wünschenswerte an Märkten aus, die keine Norm- oder Ordnungsbildung leisten könne (vgl. Biebricher/Ptak 2020, 205ff). Kollektivwirtschaftliche Konzepte seien daher in der Komplexität der modernen, hoch arbeitsteiligen Welt weder effizient noch möglich. Dezentralisierung sei überlebenswichtig, Markt und Preismechanismus zur „einzig brauchbaren Koordinierungsmethode" geworden (Hayek 1944, 73). Der Wettbewerb fungiere als Garant dafür, dass trotz Dezentralität weiterhin geplant werde, indem er die verschiedenen Akteure dazu zwinge, effizient zu wirtschaften, da ihnen ansonsten der Bankrott drohe (vgl. ebd., 521). „Konstruierte" kollektivwirtschaftliche Ordnungen sind für Hayek daher das Merkmal einfacher Lebensformen, „spontane" Ordnungen wie der Markt das Gestaltungsprinzip entwickelter Gesellschaften (vgl. Niechoj/Wolf, o.S.). Er schließt sich den Ordoliberalen in seiner Deutung des liberalen Rechtsstaats und der Institution des Privateigentums als Endpunkt der kulturellen Evolution an. In Hayeks Argumentationslinie lässt sich – wie bei den Ordoliberalen – die Strategie erkennen, den Liberalismus als naturgesetzmäßige Gegebenheit außerhalb ideologischer Gesellschaftskonzeptionen[57] zu verorten. In der Konsequenz führt dies zu einem Menschenbild, welches von Passivität und Ohnmacht des Subjekts gegenüber den sozialen Prozessen der gesellschaftlichen Evolution geprägt ist: „Da die spontane Ordnung sich unbewusst entwickelt hat und von den Menschen nicht verstanden wird, ist es unmöglich sie zu verändern" (Ptak 2007, 57/60). Da die Marktergebnisse von Individuum und Gesellschaft kritiklos zu akzeptieren seien, hat Hayek das Kernanliegen des Neoliberalismus als „Entthronung der Politik" bezeichnet (Hayek 1979, 201).

Ist laut Hayek in einer Marktwirtschaft das Individuum stets selbst dafür verantwortlich, seine Ziele und Bedürfnisse durchzusetzen, so muss in der Plan-

---

57 Auch Hayek setzt den Nationalsozialismus und den Stalinismus mit jedweder Form kollektivwirtschaftlicher oder sozialistischer Ideen und Konzepte gleich: Diese bezeichnet er als „unvermeidliche [...] politische Begleiterscheinung der Nationalisierung und der Kollektivierung" (ebd.,48).

wirtschaft eine Lösung dafür gefunden werden, zwischen den individuellen, miteinander konkurrierenden Zielen zu wählen. Dies führe dazu, dass im Rahmen eines vollständigen Moralkodexes eine Hierarchie der Bedürfnisse und Werte aufstellt werden müsse (vgl. ebd., 83/86/92/123). Daher sei die Planwirtschaft – und schließlich jede Form eines gemeinwirtschaftlichen Ziel-Mittel-Ansatzes für die Gestaltung von Gesellschaft – nicht mit der Demokratie zu vereinen (vgl. Ptak 2007, 47). Sie führt laut Hayek unablässig zur zentralen Lenkung des gesamten Lebens der Bevölkerung und damit in den Autoritarismus[58] (vgl. ebd., 95/124). Kollektivistische Wirtschaftsordnungen seien in der Praxis nur innerhalb verhältnismäßig kleiner Gruppen möglich[59] und könnten im größeren Stil nur mit gewaltvollen Methoden verwirklicht werden, die die meisten Sozialist:innen aus ethischen Gründen ablehnen (vgl. ebd., 176/181). Das gemeinsame Ziel der Wirtschaftsordnung könne daher lediglich das Mittel zur Erreichung unterschiedlicher, individueller Bedürfnisse und nie ein absolut festgelegtes Interesse selbst sein kann (vgl. ebd., 86/120).

Wie die Ordoliberalen setzte Hayek Dezentralität mit Marktwirtschaft und Freiheit gleich und stellt diese der Konzentration und des Zwangs der Kollektivwirtschaft entgegen. Dass beide neoliberalen Strömungen Konzentration mit Kollektivwirtschaft gleichsetzen, lässt sich dadurch erklären, dass sich die meisten Sozialisierungsbestrebungen der Weimarer Republik und der Nachkriegszeit an der Theorie des Finanzkapitals von Rudolf Hilferding orientierten, und damit primär an einer Überführung monopolistischer Zusammenballungen in Gemeineigentum interessiert waren. Die Konzentration im organisierten Kapitalismus bildete für sie den ersten Schritt zum Sozialismus. Hayek spitzte seine Argumentation auf einen radikalen Antagonismus von kollektiver Planung und dezentraler Marktwirtschaft zu. Mit der Annahme, dass jeder Schritt in Richtung Kollektivwirtschaft im autoritären Staat ende, machte Hayek sich „die in Teilen berechtigte Kritik an der Überformung und Unterdrückung von Individuen in totalitären Gesellschaftsexperimenten des 20. Jahrhunderts zunutze, um letztlich alle Formen politischer Gestaltung von Wirtschaft und Gesellschaft zu diskreditieren" (Ptak 2007, 48). Zeitgleich setzte er den Begriff des Marktes mit Freiheit, Demokratie und Effizienz gleich. Dabei verkannte er die Komplexität wirtschaftspolitischer Ordnungsentscheidungen, sowie die totalitären Züge seines

---

58 Die wirtschaftliche Sicherheit des Kollektivismus sei daher immer die „Sicherheit der Kaserne" (ebd., 165).

59 Die Familie nimmt Hayek als einzige Gruppe aus seiner antikollektivistischen Argumentation aus (vgl. Ptak 2007, 66).

eigenen Gedankengebäudes (vgl. ebd.). Seine Argumentation mündet schließlich in einem Plädoyer für die ausschließlich privatrechtliche Ausgestaltung der Eigentumsverhältnisse, deren Sicherung in einer freien Marktwirtschaft letztendlich als einzige Staatsaufgabe akzeptiert wird (vgl. Engartner 2007, 89; Ptak 2007, 68).

4.7 Zwischenfazit

Nachdem die Arbeiterbewegung, ihre gegenkulturellen Institutionen und Kader 1933 vom NS zerschlagen und getötet worden waren, konstituierten sich Parteien und Gewerkschaften nach dem Krieg neu. Eine selbstorganisierte, systemoppositionelle Bewegung, die eine Vergesellschaftung der gesamten Produktion z.B. in Form eines Rätesystems forderte, gab es im Gegensatz zur Novemberrevolution nicht. In den unmittelbaren Jahren nach dem Krieg, die erneut von einer desaströsen ökonomischen Versorgungslage geprägt waren, kam es nichtsdestotrotz zu einer Wiederbelebung marxistischen Denkens (vgl. Abendroth 1958c, 263).

In den Jahren bis einschließlich 1947 herrschte ein kapitalismuskritisches gesellschaftliches Klima vor, welches sich insbesondere im Misstrauen gegenüber der Großindustrie äußerte, da diese die NSDAP in weiten Teilen unterstützt hatte[60] (vgl. Brückner 2013, 217). Der Wunsch nach sozialer Kontrolle war prävalent. Die SPD manifestierte diesen in Form von Forderungen nach Sozialisierung, die die CDU in Teilen mittrug. Die KPD strebte nach Enteignung zum Zweck der Entnazifizierung. In Ermangelung einer zentralen Staatsgewalt verlagerten sich die Forderungen zunächst auf Länderebene, wo sie in allen 13 Verfassungen mehr oder weniger Eingang fanden (vgl. Grupp 1966, 17). 1947 war die demokratische Basis für Vergesellschaftung allerdings bereits soweit erodiert, dass die SPD auf Landesebene mit Sozialisierungsmaßnahmen scheiterte (vgl. Brückner 2013, 221). Die Parteien und Gewerkschaften benötigten im Zuge ihres Wiederaufbaus und der schwierigen gesellschaftlichen Lage zu lange, um Entscheidungen zu treffen. Die Alliierten – besonders die US-Besatzungsmacht – hätten kollektivwirtschaftliche Maßnahmen allerdings in weiten Teilen verhindert und verengten so den Rahmen des reformistisch Möglichen. Darüber hinaus fokussierte sich die SPD – wie schon in der Gründungsphase der Weimarer Republik – auf demokratische Wahlen statt revolutionäre Schritte zu

---

60 Brückner vertritt daher die These, dass die damaligen „antikapitalistischen" Tendenzen nicht grundsätzlich als „sozialistisch" eingestuft werden können (vgl. Brückner 2013, 219).

gehen. Man war sich sicher, diese Wahlen zu gewinnen und eine sozialistische Wirtschaft per Reform verwirklichen zu können. Ab 1948 setzte sich innerhalb der CDU der wirtschaftsliberale Arm um Erhard durch. Die Währungsreform und die sukzessive Rücknahme von Planungs- und Lenkungsvorgaben schufen Fakten einer liberalen Wirtschaftsordnung, die sich später nicht mehr revidieren ließen. Im Gegensatz zur Weimarer Gründungsphase saßen Funktionär:innen der bürgerlichen Parteien in den wirtschaftspolitisch relevanten Ämtern wie der Verwaltung für Wirtschaft.

Die Gewerkschaften formulierten im Zuge der Neugründung des DGB programmatische Forderungen zur Vergesellschaftung, die über ihre Linie vor dem Krieg hinausgingen und radikaler als die des ADGB zur Gründungsphase der Weimarer Republik erschienen. Es gelang ihnen dieses Mal allerdings nicht, sie kompromisshaft gegen eine Erweiterung der Verfügungsmacht einzutauschen. Im Gegenteil schädigte das Betriebsverfassungsgesetz ihre Ausgangslage empfindlich. Es trennte die Betriebsrats- von der gewerkschaftlichen Funktion und gab dem sozialpartnerschaftlichen Prinzip durch die Kategorie des „Betriebswohls" Gesetzesrang. Darüber hinaus entzog die gerichtliche Bestätigung des Verbots von politischen Streiks den Gewerkschaften ein essentielles Werkzeug ihrer oppositionellen Rolle und reduzierte ihre Handlungsfähigkeit jenseits von konkreten Auseinandersetzungen um Lohn und Arbeitsbedingungen (vgl. Eberl/Salomon 2012, 202). Eine sofortige Sozialisierung wurde nach dem Krieg lediglich von Einzelpersonen wie Viktor Agartz gefordert, dessen Konzept aber keine Unterstützung im DGB erlangen konnte. In der Folge verstärkten die Gewerkschaften ihre sozialpartnerschaftliche Dynamik und übernahmen in der Nachkriegszeit quasi-sozialstaatliche Aufgaben. Die Institutionen der Arbeiterbewegung waren nach dem Krieg von dem Begriff der Zentralisierung geprägt. Zum einen richtete sich ihre Organisationsform nach dem Prinzip der Einheitsgewerkschaft, zum anderen sah sie eine Vergesellschaftung der Monopolbetriebe erneut als maßgeblichen ersten Schritt in Richtung Sozialismus. Ihre eigenen gewerkschaftlichen und genossenschaftlichen Unternehmen wurden vermehrt auf Wachstum und Zentralisierung ausgerichtet, um so marktbeherrschende Machtressourcen in Teilbereichen der Wirtschaft anhäufen zu können. Insgesamt führte dies zur Entkernung des genossenschaftlichen Gedankens und zu einem vorläufigen Ende und Bankrott der Gemeinwirtschaft als solcher. „Demokratisches Großunternehmen" schien ein Begriffspaar zu sein, welches sich qua Definition auszuschließen schien. Die ordoliberalen Denker hielten der Konzentration das Prinzip der Dezentralisierung entgegen und identifizierten dies mit Freiheit, Selbstbestimmung und Demokratie. Mit dem steigenden Einfluss der amerikanischen Besatzungsmacht setzte sich die Praxis der dezentralisierten Entflechtung der Monopolunternehmen – ohne Eingriffe in ihre Eigentumsstruktur – als friedenswahrende Maßnahme gegen ihre Vergesellschaftung durch (vgl. Steinmann 1959, 144). Die meisten dieser Unternehmen wurden allerdings in den Folgejahrzehnten wieder zusammengeführt[61] (z.B. Bankensektor, sowie Eisen- und Stahlindustrie). Ob man die Probleme einer planerischen Bürokratie nicht anders als qua Privatisierung hätte lösen können, stand zu keiner Zeit zur Debatte (vgl. Nuss 2019, 29). Institutionell herrschte für vergesellschaftete Großunternehmen – wie schon in Konzepten der Weimarer Zeit – die Idee der eigentumsrechtlichen Trägerschaft von Selbstverwaltungskörpern durch den Staat bei faktischem Abtritt der Verfügungsmacht an Wahlgremien vor. Diese sollte vermehrt durch überbetriebliche Koordinationsinstitutionen wie Kammern ergänzt werden. Realisiert wurden jedoch lediglich Mitbestimmungsmaßnahmen in Form von eine Mehrbeteiligung – bzw. in der Montanindustrie sogar einer paritätischen Beteiligung – der Arbeitnehmervertreter:innen in Aufsichtsräten. Selbstverwaltungskörper wie in der Weimarer Republik wurden nicht mehr institutionalisiert.

Das Grundgesetz ließ 1949 formal mit Artikel 15 GG die Möglichkeit der Vergesellschaftung und mit ihr die Neuausrichtung des Wirtschaftssystems in einem gewissen Rahmen offen, die realen und institutionellen Kräfteverhältnisse hatten sich aber schon gegen sie gewandt. Die Weimarer Zeit hatte bereits gezeigt, dass ohne den Druck einer breiten politischen Bewegung Vergesellschaftungsmaßnahmen per Gesetz nicht zu erwarten sind. Die Ordoliberalen verstanden es, das „Wirtschaftswunder" der 1950er-Jahre für sich zu vereinnahmen, sowie die entfremdeten Herrschaftsformen des autoritär-verstaatlichten Sozialismus Osteuropas als Ziel jedweder Form der Kollektivwirtschaft zu setzen und diese so als Ganze zu diskreditieren. Die Soziale Marktwirtschaft setzte sich als diskursiver Begriff für einen dritten Weg zwischen entgrenztem Kapitalismus und Zentralverwaltungswirtschaft durch, diente dabei allerdings der Legitimation marktwirtschaftlicher Konstitution. Am Ende der Dekade standen der Wandel der sozialistisch-sozialdemokratischen Strömung in eine „marktwirtschaftlich-pluralistische", sowie der finale Niedergang des linken sozialistisch bzw. kommunistisch orientierten Flügels der Arbeiterbewegung (vgl. Deppe 2012, 93). SPD und Gewerkschaften arrangierten sich mit einem sozial reformierten Kapitalismus, die Avantgardepartei war als Hoffnungsträgerin der radikalen Linken mit der Entfernung der KPD von ihrer Basis, sowie ihrem letztendlichen

---

61 Die Chemie-Industrie (IG-Farben) wurde zwar entflochten, allerdings unter Befürwortung der vorherigen Einzelunternehmen (wie Bayer und BASF).

Verbot irrelevant geworden (vgl. Von Loesch 1977, 91ff). Sozialistisches Denken war wieder in kleine Zirkel ohne große gesellschaftliche Einflussmöglichkeiten zurückgeworfen worden (vgl. Abendroth 1962a, 409). In diesem Geiste wurden bereits 1959 einige in Staatseigentum befindliche Großunternehmen teilprivatisiert (vgl. Nuss 2020, 29). Die 1950er-Jahre markierten die erste Triumph-Zeit des deutschen Neoliberalismus und drängten Forderungen nach Vergesellschaftung aus der Parteienlandschaft[62].

Die Idee der Vergesellschaftung nach dem Krieg war vom Wunsch der Bedarfsdeckung, sowie von antifaschistischen Motiven geprägt und sollte die verbleibende Privatwirtschaft absichern (vgl. ebd., 218). Ganzheitliche, konkrete Alternativkonzepte der Kollektivwirtschaft, jenseits von Grundlinienprogrammen und bloßen Verlängerungen der aus dem Mangel geborenen Planungsmaßnahmen, fehlten sowohl Gewerkschaften, als auch Arbeiterparteien (vgl. Krüger 2016, 286). Die Zerschlagung der Arbeiterbewegung im NS, sowie die Vorstellungen der Alliierten und die entfremdeten Herrschaftsformen des Realsozialismus Osteuropas sorgten dafür, dass die gesellschaftliche Situation nach dem Zweiten Weltkrieg nicht so offen für Vergesellschaftungsmaßnahmen wie zu Zeiten der Novemberrevolution war. Eine starke, durchsetzungsfähige Bewegung mit einer Partei an ihrer Spitze fehlte. Gleichwohl gelang es der gesellschaftlichen Linken, wohlfahrts- und sozialstaatliche Institutionen im Sinne einer gemischten Wirtschaftsform eines sozial regulierten Kapitalismus als Zugeständnisse an den antikapitalistischen Zeitgeist zu sichern (vgl. Ptak 2007, 82; Esping-Andersen 1990, 22ff).

---

62 Die Neoliberalen fanden eigene Antworten für die Probleme der Monopolisierung. So sah das Gesetz gegen Wettbewerbsbeschränkung (GWB) von 1957 ein Verbot von Kartellen vor.

5. 1970er bis heute: Paradigmenwechsel – Suchbewegungen im Neoliberalismus

5.1 1970–2000: Der Siegeszug des Neoliberalismus

Obgleich es in der Nachkriegszeit zu keinen Vergesellschaftungsmaßnahmen kam, musste die Soziale Marktwirtschaft doch Zugeständnisse an den kapitalismuskritischen Zeitgeist machen, die sich im Wohlfahrtsstaat mit gemischter Wirtschaftsordnung, sowie in einer partiellen Erweiterung der Verfügungsmacht der Arbeiter:innen durch Aufsichtsratsposten manifestierten (vgl. Ptak 2007, 82). In den 1970er-Jahren kam das Wirtschaftswachstum der Nachkriegsphase jedoch zum Erliegen. Es kam zu globalen ökonomischen Krisen und schließlich zur Durchsetzung der angloamerikanischen Spielart des Neoliberalismus als hegemoniale Weltanschauung und Wirtschaftsordnung – in Westdeutschland erst ab den 1980er-Jahren, in der übrigen Welt bereits im vorherigen Jahrzehnt. Darüber hinaus erodierte die tradierte Akteursbasis kollektivwirtschaftlicher Bestrebungen, soziale Bewegungen entstanden und setzten sich zwar für eine Demokratisierung der Gesellschaft ein, stellten aber keine Eigentumsfragen mehr. Die Ausgangslage für Vergesellschaftung verschlechterte sich in der Folge bis zur Jahrtausendwende bedeutend.

Die 70er und 80er-Jahre markierten eine Umbruchphase in der westlichen Welt. Das Produktionsregime des Fordismus wurde mit der Etablierung neuer Schlüsseltechnologien, wie der Mikroelektronik und neuen Informations- und Kommunikationstechnologien von der Flexibilisierung und Individualisierung der Arbeitsorganisation des Post-Fordismus abgelöst. Arbeitsvorgänge konnten nun theoretisch komplett automatisiert werden. Die Unternehmen stellten sich strukturell neu auf und intensivierten die globale Arbeitsteilung (vgl. Ptak 2007, 83). Bis zur Jahrtausendwende verdoppelte sich die weltweite Arbeiter:innenschaft. War das Wort „Proletariat" bis dato vom weiß-männlichen Arbeiter geprägt, so umfasste es nun vermehrt eine „multi-coloured, majority-female workforce, centred in the global south" (Mason 2015, 103/177). Der daraus resultierende weltweite Kosten- und Standortwettbewerb begann Druck auf die Löhne, sowie die regulierenden Arrangements der Arbeits- und Sozialordnung auszuüben und nahm damit ebenfalls Konzepten der Sozialisierung ihren Nährboden (vgl. Ptak 2007, 83).

Zu Beginn der 70er-Jahre erschöpfte sich der Wachstumszirkel des Nachkriegsbooms, und es kam zur tiefgreifenden Struktur- und Wirtschaftskrise. Die Neoliberalen machten sich die Rezession zunutze, indem sie die sozialdemokratische Reformpolitik und den „keynesianischen Klassenkompromiss" der Umverteilung und Vollbeschäftigungspolitik des Wohlfahrtsstaates als ihre Ursache proklamierten[1]. Nachdem die 1950er-Jahre bereits eine erste Triumph-Zeit der Umsetzung neoliberalen Gedankenguts bildeten, dabei aber zu Konzessionen an den Sozialstaat gedrängt wurden, markierte die Wirtschaftskrise der 1970er den Ausgangspunkt der „neoliberalen Konterrevolution" (Milton Friedman) (vgl. Ptak 2007, 69/82f). Wie schon im Kapitel zu Hayek angeklungen, ist das Ziel des neoliberalen Gesellschaftsprojekts, Bedingungen dafür zu schaffen, möglichst viele ökonomische und gesellschaftliche Prozesse durch den Marktmechanismus zu steuern. Der Markt soll als gesellschaftlicher Entwicklungs- und Entscheidungsprozess verabsolutiert werden (vgl. Biebricher/Ptak 2020, 21; Butterwegge/Lösch/Ptak 2007, 11). Die oberste der dafür als notwendig erachteten Bedingungen ist – zugespitzt formuliert –, die politisch organisierte Gesellschaft und mit ihr jedwede wohlfahrtsstaatliche Marktbegrenzung aufzulösen (vgl. Butterwegge/Lösch/Ptak 2007, 11; Ptak 2007, 51). Da die Ordo- und Neoliberalen jedoch an der allgemeinen Zustimmung zur freien Marktwirtschaft zweifelten, benötigten sie einen starken Staat, um diese abzusichern. Dieser sollte zum einen den Einfluss von linken und sozialdemokratischen Parteien und Gewerkschaften zurückdrängen, sowie Institutionen schaffen, die die Gesellschaft verbindlich auf die Grundsätze einer Marktwirtschaft festlegen und darüber hinaus aber keine eigenständigen Ziele formulieren. Die wichtigste dieser Institutionen bildete dabei die der privaten Eigentumsordnung, weshalb die neoliberale Idee Maßnahmen der Vergesellschaftung diametral entgegensteht[2] (vgl. Ptak 2007, 20/33/38). Ab den 1970er-Jahren gelang es den Neoliberalen ihre Grundideen in eine politische Praxis zu überführen. Die Kernpunkte der neoliberalen Wirtschafts- und Gesellschaftspolitik bilden seitdem die Deregulierung (Abbau von Schutzrechten und Marktbeschränkungen), die Liberalisierung (Schaffung neuer Märkte), die

---

1 Faktisch stellte diese Argumentation lediglich eine Neuauflage der (neo)klassischen Krisenerklärung dar, die ausschließlich äußere Faktoren und nie den Marktmechanismus selbst für Krisen verantwortlich macht (vgl. Ptak 2007, 19).
2 Dieses wird unter den Neoliberalen als Abbild unterschiedlicher menschlicher Fähigkeiten verstanden, weshalb Verteilungs- und Gerechtigkeitsfragen bei ihnen keine Berücksichtigung findet (vgl. Engartner 2007, 90).

Privatisierung (Erosion der öffentlichen Daseinsvorsorge), die Flexibilisierung (Anpassung der Individuen an den Marktmechanismus), sowie der Freihandel (Abbau von Zöllen und nichttarifären Handelshemmnissen) (vgl. ebd., 83). Um die marktwirtschaftlich dominierte Gesellschaft zeitgemäß zu legitimieren, gingen die Neoliberalen in den 70er-Jahren mit diskreditierenden Wahlkampf-Slogans wie „Freiheit oder Sozialismus" zum öffentlichen Frontalangriff auf die Kollektivwirtschaft außerhalb der akademischen Sphäre über (vgl. Biebricher/Ptak 2020, 121). Sie verfügten dabei über einen langjährig aufgebauten Apparat von staatlichen und privaten Beratungs- und Lobbyinstitutionen, sowie über diverse Denkfabriken zur systematischen Beeinflussung der Politik. Um den Neoliberalismus auch in der breiten Bevölkerung als Projekt der Befreiung und Moderne zu verwurzeln, wurden darüber bereits in den 50er- und 60er-Jahren aufwendige PR-Kampagnen vom Arbeitgeber-Verein „Die WAAGE – Gemeinschaft zur Förderung des sozialen Ausgleichs" beauftragt und finanziert (vgl. Ptak 2007, 75ff). Fassten die Neoliberalen in Westdeutschland nach dem Zweiten Weltkrieg erstmalig Fuß in der Wirtschaftspolitik, kam es ab den 1980er-Jahren zur entscheidenden Wende. Seit den 1990er-Jahren bildet der Neoliberalismus schließlich den dominierenden Referenzpunkt der Wirtschafts-, Sozial- und Gesellschaftspolitik im globalen Maßstab. Die Utopie einer anderen Welt schien nicht mehr wünschenswert und machbar: dies spiegelt sich in Margaret Thatchers berühmter TINA-Formel wider: „There Is No Alternative" (vgl. ebd., 44/74). Konzepte der Vergesellschaftung waren vom Neoliberalismus kalkuliert aus den politischen Debatten verdrängt worden.

Zu Beginn der 90er Jahren wurde der Siegeszug des Neoliberalismus mit dem Zusammenbruch des Ostblocks und dem Sichtbarwerden des miserablen Zustands der dortigen planwirtschaftlich organisierten Ökonomien weiter befeuert[3] (vgl. Schröter 2021, 172). Francis Fukuyama schrieb vom „Ende der Geschichte" – der neoliberale Kapitalismus als „geschichtliches Monopol" (Müller-Armack) schien greifbar (vgl. Ptak 2007, 85). Die Folgen des in den 1970er-Jahren eingeleiteten Paradigmenwechsels traten nun voll zutage. Das Ende des Bretton-Woods-Systems hatte für eine Flexibilisierung der Wechselkurse gesorgt. Die Finanz- und Kapitalmärkte wurden zunehmend liberalisiert, was zu einem grundlegenden Wandel ihrer primären Funktion führte. Waren

---

3 So wurde eine Debatte darüber, die staatlichen Betriebe der DDR nach Artikel 15 GG gemeinwirtschaftlichen Eigentumsformen zu überlassen, nie geführt (vgl. Brückner 2013, 223).

sie zuvor noch als Instrument der Investitionsfinanzierung[4] gedacht, wurden sie nun vermehrt für Investment Banking mit hohem Risiko und komplexen Geschäftsmodellen benutzt. Konsument:innen begannen damit, sich durch Kreditkarten und Hypotheken an ihnen zu beteiligen und generieren so neben ihrer Lohnarbeit weitere Profite für Kapitalhalter:innen (vgl ebd., 13/84; Mason 2015, 16f). Der Monetarismus ersetzte den Keynesianismus, betrachtete den privaten Sektor im Gegensatz zu diesem als stabil und fokussierte sich auf Preisniveaustabilität, anstatt auf Einkommens- und Beschäftigungsdynamiken (vgl. Ptak 2007, 85). Darüber hinaus kam es zu neuen Globalisierungsschüben und einer damit verbundenen Intensivierung des Freihandels, welche wiederum den Standortnationalismus weiter vorantrieben. Der Sozialstaat wurde in der Folge zurückgebaut, die Wirtschaftspolitik einseitig auf eine Verbesserung der Angebotsbedingungen von Unternehmen ausgerichtet (vgl. ebd., 13). Diese Tendenzen waren zunehmend an eine Senkung des hohen Kostenfaktors „Arbeit" gekoppelt: Löhne sanken, Arbeitsbedingungen wurden flexibilisiert, die Verfügungsmacht und Durchsetzungskraft der Beschäftigten erodierte weiter (vgl. Biebricher/Ptak 2020, 187). Das gesellschaftliche Kräfteverhältnis verschob sich in Richtung der Arbeitgeber und Kapitalhalter:innen, der Vergesellschaftung war ihre gesellschaftliche Basis im Kontext von Globalisierung und Liberalisierung vorerst grundlegend abhandengekommen.

Mit Gründung der EU und dem Inkrafttreten des Maastrichter Vertrags wurden die Ausgangsbedingungen der freien Marktwirtschaft weiter verbessert: Mit der europäischen Wirtschaftsverfassung wurde ein zentrales Desiderat der Ordoliberalen verwirklicht (vgl. ebd., 228). Der EU-Vertrag schützt durch seine Systementscheidung die Funktionsbedingungen einer wettbewerbsgesteuerten Marktwirtschaft und beinhaltet strukturell ein Verbot des Systemwechsels. Obgleich unterhalb dieser systemischen Schwelle in Sozialisierungen auf nationaler Ebene nicht eingegriffen werden kann, schließt der EU-Weg eine Umsetzung von Artikel 15 GG im Sinne einer Umstrukturierung der Wirtschaft nach sozialistischem Vorbild praktisch aus (vgl. Brückner 2013, 214f/223). Generell geht es dem Projekt der EU in erster Linie um ein wirtschaftliches Zusammenwachsen Europas zu einem Binnenmarkt ohne Wettbewerbshindernisse. Die EU agiert daher in zahlreichen Sektoren als zentrale Akteurin von Liberalisierungsbestrebungen

---

4 Zuvor finanzierten Unternehmen sich entweder über Kredite von Hausbanken, die über Sitze im Aufsichtsrat verfügten, Einsichten in die Unternehmensentwicklung hatten und so eher geneigt waren „geduldiges" Kapital bereitzustellen, was langfristigere Unternehmensstrategien abseits vom Fokus auf akute Profitabilität ermöglichte (vgl. Biebricher/Ptak 2020, 177).

(vgl. Engartner 2007, 117). Da durch den Euro geldpolitische Anpassungen in der Währungsunion nicht mehr möglich sind, unterschiedliche Sozialsysteme aber weitgehend fortbestehen, ist die einzig verbleibende Option der Verbesserung der eigenen Wettbewerbsfähigkeit – zugespitzt formuliert -, die „innere Abwertung" der Löhne, Sozialleistungen und Preise („race to the bottom" (ebd., 119)) unter Wahrung der Defizit- und Schuldenobergrenze (vgl. Biebricher/Ptak 2020, 227/241). Ferner erhalten über die EU hinaus supranationale Institutionen wie die World Trade Organization (WTO) und ihre Abkommen[5] vermehrt Bedeutung im Regime des Eigentumsschutzes. Staaten und ihre nationalen Parlamente büßen dabei vermehrt Gestaltungskraft und Souveränität ein. (vgl. Engartner 2007, 116; Brückner 2013, 223; Möller 2012, 262). Wo Wolfgang Abendroth noch die Wirtschaftsformneutralität des Grundgesetzes hervorhob, erhalten nun marktliberale Orientierungen der transnationalen Sphäre und ihrer Institutionen im Sinne der Subsidiarität faktisch Verfassungsrang und entziehen sich dem demokratischen Zugriff. Neo-marxistische Ansätze argumentieren deshalb rechtspessimistisch, und auch soziale Bewegungen richten sich zunehmend rechtsnihilistisch gegen das (kapitalistische) Recht als solches (vgl. Möller 2012, 262).

In der Bundesrepublik zeigte sich der neoliberale Durchbruch konkret in Form von Privatisierungswellen seit den 1980er-Jahren. 2005 war die Zahl der Unternehmen mit mittelbarer oder unmittelbarer staatlicher Beteiligung um knapp 90% auf einen historischen Tiefstand gesunken[6] (vgl. Engartner 2007, 109). Eine Privatisierung stellt gewissermaßen das diametrale Gegenstück zur Vergesellschaftung dar, indem sie politische Verfügungsrechte über ökonomische Güter zugunsten des Dispositionsspielraums privater Verfügungsrechte vermindert und so Instrumente zur kollektiven Gestaltung wirtschaftlicher, ökologischer und sozialer Entwicklung aus der Hand gibt (vgl. Windisch 1987, 8; Engartner 2007, 126). Gab es bis weit in die 1970er Jahre hinein noch einen breiten gesellschaftlichen Wertekonsens darüber, dass die Marktwirtschaft sozial gesteuert und gebändigt werden sollte, so wurden bis zur Jahrtausendwende mehr

---

5 Erwähnt seien z.B. das TRIPs-Abkommen (Trade-Related Aspects of Intellectual Property Rights) zur Sicherung des Eigentumsstatus für immaterielle Güter oder das GATS-Abkommen (General Agreement for Trade in Services) zur weltweiten Liberalisierung des Dienstleistungshandels (vgl. Engartner 2007, 122).

6 Die Rolle des Staates wandelte sich in diesem Prozess vom „produzierenden" Staat, der Leistungen eigenverantwortlich zur Verfügung stellt, zum Gewährleistungsstaat, der diese fremdbezieht und durch Regulierungsbehörden kontrolliert (vgl. ebd., 103; Ambrosius 2019, 32).

und mehr Güter und Dienstleistungen der Daseinsvorsorge[7] privatisiert und auf Rentabilitätsvorgaben verpflichtet (vgl. Engartner 2007, 106; Katterle 1996, 48ff). Die darin verkörperte Auflösung des Gemeinwesens folgt der Leitlinie der „Entthronung der Politik" Hayeks. Auch linke und sozialdemokratische Parteien schrecken seit Beginn der 1990er-Jahre vor Privatisierungsmaßnahmen nicht mehr zurück. Die historisch gewachsene Liaison von Sozialdemokratie und Gewerkschaften wurde sukzessive aufgelöst (vgl. Engartner, 99).

Hatten Forderungen nach Vergesellschaftung in den Nachkriegszeiten aufgrund der durchsetzungsfähigen Bewegung der Arbeitenden, die sie formulierten, große gesellschaftliche Relevanz, so erodierte diese Akteursbasis bis zur Jahrtausendwende sukzessive. Der ökonomische Prosperitätsgewinn des Nachkriegsbooms hatte zu einer Pluralisierung westeuropäischer Gesellschaften geführt und Einfluss auf das Freizeit-, Konsum-, aber auch auf das politische Partizipationsverhalten genommen. Mit dem Aufstieg des Neoliberalismus vollzog sich ein genereller gesellschaftlicher Wertewandel hin zu Entnormativierung und Individualisierung der Post-Moderne (vgl. Baumann/Büchse/Gehrig 2011, 13f). Die im NS empfindlich beschädigte Geographie des Lebens der Arbeiterklasse löste sich weiter auf: Allein zwischen 1990 und 2000 verloren die Gewerkschaften etwa vier Millionen Mitglieder, die Fabrik verlor ihre Bedeutung als zentraler Dreh- und Angelpunkt des Lebens und die Arbeiter:innen zogen in Vorstädte ohne kollektive Institutionen des kulturellen und freizeitlichen Alltagslebens. Ebenso sank die Zahl der Genossenschaften in Westdeutschland zwischen 1960 und 1990 um zwei Drittel (vgl. Stappel 2008, 39; Mason 2015, 177/200/209). Als Folge wurde die Sozialpartnerschaft seit den 1980er-Jahren graduell von der Arbeitgeberseite aufgekündigt: Der Anteil von Firmen ohne Tarifverträge stieg und das Tarifverhältnis wurde als solches heterogenisiert und dezentralisiert. Dies erschwerte die Kampfbedingungen der Gewerkschaften und führte – gepaart mit stetig sinkenden Mitgliedszahlen – in eine Abwärtsspirale ihrer Organisationen. 1996 bekannte sich schließlich auch der DGB in einem Grundsatzprogramm vorsichtig zum Konzept der Sozialen Marktwirtschaft und beendete damit seine jahrzehntelange programmatische Gegnerschaft (vgl. Biebricher/Ptak 2020, 15/174f; Deppe 2012, 175). Die kulturelle und organisatorische Verbundenheit

---

7   Das Konzept der Daseinsvorsorge wurde 1938 von Ernst Forsthoff entwickelt. Es sieht vor, dass (über)lebenswichtige Güter und Dienstleistungen wie die Energie- und Wasserversorgung, (Aus-)Bildung und Mobilität wie die Alters- und Krankenvorsorge allen Menschen unabhängig von ihrer finanziellen Ausstattung wenn nicht in gleichem, so doch zumindest in ausreichendem Maße zur Verfügung stehen sollen (vgl. Forsthoff 1938, 6ff; Engartner 2007, 124).

der Arbeiterklasse war erodiert, ihre Entfremdung vom Kapitalismus geschwächt (vgl. Marcuse in Mason 2015, 198f). Zeitgleich erweiterte sich seit Ende der sechziger Jahre das Feld potentiell demokratisierender Akteur:innen im Abendrothschen Sinn mit dem Aufkommen Neuer Sozialer Bewegungen (vgl. Eberl/Salomon 2012, 210). 1968 markierte den Höhepunkt transnationaler Proteste einer nonkonformistischen Student:innenbewegung, die kapitalismuskritische und sozialistische Ideen zu einer revolutionären Gegenkultur zu verbinden suchte. Obgleich sie einen Indikator im Wandlungsprozess des Wertesystems westeuropäischer Gesellschaften in vielerlei Hinsicht darstellten, scheiterte sie im revolutionären Umbruch. In der Folge verabschieden sich die linken Milieus Westeuropas endgültig von revolutionären Utopien (vgl. Baumann/Büchse/Gehrig 2011, 12ff). Die Kategorie der Subkultur[8] kam auf, und in den 70er-Jahren entstand eine Abfolge neuer sozialer Einzelbewegungen[9]. Diese bemühten sich um politische Partizipationserweiterungen und konzentrierten sich auf Themen wie Frauenemanzipation, Rechte sexueller Minderheiten oder Ökologie, stellten aber keine Forderungen nach einer Umwälzung der Eigentumsordnung mehr. War die Basis der sozialistisch-kommunistischen Arbeiterbewegung noch die der sozio-ökonomischen alltagsweltlichen Klasse gewesen, so bildeten sich die Neuen Sozialen Bewegungen aus verschiedenen sozialen, oft linksalternativen Milieus[10] heraus, die nicht zwangsläufig eine kollektive lebensweltliche Verankerung aufweisen mussten (vgl. Rucht 2011, 41). Einigen von ihnen gelang die Institutionalisierung des außerparlamentarischen Protests in Form verschiedener Nicht-Regierungs-Organisationen (NGOs) und der Partei „Die Grünen" (vgl. Baumann/Büchse/Gehrig 2011, 18). Vergesellschaftung gehörte weder zum Forderungskatalog Neuer Sozialer Bewegungen, noch verfügten diese über die organisatorische Stärke und materielle Durchsetzungskraft der früheren Gewerkschaften mit ihrer parteipolitischen Spitze der SPD.

---

8   In Subkulturen bildeten sich gemeinsame mehr oder weniger im Dissens mit der Mehrheitsgesellschaft stehende kulturelle Praxen des Zusammenlebens heraus (vgl. Baumann/Büchse/Gehrig 2011, 22).

9   Soziale Bewegungen sind laut Rucht „zielgerichtete und oft auch strategisch operierende Akteure, die auf die Durchsetzung oder Verhinderung gesellschaftlicher oder politischer Veränderung drängen" (vgl. Rucht 2011, 40f).

10 Laut Max Weber umfasst ein soziales Milieu einen „deutlich definierbaren Ausschnitt aus der Gesamtheit von Lebensbedingungen und wahrscheinlichen Lebensschicksalen, in die ein Individuum oder irgendeine Gattung von solchen eintritt" (vgl. Max Weber 2001, 10902).

Den Neoliberalen gelang seit den 1970er-Jahren die Verwirklichung ihres Kernanliegens der Trennung der Sphäre der Politik von der Wirtschaft in weiten Teilen. Demokratische Errungenschaften wurden im Zuge der Globalisierung zurückgedrängt und dem Standortnationalismus geopfert. Die inter- und supranationale rechtliche Absicherung der Eigentumsordnung gestaltet juristische, aber auch bewegungsförmige Zugriffsmöglichkeiten zunehmend schwieriger. Eine Vergesellschaftung im Sinne einer systemischen Neuausrichtung zur Kollektivwirtschaft schien zur Jahrtausendwende nicht mehr denkbar. Im Gegenzug kam es zu massiven Privatisierungs- und Liberalisierungsmaßnahmen. Die tradierte Akteursbasis der Durchsetzung wirtschaftsdemokratischer Forderungen war zu weiten Teilen erodiert, wenn auch qualitativ noch vorhanden. Die neoliberale Ideologie trug zu ihrer Entsolidarisierung bei (vgl. Butterwegge 2007, 215). Obgleich die pluralistische Heterogenität der Zivilgesellschaft die Thematisierung multipler Herrschaftsverhältnisse ermöglichte und als Bewegungen Erfolge verbuchen konnte, stellte sie sich als Problem für die „Art von kohärenter Macht, die für eine wirksame Kontrolle des Staates oder der Wirtschaft erforderlich ist" dar (Wright 2020, 216). Parteien und Gewerkschaften war ihre Verankerung in gesellschaftlichen Netzwerken und Gemeinschaften abhandengekommen. In der Folge hatten sie sich mit einer Koexistenz mit dem neoliberalen Kapitalismus und einer vermehrt defensiv agierenden Haltung abgefunden. Ihnen war es nicht gelungen, seinen Siegeszug zu bändigen. Die Mehrheit der Bevölkerung hatte Privatisierungen und den Um- bzw. Abbau des Sozialstaates als ihr unentrinnbares Schicksal begriffen[11] (vgl. Engartner 2007, 99). Mit dem Auslaufen der Studierendenbewegung und dem Ende des Ost-West-Konflikts kam auch die Beschäftigung mit marxistischer Theorie zu einem vorläufigen Ende (vgl. Fischer-Lescano/Perels/Scholle 2012, 10). Sozialistisch denkende Kreise schienen handlungsunfähig geworden zu sein und die Idee der Kollektivwirtschaft war marginalisiert worden.

---

11 Colin Crouch bezeichnete den Gesellschaftszustand der ausufernden Macht der transnational agierenden Unternehmen und ihrer Lobbymacht und Einflussnahme auf die politischen Eliten als „Post-Demokratie" (vgl. Crouch 2000).

5.2 2000er: Politische, ökonomische und technische Voraussetzungen

Obgleich es nach der Jahrtausendwende zu keinem grundlegenden Paradigmenwechsel der politischen und ökonomischen Bedingungen kam, soll der Phase hier aufgrund mehrerer Faktoren Beachtung geschenkt werden, um im Anschluss Zukunftsperspektiven für die Vergesellschaftung zu erörtern. Zum einen erlangte der globale Finanzmarktkapitalismus eine neue Qualität, die in der Weltfinanzkrise ab 2007 zum Ausdruck kam und Veränderungen der Eigentumsstrukturen mit sich brachte. Zum anderen schafft der breitenwirksame Durchbruch des Internets und die damit verbundene Digitalisierung und Vernetzung der Gesellschaft(en) sowohl neue Ausgangsbedingungen für Produktionsweisen und kollektive Wirtschaftsentwürfe, als auch für die Organisierung einer Akteursbasis zur Durchsetzung von Vergesellschaftungsbestrebungen. Außerdem stellt die Klimakatastrophe die Gesellschaften dieses Planeten und ihre Wirtschaftskonzepte vor neue Herausforderungen. Sie schafft Rahmenbedingungen, die mit tradierten Vorstellungen einer sozialistischen oder kommunistischen Gesellschaft schwer zu vereinbaren sind.

In den letzten zwei Jahrzehnten intensivierte sich der Regimewechsel vom deutschen Korporatismus zum Finanzmarkt- oder auch Shareholder-Kapitalismus. Der Finanzmarktkapitalismus beschreibt eine neue Konfiguration von Institutionen und Machtverhältnissen, durch die die globalen Finanzmärkte und ihre zentralen Akteure und Regeln die Dominanz über die Veränderungsrichtung und -geschwindigkeit von Unternehmen und Gesellschaft gewinnen (vgl. Biebricher/Ptak 2020, 176). Im Zuge seiner Implementierung kam es zu einer partiellen Neustrukturierung der Eigentumsordnung. Die Großunternehmen des Industriezeitalters waren in Deutschland über gegenseitige Eigentumsbeziehungen miteinander verflochten. Eine zentrale Rolle spielten dabei die Großbanken, wie z.B. die Deutsche Bank, die viele Industriebeteiligungen und Aufsichtsratsvorsitze hielt (vgl. Windolf 2013). Die Banken versorgten Unternehmen mit Geld und gewährleisteten durch ihre Mitsprache die Rückzahlungsfähigkeit des Schuldnerunternehmens, trieben dieses dabei allerdings nicht zu risikoreichen Investitionen und Profitmaximierung. Das dadurch entstandene Netz – häufig auch als „Deutschland AG" bezeichnet – diente als kollektives Kontroll- und Koordinationsinstrument der Märkte und regulierte die Konkurrenz zwischen den Unternehmen. Es hielt Spekulant:innen auf Distanz, sollte die Manager:innen vor feindlichen Übernahmen bewahren und zwang die Direktor:innen, die Positionen in vielen Unternehmen innehatten („*big linkers*"), unternehmensübergreifende Interessen zu berücksichtigen (vgl. ebd.). Darüber hinaus galt das Netzwerk als „wichtige Stütze des Korporatismus in Deutschland" (ebd.), da Manager:innen, die gegen den Einfluss der Finanzmärkte weitgehend abgeschirmt sind, eher eine Koalition mit der Belegschaft und den Arbeitnehmervertreter:innen eingehen als solche, die von ihnen abhängig sind. Seit den 1990er-Jahren löste sich das Netzwerk der „Deutschland AG" sukzessive auf – die Eigentumsstruktur deutscher Aktiengesellschaften näherte sich an das angelsächsische Modell an. Anstelle von Unternehmen, die Eigentümer:innen anderer Unternehmen waren, trat nun die Branche des professionellen Eigentumsmanagements außerhalb der Banken: große, aggregierte Pensions-, Hedge- und Investment-Fonds. Diese bündeln das Interesse ihrer Kund:innen an maximalen Renditen und verpflichten das Management in der Folge auf das Prinzip des *shareholder value* (vgl. ebd.). Die Eigentumsmanager:innen der großen Finanzgesellschaften werden von ihren Kund:innen – den eigentlich Eigentümer:innen von Unternehmensanteilen – lediglich mit ihrer Verwaltung und Verwertung beauftragt. Dies führte zum einen zur Entstehung eines internationalen Eigentumsgeflechts, in dem die formalen Eigentümer:innen zwar noch gewisse Rechte auf die Aneignung von Teilen des in einem Unternehmen entstandenen Profits, aber keine nennenswerte Verfügungsmacht über die Entscheidungen des Unternehmens mehr haben. Ein großer Teil dieser Verfügungs- und Aneignungsmacht ist somit auf Akteure des Finanzmarkts übergangen, die zwischen die formalen Anteilseigner und das Eigentumsobjekt getreten sind (vgl. Leibiger 2022, 159/166/273). Unter diesen Akteuren hat sich bis zum heutigen Tage eine Schicht, die Jürgen Leibiger die Finanzoligarchie nennt, herausgebildet (vgl. ebd., 159). Global bilden 147 Firmen eine Supereinheit, die ca. 40 Prozent der weltweiten Unternehmensnetzwerke kontrolliert. Drei Vierteil dieser Firmen können dem Finanzsektor zugerechnet werden (vgl. Dörre 2021, 124). So gehörten beispielsweise 10% der Dax-Konzerne im Jahr 2021 dem Finanzinvestor BlackRock, der über reale Steuerungsfähigkeit bei Unternehmensentscheidungen verfügt, selbst der wiederum anderen Eignern gehört und nur Fremdkapital verwaltet (vgl. Leibiger 2022, 166). In diesem Prozess findet sowohl eine Umverteilung des Einkommens, als auch des unternehmerischen Risikos von den Eigentümer:innen auf die Beschäftigten statt (vgl. Windolf 2006). Die Asymmetrie im Kräfteverhältnis von Produktionsmitteleigentümern und Arbeiter:innen hat sich durch die Finanzialisierung noch einmal verstärkt (vgl. Leibiger 2022, 271). Auch die deutschen Banken und mitunter sogar die Kommunen orientierten sich seit den 1990er Jahren vermehrt am Investmentbanking (vgl. Biebricher/Ptak 2020, 178). Die nationale Vernetzung verlor im Zuge der Globalisierung zunehmend an Bedeutung, an

Stelle der korporatistischen Selbstregulierung tritt vermehrt die Regulierung durch den Staat (vgl. Windolf 2013). Im Umkehrschluss hat das liberalisierte globale Finanzsystem zu einer privaten Kapitalmobilisierung geführt, wie sie zu früheren Zeiten der Marktwirtschaft undenkbar gewesen wäre. Es haben sich Großkonzerne neuen Ausmaßes konstituiert, die fähig sind Projekte zu realisieren, die wegen ihres Kapitalbedarfs und ihrer langfristigen Kapitalbindung in der Vergangenheit dem Staat vorbehalten waren (vgl. Leibiger 2022, 146). Insgesamt sind die Eigentumsstrukturen von Groß- und Kapitalunternehmen im Vergleich zum 20. Jahrhundert wesentlich komplexer und vielfältiger geworden, was zu einer Erschwerung konkreter Zugriffe vergesellschaftender Maßnahmen geführt hat (vgl. ebd., 165).

Mit der Agenda-2010 baute die Schröder-Regierung in der ersten Dekade der 2000er den Finanzplatz Deutschland durch weitere Liberalisierungsmaßnahmen aus[12]. Vor der Drohkulisse der Produktionsverlagerung von Firmen und Lobbyverbänden flexibilisierte sie darüber hinaus mit den Hartz-Reformen den Arbeitsmarkt und schuf einen Niedriglohnsektor, um diesen als Ganzes zu disziplinieren. Da all dies ohne Runden mit den Tarifparteien von der Politik im Alleingang umgesetzt wurde, markierte die Agenda-2010 einen weiteren empfindlichen Bruch mit den eingespielten Konventionen des deutschen Korporatismus, sowie einen Paradigmenwechsel der Sozialdemokratie (vgl. ebd., 157/188ff; Butterwegge 2007, 175). Der wirtschaftliche Strukturwandel traf auch die Gewerkschaften. Branchen mit einem hohen gewerkschaftlichen Organisationsgrad verloren an Gewicht, und digitale, dienstleistungsorientierte Branchen ohne solche Traditionen gewannen dazu (vgl. Leibiger 2022, 188). Heute wird nur noch weniger als ein Drittel der abhängig Beschäftigten EU-Europas auf der Arbeitsplatzebene durch irgendeine Form kollektiver Interessenvertretung repräsentiert (vgl. Dörre 2021, 76). Auch sind die Zeiten vorbei, in denen die Ärmsten der reichen Länder wohlhabender sind als die Bevölkerung der sich entwickelnden Länder. Die Globalisierung traf auch lohnarbeitende Schichten in Deutschland empfindlich (vgl. ebd., 76). Insgesamt gewinnt demnach das transnational gebündelte und agierende Kapital an Verfügungsgewalt bei gleichzeitiger Zersetzung der Ausgangsbedingungen für eine gegengesellschaftliche Organisierung. Kollektiven Wirtschaftsideen war ein harter Schlag versetzt worden. Die Arbeiter:innenschaft war globalisiert und prekarisiert, die Kapitalseite und ihre Eigentumsstrukturen

---

12 Z.B. durch den Finanzmarktförderplan 2006 oder das Wertpapierübernahme-Gesetz (vgl. Biebricher/Ptak 2020, 184f).

kaum noch adressierbar geworden. Maßnahmen der Vergesellschaftung erschienen utopischer denn je und waren kaum noch denkbar.

Nachdem der Club of Rome bereits 1970 seinen Bericht über „Die Grenzen des Wachstums" veröffentlichte, hat die öffentliche Debatte um die drohende Klimakatastrophe seit der Jahrtausendwende – und zuletzt im Zuge einer global erstarkenden Klimagerechtigkeitsbewegung der letzten Jahre – an Fahrt aufgenommen. Anti-kapitalistische Debatten identifizieren im Kontext der Klimakrise vor allem den aus der Konkurrenzlogik der Marktwirtschaft erwachsenen Wachstumszwang als zentrale Bedrohung unserer Biosphäre. Wo neoliberale Politik Marktmechanismen, wie z.b. den Handel mit Emissionszertifikaten zur Problemlösung einsetzt, werden andererseits Forderungen nach einer Vergesellschaftung des Energiesystems, einer Postwachstums-Gesellschaft oder dem Ökosozialismus laut. Fakt ist, dass jedes nicht-marktförmige, kollektivwirtschaftliche Konzept sich heutzutage im Rahmen der planetaren Grenzen bewegen und eine öko-soziale Transformation des fossilen Kapitalismus zum Ziel haben muss (vgl. Urban 2012, 189). Die befreite Gesellschaft nach Marx, in der das ökonomische Problem der Knappheit gelöst ist, scheint vorerst in weite Ferne gerückt zu sein.

Darüber hinaus hat die Entwicklung des Internets unsere Gesellschaft und Wirtschaft in vielerlei Hinsicht seit der Jahrtausendwende verändert. Sie hat sowohl neue Debatten um den Eigentumsbegriff, also auch um Möglichkeiten kollektiven und demokratischen Wirtschaftens entfacht, sowie neue Perspektiven auf kollektive Organisationsprozesse neuer Akteur:innen ermöglicht. Der US-amerikanische Ökonom Jeremy Rifkin spricht im Zuge der immer stärkeren Vernetzung der physischen mit der digitalen Welt zum „Internet der Dinge" von einer Dritten Industriellen Revolution (vgl. Rifkin 2016, 24). Dieses Internet der Dinge soll synergetische, wechselseitige Verbindungen abseits von den zentralisierten Befehl- und Kontrollstrukturen der Großindustrie der Ersten und Zweiten Industriellen Revolution schaffen. Rifkin prognostiziert, dass dies die Produktivität in einem Maße steigern werde, dass die Grenzkosten vieler Güter und Dienstleistungen nahezu bei null liegen (vgl. ebd., 24/29/43). Außerdem soll es Ausgangspunkt für ein nachhaltiges und effizientes Ressourcenmanagement zur Verhinderung der Klimakatastrophe sein. Ob digitalen Technologien eine Abkehr vom Wachstum oder eine Entkoppelung vom Ressourcenverbrauch gelingen kann, ist fraglich. Auch spricht die Zentralisierung von Daten, Macht und Kapital in den quasi-natürlichen Monopolen der digitalen Mega-Plattformen gegen eine per se dezentral-demokratisierende Tendenz des Internets (vgl. Pieétron 2021, 110f). Gleichwohl ist ein zentraler Faktor für wirtschaftspolitische Konzepte der Zukunft essentiell: Unsere Wirtschaft ist in zunehmenden Maße datengetrieben und hochgradig vernetzt. Paul Mason ist davon überzeugt, dass Information im 21. Jahrhunderts eine zentrale Rolle als die alten Produktionsfaktoren Grund und Boden, Arbeit und Kapital einnehmen wird. Nachdem die Lohnarbeit bereits seit dem Siegeszug des Neoliberalismus ihren Stellenwert als vordergründige Achse des Widerstandes gegen die Bestrebungen des Kapitals verloren hat, glaubt er, dass sie im Zuge der Finanzialisierung und Automatisierung ebenfalls ihre Bedeutung in der Mehrwertproduktion verlieren wird (vgl. ebd., 111ff/179). Ging es im 20. Jahrhundert um Produktivitätssteigerungen von Arbeit und Maschinen, so gehe es nun um die der Informationen (vgl. ebd., 113). Die wertvollsten Unternehmen des Planeten agieren im Geschäft der Kontrolle von Datenströmen (vgl. Piétron 2021, 110). Sie besitzen keine klassischen, großindustriellen Produktionsmittel mehr, sondern Server und Distributionsmittel.

Die ersten zwei Jahrzehnte des 21. Jahrhunderts haben zu einer Verschiebung der Eigentumsstruktur und dem Auftreten neuer Akteur:innen geführt. Im Zentrum der modernen kapitalistischen Eigentumsbeziehungen stehen neben Fonds- und Investmentgesellschaften digitale Informationsmärkte im Privatbesitz (vgl. Staab, 383ff). Das Internet bietet neue Perspektiven für die Produktivitätssteigerung des Faktors Information/Daten, aber auch für die netzwerkartige Organisierung von Widerstand gegen das etablierte Eigentumsregime. Die Klimakatastrophe stellt Fragen an kollektivwirtschaftliche Konzepte, bietet aber auch die Grundlage einer tiefgehenden Kritik an der Marktwirtschaft, die sich in den vergangenen fünf Jahrzehnten entwickelt hat. Forderungen nach Vergesellschaftung waren endgültig im globalisierten Finanzmarktkapitalismus verschwunden, und es erschien schwierig, konkrete Ansatzpunkte für kollektivwirtschaftliche Maßnahmen zu finden.

5.3 Commons: Gemeinschaftlich verwaltete Güter

Seit den 80er-Jahren verschwanden kollektivwirtschaftliche Forderungen der Vergesellschaftung aus der breiten politischen Debatte. Ihnen kamen Akteur:innen abhanden, die sie formulierten und politische Strategien zu ihrer Durchsetzung entwickelten. Im Zuge sich verschärfender Krisen und Ungleichheiten, artikulieren sich allerdings seit einigen Jahren in der außerparlamentarischen Sphäre der sozialen Bewegungen, der gegengesellschaftlichen bottom-up Projekte, sowie in der Wissenschaft neue Debatten um Ansätze des kollektiven Wirtschaftens im makro- und mikroökonomischen Maßstab, die nach neuen Formen des Eigentums und der Verfügungsgewalt verlangen. Die wichtigsten drei sollen hier behandelt werden, um aus ihnen Perspektiven für eine zukünftige Bedeutung der Vergesellschaftung als emanzipatorische wirtschaftspolitische Forderung abzuleiten: Die der Commons, der kybernetischen Wirtschaftsplanung und die der kleinen Wiederaneignung durch soziale Bewegungen. Ihnen ist jedoch gemein, dass sie mit den zuvor behandelten Bewegungen des 20. Jahrhunderts von Arbeiter:innen, Gewerkschaften und parteipolitischer Speerspitze bislang wenig vergleichbar sind, was ihre Durchsetzungskraft und gesellschaftliche Wirksamkeit anbelangt. Gerade den ersten beiden Ansätzen fehlt eine Bewegung als Ideenträger:in bis dato komplett. Der letztere Ansatz kann diese zwar durch die Initiative „Deutsche Wohnen & Co. Enteignen" vorweisen, findet allerdings ebenfalls in einer deutlich kleineren Dimension als die Debatten der vorherigen Kapitel statt.

5.3.1 Hardin und die Tragödie der Allmende

1968 veröffentlichte der Mikrobiologe und Ökologe Garrett Hardin in der Zeitschrift *Science* einen Aufsatz mit dem Titel „The Tragedy of the Commons" („Die Tragödie der Allmende"). In diesem stellt er die These auf, dass öffentliche Güter und Ressourcen stets dazu tendieren, übernutzt zu werden und so schließlich an ihrem kollektiven Eigentumsstatus zugrunde gehen. Hardin baut seine Annahmen auf die neoklassische Modellvorstellung des stets seinen eigenen Nutzen maximierenden homo oeconomicus. Er illustriert seine Gedanken am berühmten Beispiel einer Wiese: Diese wird von den Schäfer:innen einer lokalen Gemeinschaft – ohne gemeinsame Nutzungsabsprachen – so lange intensiv genutzt, bis sie von den Schafen ruiniert ist, und das Kollektiv den Schaden tragen muss. Hardin dachte die Organisation der Wiese als spieltheoretisches Gefangenen-Dilemma. Dieses folgt der Annahme, dass Mitglieder einer Gemeinschaft individuell stets rational (also nutzenmaximierend) handeln und so ein für die Gemeinschaft nicht (pareto-)optimales Ergebnis erzielen (die Wiese geht zugrunde). Es kommt demnach nicht zu kollektiven Vereinbarungen über die Nutzung, die zu einem bestmöglichen gemeinsamen Ausgang führen würden. Hardin kommt zu folgendem Schluss: „Ruin is the destination toward which all men rush, each pursuing his own best interest in a society that believes in the freedom of the commons. Freedom in a commons brings ruin to all" (Hardin 1968, 1244).

Hardins Annahmen führten zu zahlreichen Debatten und Forschungsbestrebungen in den Folgejahrzehnten ihrer Veröffentlichung. Die US-amerikanische Politikwissenschaftlerin Elinor Ostrom widerlegte Hardins These in weiten Teilen und deckte ihre unzureichenden, komplexitätsreduzierenden Aspekte auf. Sie eröffnete eine neue Perspektive kollektiven, vergesellschafteten Wirtschaftens.

5.3.2 Elinor Ostrom: Common Pool Ressources

Die Arbeiten Ostroms beschäftigen sich mit der kollektiven Organisation und Verwaltung gemeinschaftlich bewirtschafteter Ressourcen. Ostrom stellte sich die Aufgabe, – gestützt auf theoretische Überlegungen, historische Recherchen und zahlreiche Feldstudien auf dem gesamten Globus – zu zeigen, dass das von Hardin referenzierte Modell des homo oeconomicus und seine implizierten Verhaltenskodexe die Realität zu stark vereinfachen und daher nicht geeignet sind, menschliche Interaktion zu erklären (vgl. Exner/Kratzwald 2012, 27; Schröter 2021, 174f). Dabei hebt sie den Dualismus von Markt und Staat auf und greift Hayeks Argumentation für dezentrale Entscheidungsstrukturen insofern auf, indem sie zentralisierte und generalisierte Regelvorgaben zur Wirtschaftsorganisation – egal ob von staatlicher oder privatwirtschaftlicher Seite – weitgehend zurückweist und dabei einen Fokus auf lokale Akteur:innen, sowie ihre konkreten Gegebenheiten und Umstände legt.

Ostrom prägt den Terminus der „Common Pool Ressources" (CPR) für das von ihr untersuchte Eigentumssystem. Ein CPR meint ein „natürliches oder menschengemachtes Ressourcensystem, welches groß genug ist, um es kostenintensiv, aber nicht unmöglich zu machen, potenzielle Mitnutzer:innen von ihm auszuschließen"[13] (Ostrom 1990, 30). Die Güterdefinition der klassischen Ökonomie differenziert zwischen reinen öffentlichen Gütern und unreinen öffentlichen Gütern der Allmemde. Erstere sind davon gekennzeichnet, dass bei ihnen weder ein Konsumausschluss noch eine Konsumrivalität möglich ist, weswegen sie zumeist vom Staat als „Dienstleistungs-Institution" erbracht und verwaltet werden (wie z.B. sauberes Wasser oder ggf. auch Infrastrukturgüter wie Straßen). Letztere rufen aufgrund ihrer Knappheit Rivalität zwischen den Nutzenden hervor. Das Ausschlussprinzip greift bei ihnen allerdings nicht (z.B. Fisch- oder Holzbestände) (vgl. Engartner 2007 93f). Allmende-Güter, bei denen Regeln des Ausschlusses bzw. der Mitgliederbegrenzung festgelegt werden, werden als Klubgüter bezeichnet. Diese sind es, mit denen Ostrom sich vordergründig beschäftigt. Sie geht dabei davon aus, dass die Ausschließbarkeit eines Gutes politisch und sozial verhandelbar ist und „öffentlich" nicht rein staatliches Eigentum implizieren muss (vgl. Kratzwald 2012, 80f).

---

13 Obgleich Ostrom in ihren Studien vorwiegend CPRs natürlicher, knapper, aber erneuerbarer Ressourcen im kleinen Maßstab, die von relativ homogenen Gemeinschaften genutzt werden, welche für ihr Überleben von ihrer Nutzung abhängig sind, untersucht hat, lässt sich das Konzept ebenfalls auf andere Ressourcen der Wissens- und Informationsgesellschaft übertragen (vgl. ebd., 26; Exner/Kratzwald 2012, 24).

Ostrom erforscht in ihren Studien primär natürliche Ressourcen und ihre lokalen, kulturellen, ökologischen, sowie sozialen Rahmenbedingungen. In ihrer Arbeit zeigt sie, dass es konkret auf diese Bedingungen ausgerichtete Regelsysteme und Institutionen braucht, um eine Ressource erfolgreich kollektiv bewirtschaften zu können. Auf dieser Annahme aufbauend gibt Ostrom mit dem Begriff der „Common Pool Ressource" die ein- bzw. zweidimensionale Eigentumskategorie (rechtlicher Titel und Verfügungsmacht) als vornehmlichen Ansatzpunkt der Kollektivwirtschaft auf. Sie macht die Ressource zur Basis ihrer Untersuchung und unterscheidet in ihrem Kontext zwischen verschieden starken Bündeln von Eigentums- und Dispositionsrechten. Diese sind stets auf verschiedenen institutionellen Ebenen verteilt und müssen kontinuierlich ausgehandelt und weiterentwickelt werden (vgl. Zückert 2012, 159). Ein gut funktionierendes Eigentumssystem zeigt sich für Ostrom einzig und allein darin, dass es gelingt, Verbindlichkeit zwischen den Nutzenden zu erzeugen, um dadurch „das fragile Gleichgewicht zwischen den Extremen der Über- und der Unternutzung herzustellen und zu wahren" (vgl. Heller 2012, 96). In ihrem Hauptwerk „Governing the Commons" (dt. „Die Verfassung der Allmende") legt sie auf Basis ihrer Forschung acht Designprinzipien fest, die ein langfristig funktionierendes Gemeingutmanagement fördern und hier kurz dargelegt werden sollen:

1. Grenzen: Es existieren klar definierte Grenzen zwischen Nutzenden und Nicht-Nutzenden.
2. Kongruenz: Die Regeln für die Aneignung und Reproduktion der Ressource entsprechen den örtlichen und kulturellen Bedingungen und sind proportional aufeinander abgestimmt, was die Verteilung von Kosten und Nutzen anbelangt.
3. Gemeinschaftliche Entscheidungen: Die meisten vom Ressourcensystem betroffenen Personen sind befugt, an Entscheidungen zur Bestimmung und Änderung der Nutzungsregeln teilzuhaben.
4. Monitoring von Nutzenden und Ressource: Eine Kontrolle der Regeln muss erfolgen, um Verstößen und Trittbrettfahrer:innen vorbeugen zu können. Die Personen, die mit der Überwachung der Ressource vertraut sind, gehören im Idealfall zu ihren Nutzer:innen und müssen ihnen aber in jedem Fall rechenschaftspflichtig sein.
5. Abgestufte Sanktionen: Verhängte Sanktionen sollen in einem vernünftigen Verhältnis zum verursachten Problem stehen und auf niedrigem Niveau beginnen.
6. Konfliktlösungsmechanismen: Um die Auslegung der Regeln zu mediieren, müssen schnelle, günstige und direkte Konfliktlösungsmechanismen bereitgestellt werden, um Konformität zu gewährleisten.
7. Rechtliche Anerkennung: Um ein sich stetig anpassendes und verbesserndes Regelregime zu garantieren, ist ein Mindestmaß an staatlicher Ankerkennung des Rechtes der Nutzer:innen, dieses mitzubestimmen, erforderlich.

8. Eingebettete Institutionen: Bei größeren CPRs sind Governancestrukturen auf mehreren Ebenen notwendig, die polyzentrisch miteinander verbunden sind. Die höheren organisatorischen Institutionen sollten dabei stets auf den zuvor gebildeten niedrigeren Ebenen aufbauen (vgl. Ostrom 1990, 189f; Ostrom 2005, 94/189/260ff; Übersetzung von Helfrich in Beckenkamp 2012,53f).

Ein institutionelles Regime[14], welches diese Designprinzipien abbildet, kann demnach einen Rahmen schaffen, der den Nutzenden gegenseitiges Vertrauen stiftet und damit die kollektive Überwindung der Tragödie der Allmende ermöglicht (vgl. Beckenkamp 2012, 54f): Kontrollierbare Regeln und Limitierungen schafften dabei Erwartungssicherheit[15] (Ostrom 1990, 53). Die aktive Beteiligung der Nutzenden an der Gestaltung der Institutionen beugt einer möglichen Reaktanz vor (vgl. Beckenkamp 2012, 54f). Die von Ostrom im Feld untersuchten erfolgreichen institutionellen Arrangements bestehen gleichwohl aus einem Mix von privaten und öffentlichen Akteur:innen, die jeweils verschiedene wichtige Arbeitsteile in das Gesamtgefüge einbringen. Sie löst die strikte Dichotomie zwischen Markt und Staat im Konzept der Commons zugunsten pluraler, auf lokale Autonomie fokussierter institutioneller Arrangements auf. Ihre Annahme ist, dass diese Zweiteilung zu Komplexitätsreduktion führe, die keine nachhaltige und produktive Nutzung von Ressourcen garantieren könne (vgl. Nuss 2020, 103). Welche Rolle der Staat, die Kommune, sowie privatwirtschaftliche und nicht-staatliche kollektive Akteur:innen in der Nutzungs- und Verwaltungsorganisation eines Gutes spielen, muss demnach von Fall zu Fall konkret verhandelt werden. Sowohl rein staatlichen als auch rein marktwirtschaftlichen Lösungen wirft sie vor, dass sie Macht konzentrieren und den Nutzenden von außen zu stark vereinfachte, idealisierte Institutionen aufdrängen würden. Weder die Forderung nach einer zentralstaatliche Lenkung, noch die nach einer Privatisierung beinhalten demnach Informationen darüber, wie die Ressource bestmöglich organisiert und verwaltet werden kann (vgl. ebd., 14/22). Funktionstüchtige Institutionen zu schaffen begreift Ostrom als einen schwierigen, zeit-intensiven

---

14 Ostrom verwendet den Begriff der Institutionen als „Satz von intakten Regeln, die festlegen, wer befähigt ist, in welcher Sphäre Entscheidungen zu fällen, welche Handlungen erlaubt und verboten sind, welche Informationen zur Verfügung gestellt werden, und wie Nutzen bzw. Gewinn verteilt wird" (Ostrom 1986, o.S.).

15 Ostrom hält darüber hinaus fest, dass der Erfolg der kollektiven Organisation einer CPR stets vom gemeinsamen Sozialkapital der Nutzer:innengemeinschaft abhängt. Dieses zeigt sich in geteilten Verhaltensnormen und Werten (vgl. Ostrom 1990, 88/190). Sowohl eine überschaubare Anzahl von Nutzer:innen, als auch Homogenität in Vermögen, Fähigkeiten und Wissen, aber auch in kulturellen und ethnischen Hintergründen, trägt zur Steigerung des Sozialkapitals bei (vgl. ebd., 89/188).

und konflikthaften Prozess, bei dem jedes Detail relevant sein kann (vgl. Ostrom 1995, 22/182). Da sich ökologische, soziale, wirtschaftliche und politische Umstände stetig verändern, ist ein perfektes Regelregime nie zu erreichen. Es befindet sich allzeit im Umbruch und muss kontinuierlich neu verhandelt werden (vgl. Ostrom 2005, 220/254f). Ostrom betrachtet institutionellen Wandel als einen historischen Prozess, bei dem jede Entscheidung die Basis für die nächste bildet (vgl. Ostrom 1990, 140f/202).

Obgleich Ostrom andere Schlüsse zieht, stimmt ihre Theorie Hayeks Primat der Dezentralität, sowie dem Problem verstreuter Informationen zu: Die lokal agierenden Individuen verfügen – wie im Neoliberalismus – auch in der Welt der Commons über das dezidierteste Wissen der konkreten ökologischen, zeitlichen und sozialen Umstände ihrer Ressourcen. Dieses Wissen kann nicht auf eine zentrale Autorität – ob Großunternehmen oder Staat – übertragen werden, da es sich stetig verändert. Deshalb muss ein größtmöglicher Teil der Entscheidungsmacht dezentralisiert werden (vgl. Hayek 1945, 521/524). Entgegen Hayeks Überzeugung beweist Ostrom in ihrer Forschung allerdings, dass nicht das nutzenmaximierende Individuum allein fähig ist, effizient zu wirtschaften, sondern das lokale Kooperationen von Nutzenden, die sich selbst ihre Koordinationsmechanismen und Regeln geben, eine Ressource funktionstüchtig und nachhaltig bewirtschaften können. Nichtsdestotrotz kann der Staat in diesem Kontext unterschiedliche nützliche Rollen auf verschiedenen Ebenen spielen. So kann er beispielsweise Einrichtungen, die die Fähigkeiten der Nutzer:innen zur Institutionenbildung steigern, Räume der Konfliktlösung bereitstellen, Forschung zur Wissensproduktion im größeren Stil finanzieren und die rechtlichen Rahmenbedingungen für die Entfaltung der lokalen Ebene vorantreiben. Gerade größere Commons können ohne Gerichtsbarkeit und Infrastrukturgüter nur schwer bestehen. (vgl. Ostrom 1990, 212; Ostrom 2005, 256; Mwangi/Markelova 2012, 458).

Kritik an Ostroms Konzept der Commons formuliert sich von zwei Seiten. Eine radikalere Denkrichtung begreift Ostroms Theorie als moralische und nachhaltige Spielart kapitalistischen Ressourcenmanagements, welches nicht mit der Verwertungslogik bricht. Der homo oeconomicus werde hier nicht überwunden, da Commons-Institutionen als Ergebnis von individuellen Kosten-Nutzen-Kalkülen verstanden werden, „die von gleichberechtigten und grundsätzlich isoliert gedachten Individuen vorgenommen werden" (vgl. Exner/Kratzwald 2012, 29). Ein Common, was für den Markt produziere, wird nicht als solches wahrgenommen und kann eher als eine Genossenschaft gesehen werden. Anhänger:innen dieser Auffassung begreifen Commons nicht als Produktionsweise, sondern als

Raum, in dem Autonomie erlangt und sich von Herrschaftsverhältnissen emanzipiert wird. Commons können deshalb auch Freiräume, Jugendzentren oder besetzte Häuser sein (vgl. ebd., 37/61). Sie bauen darauf, dass durch ihre sukzessive Erweiterung irgendwann ein Vergesellschaftungsdruck entsteht, der kontinuierlich neue Teile der Gesellschaft in Commons-Form organisiert. Kritiker:innen der zweiten Richtung stellen sich dagegen die Frage, ob Commons konzeptuell als Strukturprinzip einer ganzen Gesellschaft überhaupt gedacht werden können. Sie nehmen an, dass Commons lediglich in kleinen Nischen zum Einsatz kommen können, wenn es keine übergreifenden Konzepte der Vernetzung und Koordination auf Makroebene gibt (vgl. Schröter 2021, 182). Dafür benötige es einen Staat, der Allmendeprinzipien aktiv auf allen Ebenen fördert und ihre Torpedierung sanktioniert – sie also an Stelle des Marktprinzips setzt.

Ostrom schafft mit der Theorie der Commons ein Konzept der Vergesellschaftung, was sowohl den Eigentumsbegriff um verschiedene Dimensionen erweitert, als auch Möglichkeiten dezentralen, demokratischen Wirtschaftens jenseits rein staatlicher oder marktwirtschaftlicher Prägungen beschreibt. Sie erkennt die Notwendigkeit von Durchsetzungskraft und Autorität, ebenso wie die Problematik der Verbindlichkeit in Top-Down-Ansätzen undogmatisch an. Commons funktionieren dabei grundlegend nach Produktions- und Managementprinzipien, wie sie im Neoliberalismus idealisiert wurden: Spontanität, Dezentralität, Selbstregulation und regelbasierte Gleichberechtigung (vgl. Quilligan 2012, 100). Ihr Menschenbild ist allerdings im Gegensatz zu Hayek ein positives, dass auf der Annahme fußt, dass Menschen willens sind, unter gewissen Umständen zu kooperieren, um ein kollektives Verständnis ihrer Situation und ökonomische Lösungen für diese zu finden (vgl. Beckenkamp 2012, 54; Conway 2012, 440). Ostrom liefert empirische Beweise dafür, dass Gemeineigentumsformen erfolgreich sein können und zeigt Wege auf, Bottom-Up-Konzepte der Vergesellschaftung neu zu denken. Nach der Entkernung des kollektivwirtschaftlichen Gedankens der Genossenschaften und gewerkschaftlichen Unternehmen der Gemeinwirtschaft im Zuge ihrer Zentralisationsprozesse im 20. Jahrhundert, können Commons als fortschrittliche Organisationen einer Vergesellschaftung von unten verstanden werden (vgl. Mattei 2012, 177). Ob die Gesellschaft der Commons eine des Kollektivismus ist, oder sich als „kooperativer Individualismus" beschreiben lässt, zeigen dabei die sich im Zuge des Commoning herausbildenden Institutionen (vgl. Bauwens/Iacomella 2012, 402). Sollen Commons über ihren begrenzten Nutzer:innenkreis hinaus gesamtgesellschaftlich wirksam werden, so stellten sich ihnen zwei große Aufgaben: Zum einen müssen sie partizipative institutionelle Lösungen für unterschiedliche wirtschaftliche Teilbereiche finden und zum anderen gilt es, koordinative Infrastrukturen aufzubauen, die Commons jenseits einer bloßen Vernetzung der Konkurrenzvergesellschaftung ermöglicht, eine über die profitorientierte Marktwirtschaft Alternative zu formulieren.

5.4 Möglichkeitsräume der Digitalisierung

Die täglich voranschreitende Digitalisierung, Vernetzung und Datengetriebenheit unserer Gesellschaft und die mit ihr verbundenen Änderungen der Produktionsweisen beschäftigt Ökonom:innen und Politikwissenschaftler:innen seit Jahrzehnten. Sie hat zwei Denkrichtungen im Hinblick auf zukünftig vorstellbare Konzepte der Kollektivwirtschaft hervorgebracht: Das der digitalen Commons und des dezentralen Netzwerks, sowie das der kybernetischen volkswirtschaftlichen Planung. Sie fußen auf der Annahme, dass die sozialistischen Gesellschaftsexperimente und Konzepte des 20. Jahrhunderts fehlschlugen, da Technologie und Wirtschaft noch nicht weit genug entwickelt waren. Mit den Informationstechnologien des 21. Jahrhunderts sollen sich die Ausgangsbedingungen nun grundlegend verändert haben.

5.4.1 Digitale Commons: Das Netzwerk als Achse der Vergesellschaftung

Daten sind in wenigen Jahren zu einem der wertvollsten Güter unserer Wirtschaft geworden. Die weltweit größten Unternehmen des 21. Jahrhunderts fokussieren seitdem auf die Geschäftsfelder der Datenströme. Der Wirtschaftsjournalist Paul Mason misst dieser Entwicklung in seinem 2015 erschienen Buch „PostCapitalism" revolutionäres Potenzial bei. Mithilfe der entstandenen Informationsökonomie, sowie der sie bedingenden immer unmittelbareren globalen Vernetzung sei es möglich, den Kapitalismus zurückzudrängen und ihn durch neue Formen digitaler Commons zu ersetzen.

Mason ist der Überzeugung, dass die neu entstandenen Technologien des Informationszeitalters nicht mit dem Kapitalismus bzw. der Profitmaximierung kompatibel seien (vgl. Mason 2015, xiii). Sie würden tradierte Konzepte von Eigentum unterminieren und zersetzten die Fähigkeit von Märkten, Preise zu bilden, da Daten unendlich reproduzierbare Güter seien, Märkte aber auf Knappheitssituationen basieren (vgl. ebd., xv/24). Information stünde als Gut vermehrt im Zentrum des Produktionsapparats und verdränge Arbeit und Maschinen zunehmend aus diesem. Gegenstand der kapitalistischen Ausbeutung seien vermehrt die Daten, die Kund:innen beim Nutzen digitaler Angebote hinterlassen („Society as a factory"), als die physische Lohnarbeit der Beschäftigten (vgl. ebd., 112ff/139). Der US-amerikanische Ökonom Jeremy Rifkin sieht darüber hinaus zukünftig ein exponentielles, datengetriebenes Wachstum der Produktivität unserer Wirtschaft. Er nimmt an, dass wir bald in einer „Null-Grenzkosten-Gesellschaft" leben könnten, in der mehr und mehr Güter beinahe kostenlos zu haben seien. Der Moment ihrer Realisation bilde den Triumpf des kapitalistischen Systems und zugleich sein unausweichliches Verschwinden von der Weltbühne (vgl. Rifkin 2016, 13/21).

Mason ist der Überzeugung, dass Hilferdings Theorie des organisierten Kapitalismus als Durchgangsform zum Sozialismus im 21. Jahrhundert ausgedient habe. Obgleich mit den digitalen Plattformriesen wie Amazon, Alphabet (Google u.a.) oder Meta Platforms (Facebook, Instagram, WhatsApp u.a.) internationale Monopole bislang ungekannter Größe entstanden sind, stelle eine Vergesellschaftung von ihnen kein zeitgemäßes emanzipatorisches Vehikel der kollektiven Wirtschaft mehr dar. Digitale Monopole seien die einzige Art und Weise, wie ein Geschäftsmodell in Zeiten endlos reproduzierbarer Güter überhaupt noch funktionieren kann (vgl. Mason 2015, 119). Durch ihre hierarchische Zentralisierung obliegt ihnen die Macht der künstlichen Verknappung von Daten. Ihre Vergesellschaftung würde ebenfalls zu konzentrierten Planungsmaßnahmen führen, die dem dynamisch-emanzipatorischen Potenzial der dezentralen Informationstechnologie entgegenstünden. Sie würde eine Rückkehr zur Hierarchie und eine Abkehr von der Komplexität und Schnelligkeit der Gesellschaft des 21. Jahrhunderts bedeuten (vgl. ebd., 234). Dies sei weder wünschenswert noch notwendig, da die neuen Technologien den Preismechanismus bereits ohne eine zentrale Planung zersetzen würden (vgl. ebd., 226). Mason stellt der monopolistischen Planung die Idee der demokratischen Vergesellschaftung der Daten in ihrer Gesamtheit, sowie eine offene gesellschaftliche Organisation über das Netzwerk gegenüber. Die Auseinandersetzung zwischen Hierarchie und Netzwerk stellt für ihn den zentralen Widerspruch des modernen Kapitalismus dar (vgl. ebd., 144).

Da Daten nicht knapp seien, werde auch die Kategorie des Eigentums mit ihnen zunehmend unwichtiger. Sie weiche der des Zugangs (vgl. Rifkin 2016, 37). Als Blaupause für ein Unternehmen der vergesellschafteten, netzwerkartigen Datenökonomie referenziert Mason Wikipedia. Das Unternehmen unterliegt keiner profitmaximierenden Logik, sondern freiwilliger, unentgeltlicher Partizipation. Der Staat könne laut Mason zukünftig – wie die bezahlten Angestellten von Wikipedia – lediglich die notwendige Infrastruktur bereitstellen und die verbleibenden Tätigkeiten der profitlosen Kollaboration der Gesellschaft überlassen (vgl. Mason 2015, 128/273). Die technologischen Veränderungen wirken dabei langfristig soweit auf die soziale Sphäre ein, dass sie im Sinne Schumpeters „neue Menschen" kreiere: Generationen die sich daran gewöhnen, einen großen Teil der Dinge, die sie nutzen, nicht physisch zu besitzen (vgl. ebd., 48/131). So könne die Vergesellschaftung der Datenökonomie einen Einfluss auf das Kooperations- und Konsumverhalten in allen anderen Teilbereichen der Wirtschaft haben („Share-Economy", „Peer-to-Peer-Ökonomie"). In der Konsequenz fordert Mason eine rechtliche und steuerpolitische Begünstigung der kollaborativen Produktion, sowie eine Zerschlagung der Monopole. Darüber hinaus setzt er sich allerdings im Angesicht der Klimakatastrophe ebenfalls für eine Verstaatlichung des Energiesektors zwecks zentraler planerischer Koordination ein (vgl. ebd., 279).

Mason und Rifkin teilen die Analyse, dass die Architektur der technischen Infrastruktur der Dritten Industriellen Revolution – im Gegensatz zu der der Ersten und Zweiten – offen und dezentral gestaltet sein kann. Sie erlaube Menschen, sich in komplexen sozialen Geflechten selbst zu organisieren (vgl. Rifkin 2016, 42ff). Das Gut der Information dränge den Preismechanismus sukzessive zurück und schaffe mehr und mehr Sektoren, die sich außerhalb von jeglichem Profitstreben der Märkte organisieren. Die beiden Autoren liefern allerdings keine Vorstellung davon, wie eine Vergesellschaftung der zentralen Ressource unserer Zeit im globalen Maßstab durchgesetzt werden kann. Obgleich Mason stets betont, dass die organisierte Arbeitnehmer:innenschaft seit den 1970er-Jahren von den Neoliberalen torpediert und empfindlich geschwächt wurde, bietet er keine Analyse davon, welche Akteure das gesellschaftliche Kräfteverhältnis im 21. Jahrhundert zugunsten einer Sozialisierung und einer Zerschlagung der Monopole verändern könnten. Digitale Eigentumsrechte sind im Gegenteil sowohl auf internationaler, als auch auf nationaler Ebene durch Patentrechte und Abkommen über die letzten Jahre gesichert worden. Die Datenökonomie unterliegt zunehmend privatisierenden und monopolisierenden Dynamiken. Ebenfalls ist – wie bei den (nicht-digitalen) Commons – fraglich, ob eine netzwerkartige Organisation für alle Teilbereiche der Wirtschaft möglich ist.

5.4.2 Kybernetische Planwirtschaft

Der zweite Debattenstrang um digitale Möglichkeiten der Vergesellschaftung knüpft an sozialistische Planwirtschaftsmodelle des 20. Jahrhunderts an. Er wird als „kybernetische Planwirtschaft", „Big-Data-Planwirtschaft" oder als „Cybersozialismus" in der Literatur besprochen und fasst – im Gegensatz zu den Commons – vordergründig die Makroebene der Ökonomie ins Auge. Er beruht auf der

Annahme, dass die heutigen Supercomputer und technologischen Möglichkeiten eine wirtschaftliche Planung im großen Stil – nach den technologisch gescheiterten Experimenten des 20. Jahrhunderts – nun schlussendlich ermöglichen.

Der Begriff der Kybernetik umschreibt eine Reihe von Praktiken und Methoden, die komplexe Systeme durch Prozesse der Erfassung, Digitalisierung, Modellierung und Vorhersage lesbar machen (vgl. Franklin 2015, 43; Daum/Nuss 2021, 17). Vertreter:innen der kybernetischen Planwirtschaft sehen ihre Vorstellungen in Großunternehmen wie Walmart oder Amazon als bereits realisiert und bewiesen an. Da in derartigen Mega-Konzernen unternehmensintern allzeit im großen Stil kalkuliert und sich sowohl bei der Preisgestaltung, als auch bei der Bedarfsplanung abgesprochen werde, stelle die zentralisierte Planung schon lange ein wichtiges Werkzeug der freien Wirtschaft dar (vgl. Bastani 2020, 227; Nuss 2020, 102). So werden international bereits 60-70% aller Waren- und Dienstleistungslieferungen durch konzerninterne Ströme verursacht (vgl. Plum in Nuss 2020, 102). Die Autoren Phillips und Rozworski setzen Amazon und die Sowjetunion als „Zwillinge [...] undemokratischer Planung" gleich und behaupten darüber hinaus, „Amazon bietet Produktions- und Vertriebstechniken an, die nur darauf warten, beschlagnahmt und umgewidmet zu werden" (Phillips/Rozworski 2019, 77/245). Gerade im Kontext der Klimakatastrophe gelangen kybernetische Planwirtschaftsdebatten wieder in den akademischen Diskurs und werden als Möglichkeit gesehen, den CO_2-Ausstoß gesamtwirtschaftlich koordinativ zu reduzieren (vgl. Jacobsen/Amberger 2021). Die heutigen digitalen Plattformen werden dabei als kybernetische Feedback-Infrastrukturen betrachtet, die sich anschicken, sowohl das von Hayek formulierte Wissens-Problem, als auch das von Mises aufgebrachte Dilemma des in Planökonomien abhandenkommenden Preis-Mechanismus zu lösen (vgl. Daum/Nuss 2021, 15). Im Gegenteil sei es mit ihnen nun möglich, enorme Datenmengen zu verarbeiten und so – entsprechend neuer kollektiv verschobener Wirtschaftsziele – der Planung weitreichendere Informationen, als die im Preis abgebildeten, zugrunde zu legen. Diese sollen fähig seien, soziale und ökologische Folgekosten mit einzubeziehen. Auch hier dienen die oben genannten Großunternehmen als Vorreiter:innen, da sie Geld unternehmensintern nicht mehr als Zahlungsmittel, sondern lediglich als Rechengeld mit rein buchhalterischem Nutzen einsetzen (vgl. Schlaudt 2021, 48f).

Obgleich sich die digitalen Planungsvorhaben auf eine dezentrale Datenerhebung in quasi-Echtzeit stützen, bleibt auch hier die Kritik an zentralistisch-hierarchischen Lenkungsmodellen nicht aus. Es ist fraglich, inwiefern autoritäre Effekte vermieden und Bedürfniskonflikte ohne Folgen der Entfremdung entschieden und vermittelt werden können (vgl. Sutterlütti, Meretz 2018, 174).

Es besteht die Gefahr einer intransparenten, anonymen Form der Gesellschaftskontrolle, die nur schwer demokratisch zur Verantwortung gezogen werden kann (vgl. Piétron 2021, 122). Darüber hinaus ist es ungeklärt, bis zu welchem Grad kybernetische Planungen komplexe globale Zusammenhänge und Strukturen technisch angemessen verarbeiten können (vgl. Schröter 2021, 182). Bedenklich ist allerdings im Kontext der digitalen Planungsdebatte primär die Annahme, dass gesellschaftliche Probleme durch digitale Technologien und nicht in der politischen Sphäre gelöst werden können („Technischer Solotionismus" (Morozov 2013)). Wie schon bei den Vertreter:innen der digitalen Commons fehlt auch den kybernetischen Planungskonzepten die gesellschaftliche Akteursbasis für ein Durchsetzen ihrer weitreichenden Vorstellungen. Eine zentrale Planung wird von Enteignungsmaßnahmen, sowie Verfügungsmachterweiterungen im großen Stil begleitet werden müssen, um effektiv greifen zu können. Diese brauchen Organisationen und Bewegungen, die sie erkämpfen: „The revolution will not be automated" (Mostafa 2019).

5.5 Rekommunalisierungsbewegungen nach der Jahrtausendwende

Im späten 20. Jahrhundert kam es vor allem durch Liberalisierungsrichtlinien der EU[16], den Druck eines globalen Finanzsystems und der ideologischen Untermauerung durch den Neoliberalismus zu einer weiteren Verschiebung von Eigentumsstrukten weg von der öffentlichen Hand hin zur Privatisierung. Obgleich eine Vergesellschaftung, wie bereits geklärt, über eine Verwaltung durch staatliche Behörden hinausgeht, gewährleistet ein öffentliches Unternehmen in der Tendenz mehr demokratische Teilhabe und Verfügungsgewalt durch die Gesellschaft als ein privates. Die Möglichkeiten der Privatisierung schienen zunächst verlockend: Budgetlöcher im Haushalt sollten gestopft und Kommunen bei Investitionen in Infrastruktur durch die Leistungsvergabe an Private entlastet werden. Dabei sollten die Bürger:innen von den günstigen, auf und durch den liberalisierten Markt gebildeten Wettbewerbspreisen profitieren (vgl. ÖGPP, 32). Immer mehr Leistungen der Daseinsvorsorge wurden so an private Unternehmen übertragen. In den neuen Bundesländern wurden nach der Wende vielfach gar

---

16 Diese betrafen vor allem netzbezogene Dienstleistungssektoren (wie Strom, Gas und Telefon). Die Liberalisierungsporzesse verliefen sektoral ungleichmäßig, zu unterschiedlichen Zeitpunkten und in unterschiedlichem Ausmaß (vgl. ÖGPP 2019, 9).

keine kommunalen Betriebe mehr aufgebaut, sondern die Aufgaben sofort Privatunternehmen anvertraut. Über der gesamten Bewegung stand der ideologisch geprägte Generalverdacht, dass der Staat weniger effizient und leistungsfähig als private Unternehmen sei[17] (vgl. Schäfer 2012, 73). Als Privatisierung kann dabei eine ganze Reihe an Praktiken verstanden werden, die über den direkten Verkauf von Staatseigentum an private Unternehmen hinausgeht. Diese unmittelbare Veräußerung kann – ebenso wie die Privatisierung öffentlicher Aufgaben durch ihre Vergabe an private Unternehmen („*Aufgabenprivatisierung*") – als materielle Privatisierung verstanden werden. Der Staat gibt hier eine Aufgabe völlig aus der Hand und übernimmt auch keine Verantwortung mehr für ihre Erfüllung. Neben der materiellen gibt es ferner verschiedene Praktiken der formellen Privatisierung. Hier bleibt der Staat Eigentümer des Betriebes, der aber eine private Rechtsform (z.B. als AG oder GmbH) erhält und so als teilselbstständige oder vollkommen verselbstständigte Organisationseinheit agieren kann („*Agentification*" und „*Corporatization*"). Die Eigenständigkeit des Managements erhöht sich und dem Einstieg von privaten Investor:innen sind Tür und Tor geöffnet. Der öffentliche Einfluss vermindert sich in jedem Fall und die kommunale Selbstverwaltung erfährt eine Aushöhlung (vgl. Leibiger 2022, 200f & Röber 2012, 86). Eine formelle Privatisierung bildete in der Vergangenheit oft den ersten Schritt in Richtung materieller Privatisierung. So überstieg der Anteil privater Anteilseigner:innen bald den des Staates oder Tochterfirmen wurden gegründet, die Teilaufgaben erfüllen sollten und weiter privatisierten werden konnten.

Nachdem die Privatisierung seit dem neoliberalen Durchbruch lange Zeit als Königsweg galt, wurde im neuen Jahrtausend in vielen Kommunen eine Trendwende spürbar. Die Österreichische Gesellschaft für Politikberatung und Politikentwicklung (ÖGPP) maß 2020 in der EU über 700 Fälle von Rekommunalisierung seit 2000 – davon 411 in Deutschland. Den stärksten Trend zurück zur öffentlichen Hand gibt es dabei im Energie- und im Wassersektor, wobei letzterer in Deutschland zum Großteil nie die öffentliche Hand verlassen hat. Dafür entfallen in der BRD 305 der 411 Fälle auf den Energiesektor, aber auch in zahlreichen anderen Branchen wurden Dienstleistungen rekommunalisiert (vgl. ÖGPP 2019, 9 & ÖGPP 2020, 1). Wie beim Begriff der Privatisierung gibt es beim Begriff der Rekommunalisierung ebenfalls verschiedene Vorstellungen und Praktiken: Vom Rückkauf von Anteilen oder ganzen Unternehmen bis zur

---

17 An dieser Stelle sei noch einmal daran erinnert, dass die Daseinsvorsorge immer schon eine Trägervielfalt zwischen öffentlichen, privaten, gemischtwirtschaftlichen und genossenschaftlichen Unternehmen umfasst hat (vgl. Röber 2012, 82).

Neugründung von öffentlichen Betrieben wie z.B. von Stadtwerken. Die Gründe für diese Rekommunalisierungsbewegungen sind zahlreich: Zum einen blieben in einigen Sektoren die Versprechen der Privatisierung aus oder verkehrten sich sogar ins Gegenteil. Tariferhöhungen[18], Qualitätsverschlechterung und die Verschärfung sozialer Ungleichheit waren die Folgen (vgl. ÖGPP 2019, 32). Außerdem erschütterte die Finanz- und Wirtschaftskrise 2007/08 das Vertrauen in die Leistungsfähigkeit der Märkte. Sie war auf das Versagen privatwirtschaftlicher Mechanismen zurückzuführen und lieferte somit Argumente gegen das etablierte Dogma „Markt über Staat". Beide Dynamiken trugen zur Bildung eines neuen Bewusstseins dafür, dass die Privatwirtschaft nicht zwangsläufig effizienter als die öffentliche Hand ist und zu einer Rückbesinnung auf die Leitbilder öffentlicher Daseinsvorsorge, bei (vgl. Bauer 2012, 23 & Schäfer 2012, 75). Darüber hinaus argumentiert Röber, dass Kommunen nach nunmehr knapp 20 Jahren managementorientierter Verwaltungsreformen über ein besseres betriebswirtschaftliches Know-how verfügen und Aufgaben der Daseinsvorsorge nun selbstbewusster wahrnehmen (vgl. ebd. 2012, 87). Nicht zuletzt wurden diese Entwicklungen in den letzten Jahrzehnten aber auch von einem Sinneswandel in der Bevölkerung begleitet. So bestätige eine forsa-Umfrage in Österreich und Deutschland, dass die Erfahrungen der Bürger:innen mit Privatisierung mehrheitlich negativ beurteilt werden (vgl. Güllner 2008). Auch wollen in Deutschland 75 Prozent aller Bürger:innen eher von Kommunalunternehmen als von privaten versorgt werden, da sie von diesen stabilere Preise, mehr Versorgungssicherheit und ein Fließen der Gewinne – sofern es sie gibt – in lokale und soziale Infrastrukturen wie Kitas oder den Nahverkehr erwarten (vgl. Dimap-Umfrage bei Hoffmann 2009). Zahlreiche prominente Beispiele für Rekommunalisierungen sind so nicht zuletzt durch das Engagement von Bürger:inneninitiativen vorangetrieben worden. Diese Tendenz deckt sich mit Umfragen zum Begriff des Kapitalismus: Assoziierten ihn zur Zeit des Realsozialismus noch 48 Prozent mit dem der Freiheit, so taten dies 2012 nur noch 27 Prozent. Auch Assoziationen mit dem Begriff des Fortschritts sind deutlich zurückgegangen, wohingegen Verbindungen mit dem der Ausbeutung stiegen (vgl. Köcher 2012, 3).

Obwohl zwar europaweit eine bereichsübergreifende Rekommunalisierungsbewegung erkennbar war, bildete der Energiesektor Deutschlands zahlenmäßig ihre unangefochtene Speerspitze. In keinem anderen Land oder Sektor lässt sich

---

18 Unter anderem deshalb, weil viele öffentliche Dienstleistungen wie z.B. die Wasserversorgung, Monopole darstellen und Preisanstiege auf Grundlage von Privatisierungen leicht umzusetzen sind (vgl. ÖGPP 2019, 36).

eine vergleichbare Rekommunalisierungswelle feststellen. In den 1990er-Jahren war die Energieversorgung, die lange Zeit als natürliches Monopol der öffentlichen Hand betrachtet worden war, von einem Liberalisierungs- und Privatisierungsschub erfasst worden. So hatte 2001 bereits jede zweite deutsche Stadt mit mehr als 50.000 Einwohner:innen zumindest Anteile an ihren Stadtwerken privatisiert (Tesche & Otto 2011, 3). Doch sowohl der ersehnte angeregte Wettbewerb sowie seine versprochenen wirtschaftlichen Vorteile blieben aufgrund hoher Netzgebühren der (oft privaten) Netzbetreiber aus. Stattdessen stiegen die Preise (vgl. ÖGPP 2019, 39f). Konkret verdoppelten sich die Verbraucherpreise zwischen 2002 und 2008, während sich die Gewinne der Energiekonzerne E.ON, Vattenfall, RWE und EnBW im selben Zeitraum verdreifachten (vgl. Heinrich 2018). 2012 hatten diese vier Konzerne 80% des deutschen Strommarktes in ihrer Hand (vgl. ÖGPP 2019, 41). Die Politik verlor so auch im Hinblick auf die Energiewende die Gestaltungsmöglichkeiten – sie wurde so vom demokratischen Basisprojekt zum Projekt großer Firmen (vgl. Boos 2017). Massiven Auftrieb erhielt die Trendwende zur Rekommunalisierung schließlich durch die Vielzahl auslaufender Kooperations- und Konzessionsverträge. Diese wurden in den 1990er-Jahren als Public Private Partnerships zwischen Gemeinden und Strom- bzw. Gasnetzbetreibern geschlossen und berechtigten den Netzbetreiber, die öffentlichen Verkehrswege der Gemeinde für die Verlegung und den Betrieb von Leitungen, die zu einem Energieversorgungsnetz des Gemeindegebiets gehören, zu benutzen. Sie umfassen Laufzeiten von 20 bis 30 Jahren und standen bzw. stehen deshalb aktuell zur Verlängerung an[19] (vgl. Bauer 2012, 19 & Kunze 2012, 99). Die Kommunen waren durch ihr Auslaufen gezwungen, eine erneute Grundsatzentscheidung zu treffen und sich mit der Rekommunalisierungsoption auseinanderzusetzen. Da die Energieversorgung in Deutschland in die drei Felder Energieerzeugung, Netzbetrieb und Vertrieb aufgeteilt ist, nahmen viele Städte und Gemeinden zunächst eher den (Rück-)Kauf der Netze als Ausgangspunkt – unter anderem, da der Netzbetrieb im Gegensatz zu Erzeugung und Vertrieb, in denen wettbewerbsartige Strukturen herrschen, ein natürliches Monopol darstellt (vgl. Cullmann/Nieswand/Seifert/Stil 2016, 445 & Kunze 2012, 101). Es kam seit 2007 zu über 40 neuen Stadtwerksgründungen (vgl. Verband kommunaler Unternehmen 2011). 2017 war der Anteil der vier großen Energiekonzerne am deutschen Strommarkt bereits von 80 auf 67% gesunken (vgl. Stromauskunft 2018). Oft waren sowohl diese Bewegungen der Rekommuna-

---

19 Allein in den Jahren 2010 bis 2015 wurden 60 Prozent der insgesamt rund 14.000 Konzessionen im Bereich der Stromnetze neu vergeben (vgl. Berlo & Wagner 2013, 8).

lisierung, als auch solche der Verhinderung weiterer Privatisierungsmaßnahmen von Bürger:inneninitiativen, Bürger:innenbegehren, Bürger:innenentscheiden und massiven Protesten begleitet (vgl. Candeias/Rilling/Weise 2008, 563ff). Ein prominentes Beispiel bildet dabei die Initiative „Unser Hamburg, unser Netz", die mit Volksentscheiden und jahrelanger politischer Arbeit auf die mehrstufige Rekommunalisierung der Strom-, Gas- und Fernwärmenetze durch die Hamburger Energienetze GmbH hinwirkte[20]. Auch gründete Hamburg 2009 das zu 100% städtische Unternehmen „Hamburg Energie", welches Strom aus erneuerbaren Energien produziert (vgl. Bauer 2012, 18 & ÖGPP 2019, 44f).

Spannend bleibt, wie der Wandel in der Energieerzeugung sich weiterentwickeln wird: Der Bereich steht vor einer tiefgreifenden Neuordnung, die einen Pfad weg von kapitalintensiven Großkraftwerken der Kohle- und Atomerzeugung, in denen notgedrungen Gesellschaftskapital und Staatseigentum dominieren, zeichnet. Kommunales und genossenschaftliches Eigentum mit demokratischen Mechanismen der Koordination ist im Kontext dezentraler erneuerbarer Stromerzeugung wie Windkraft und Sonnenenergie als Form vergesellschafteter Energieproduktion denkbar (siehe dazu auch Leibiger 2022, 311). Der deutsche Soziologe Klaus Dörre legte darüber hinaus zuletzt die Idee vor, Nachhaltigkeitsziele an Artikel 14 GG als Erweiterung der Sozialbindung des Eigentums einzuführen. Wirtschaftsakteur:innen, die das Nachhaltigkeitsgebot missachten, müssten dann mit der Sozialisierung gemäß Artikel 15 GG rechnen (vgl. Dörre 2021, 121).

Wir erleben seit der Jahrtausendwende eine Erstarkung des kommunalen Versorgungsgedankens und eine stückweise Rückbesinnung auf die Leitideen der Daseinsvorsorge. Wenngleich sich diese stets in einem Spannungsfeld zwischen Rekommunalisierung und einem gleichzeitigen Vorantreiben der Liberalisierung und Privatisierung befindet und die Austeritätspolitik der Europäischen Union und die Politik der schwarzen Null die finanziellen Spielräume einschränkt (vgl. ÖGPP 2019, 122), ist sie von einem beginnenden ideologischen Sinneswandel und Protesten in der Bevölkerung begleitet. Dies ist nicht zuletzt durch einen Ausbau direkt-demokratischer Entscheidungsformen auf kommunaler Ebene seit den 1990er-Jahren ermöglicht worden. Bürger:innen verleihen ihren Befürchtungen bei Privatisierungen vermehrt mit Hilfe von Volksinitiativen, Volksbegehren und Volksentscheiden Ausdruck (vgl. Röber 2012, 85). Die na-

---

20 Spannend ist beim Hamburger Fall die ambivalente Haltung der betroffenen Gewerkschaften. Diese vermuteten Abstriche an der Sicherheit von Arbeitsplätzen und Löhnen bei der Rekommunalisierung des Stromnetzes und sprachen sich gegen einen solchen Schritt aus (vgl. Falk & Schulten 2014, 216ff).

hende Klimakatastrophe und die sich zuspitzende soziale Ungleichheit stellen die Gesellschaft vor Probleme, deren Lösung sie privaten Unternehmen immer weniger anzuvertrauen scheint. Es ist jedoch erneut zu betonen, dass es sich bei einer Rekommunalisierung noch nicht um eine wirklich vergesellschaftete Form des Eigentums handelt: „Wenn der Staat ein sozial umkämpftes Terrain ist, so gilt dies auch für Einrichtungen und Unternehmen in öffentlichem Eigentum" (Leibiger 2022, 338). Inwieweit sie einem klassenübergreifenden, allgemeinen Interesse dienen, hängt somit von den jeweiligen Kräfteverhältnissen im jeweils betrachteten Sektor ab. Nichtsdestotrotz bedeutet Staatseigentum an Produktionsmitteln unter kapitalistischen Bedingungen, dass der jeweilige Betrieb den Privatinteressen nicht direkt untergeordnet ist und sich die Chancen der demokratischen Öffentlichkeit, auf Unternehmensentscheidungen Einfluss zu nehmen, in der Regel verbessern (vgl. ebd., 207 & Dörre 2021, 125). Es gilt, das staatliche zu einem gesellschaftlichen Eigentum fortzuentwickeln und ein auf den jeweiligen Bereich passendes Verhältnis progressiver Eigentumsformen zu finden. So können bspw. die Netze der Energiewirtschaft vom Staat als Infrastruktur verwaltet werden, während die Erzeugung dezentral und nachhaltig in kleineren kollektiven Organisationseinheiten wie z.B. Energiegenossenschaften erfolgen kann.

5.6 Die kleine Wiederaneignung: Deutsche Wohnen & Co enteignen!

Nachdem konkrete Forderungen nach Vergesellschaftung lange aus den Programmen der Gewerkschaften und Parteien verschwunden waren, bildete sich in der zweiten Hälfte der 2010er-Jahre in Berlin eine neue, zivilgesellschaftliche Akteurin, die erstmalig wieder die Eigentumsfrage in den Mittelpunkt einer Kampagne rückte: Die Initiative „Deutsche Wohnen & Co enteignen" (DWE) proklamierte – als Reaktion auf die Berliner Wohnungskrise – die Enteignung und anschließende Vergesellschaftung aller Immobilien im Besitz von Wohnungsbauunternehmen, die in Berlin mehr als 3.000 Wohneinheiten besitzen. DWE gelang es über einen Zeitraum von zwei Jahren hinweg zunächst Unterschriften für ein Volksbegehren zu sammeln und im Anschluss einen Volksentscheid mehrheitlich im Zuge der Bundestags-, sowie der Berliner Abgeordnetenhaus-Wahlen 2021 zu gewinnen. Der Entscheid forderte neben der Vergesellschaftung eine Entschädigung unter Marktwert, sowie ein Privatisierungsverbot der Bestände (vgl. DWE 2022b). Über eine Million Berliner:innen stimmten für den Entscheid.

Im Gegensatz zu den fest organisierten Institutionen der Arbeiterbewegung, von denen historisch Vergesellschaftungsforderungen ausgingen, setzt sich DWE als basisdemokratischer Zusammenschluss verschiedener Einzelpersonen, Mieter:inneninitiativen, stadtpolitischer Gruppen und Parteien zusammen (vgl. DWE 2021). Darüber hinaus wird DWE von einigen DGB-Gewerkschaften unterstützt. Die Initiative hat sich über mehrere Jahre hinweg „von unten" aufgebaut, ist so allerdings auch nicht „den Beharrungskräften ausgesetzt, die mit zentral organisierten Großstrukturen einhergehen" (Hoffrogge 2021, 23). Die Initiative organisiert sich netzwerkartig in Kiez-Teams und hatte zu ihrem Höhepunkt über 1.000 aktive Mitstreiter:innen. Sie bildet einen neuen Typus sozialer Bewegung, der die Sprache der Alten Linken weitestgehend abgelegt hat und sich an einem konkreten, lokalen Anliegen aufbaut. Sie fordert nicht die Vergesellschaftung der Wohnungsunternehmen in ganz Deutschland, sondern lediglich in einer Stadt mit horrenden Mieten. Im Zuge der Kampagne wurde vordergründig der Begriff der Vergesellschaftung, statt der des Sozialismus, Anti-Kapitalismus oder der Gemeinwirtschaft als politisches Konzept genutzt und so als politisches Schlagwort mit neuem Leben gefüllt. DWE nutzt sowohl digitale Infrastrukturen und die Spontanität neuer Bewegungen, um in der Stadt präsent zu sein, als auch Organizing-Strategien wie Haustürgespräche, um eine breite, druckvolle politische Kampagne für ihr Anliegen aufzubauen und in der Lebenswelt der Betroffenen zu verankern.

Obgleich DWE den Berliner Senat durch den Volksentscheid lediglich dazu auffordert, Maßnahmen der Überführung von Immobilien in Gemeineigentum einzuleiten und nicht selbst ein Gesetz der Vergesellschaftung gemäß Artikel 15 GG verfasst hat, hat die Initiative ein detailliertes Konzept der institutionellen Ausgestaltung eines möglichen sozialisierten Immobilienunternehmens in der geforderten Größe ausgefertigt[21]. In diesem legt die Bewegung dar, was eine gemeinwohlorientierte Bewirtschaftung, sowie eine demokratische Verwaltung der enteigneten Wohnungen institutionell bedeuten könnte. Dabei spielt der Einbezug von Betroffenen in die Partizipationsstrukturen eine zentrale Rolle. Ähnlich wie bei den Commons sollen die Entscheidungen im Sinne des Subsidiaritätsprinzips möglichst dezentral dort getroffen werden, wo sie umgesetzt werden (vgl. DWE 2020, 22). Rechtlich setzt die Initiative auf eine Anstalt öffentlichen Rechts (AöR), statt auf eine GmbH oder Aktiengesellschaft, um sowohl Intransparenz und Geschäftsgeheimnissen, als auch indirekten Wahlen durch

---

21 Der Volksentscheid umfasst die Vergesellschaftung von mindestens 240.000 Wohneinheiten (vgl. DWE 2022a).

Abgeordnete vorzubeugen (vgl. ebd., 23f). Das oberste Entscheidungsgremium der AöR soll der Verwaltungsrat bilden, der sich mehrheitlich aus direkt gewählten Vertreter:innen der Mieter:innen (5), der Beschäftigten der AöR (4), sowie der Stadtgesellschaft (4) zusammensetzt. Darüber hinaus ist je ein:e Vertreter:in der Senatsverwaltungen für Finanzen, sowie Stadtentwicklung und Wohnen vorgesehen. Der Verwaltungsrat soll vordergründig die Geschäftsführung kontrollieren, Grundsätze zur Preisbildung festlegen, und keinen sachfremden Geschäftstätigkeiten (wie z.B. solchen im Finanzbereich) nachgehen (vgl. ebd., 24f). Neben dem Verwaltungsrat sieht DWE mindestens drei Ebenen der lokalen Selbstverwaltung in Form von Gesamt- und Gebietsmieter:innenräten, sowie Siedlungsräten und einer potenziellen Selbstverwaltung der Hausgemeinschaft vor. Diese Räte werden direkt von dem Mieter:innen gewählt und verfügen – je nach Ebene – über unterschiedliche Kompetenzen der Interessenvertretung (vgl. 25ff). Darüber hinaus betrachtet es die Initiative als Aufgabe eines vergesellschafteten Unternehmens, Bildungsangebote zur fachlichen, aber institutionellen Aufklärung bereitzustellen, um Partizipation zu ermöglichen. Im Kontext der Gemeinwohlorientierung eines Immobilienkonzern will sie Räume für Kleingewerbe, soziale Einrichtungen, Kultur, basispolitischer Betätigung, aber auch zur Unterbringung von Geflüchteten fördern (vgl. ebd., 10f/27). Multiple Herrschaftsverhältnisse werden im Konzept mitgedacht. So soll eine diskriminierungsfreie Vermietung, Tarifbindung der Beschäftigten, ein festangestellter Personalrat, barrierefreies Wohnen, sowie Schutzräume vor patriarchaler Gewalt geschaffen und die Energiewende vorangetrieben werden (vgl. ebd., 10f). Das von DWE imaginierte vergesellschaftete Unternehmen stellt insgesamt einen modernen Entwurf der Gemeinwohlorientierung dar und findet eine Rechtsform, die über die bloße Mehrbeteiligung an Aufsichtsratsposten hinausgeht. Sie entwirft weitergehende, an der Basis der Betroffenen orientierte Entscheidungs- und Beratungsstrukturen. Die Initiative hat ebenso aus dem Wandel der Mega-Genossenschaften, wie aus dem Ende der gewerkschaftlichen Gemeinwirtschaftsunternehmen gelernt und entwirft ein institutionelles Konzept eines vergesellschafteten Großunternehmens im Sinne eines an Commons-Strukturen erinnernden Mehrebenen-Modells.

Das Aufkommen von DWE ist im Kontext sich zuspitzender gesellschaftlicher Ungleichheit, der Konzentration von Reichtum wie sie z.B. Thomas Piketty in „Das Kapital im 21. Jahrhundert" darlegt, sowie der abhandengekommen Wirkmächtigkeit organisierter anti-kapitalistischer Gegeninstitutionen zu betrachten. Die Zivilgesellschaft hat im Zuge von Privatisierungsmaßnahmen und der Ausrichtung öffentlicher Betriebe auf Wachstum gelernt, dass eine bloße Verstaatlichung von Privateigentum weiterhin Profitmaximierung bedeuten kann (vgl. Nuss 2020, 95). DWE fokussiert sich – anders als die gewerkschaftlichen und parteilichen Konzepte des 20. Jahrhunderts – auf die Reproduktions- statt auf die Produktionssphäre. Die Vergesellschaftung von Immobilienkonzernen kann so als eine Zurückdrängung der Privatisierungen der vergangenen Jahrzehnte gesehen werden, die allerdings über den vorhergegangenen Zustand hinausgehen möchte. Die Initiative will neue Institutionen schaffen, die eine Re-Privatisierung aufgrund ihrer demokratischen Rückkopplung deutlich erschweren. Darüber hinaus strebt DWE an, durch die Vergesellschaftung dem Finanzmarkt Kapital zu entziehen und es lokal zu binden. So soll der Renditedruck aus dem Markt genommen und spekulative Finanzströme abgeschreckt werden. Sabine Nuss eröffnet mit dem Begriff der „kleinen Wiederaneignung" die Perspektive auf eine schrittweise Erweiterung gesellschaftlicher Macht über Staat und Wirtschaft durch Vergesellschaftung privater Unternehmen, öffentliche Investitionen, sowie strengere Regulierung von privater Verfügungsgewallt über die Produktionsmittel. So soll das Privateigentum an Produktionsmitteln und die Marktlogik sukzessive zurückgedrängt werden (vgl. Nuss, 108/116). Die Sphäre der Reproduktion bzw. der Daseinsvorsorge scheint ihr dafür mittelfristig als ein sinnvoller Ansatzpunkt. Sie scheint rechtlich greifbarer und kann anders als viele Sektoren der Produktionssphäre nicht einfach global abwandern, da sie meist lokal gebunden ist. Darüber hinaus kann sie als Lernort für weitreichendere Wiederaneignungen fungieren, sich mit Arbeitskämpfen verbinden und so die Basis für „eine Art schrittweiser Aufrollung des Produktionszusammenhangs von Reproduktion und Dienstleistungen hin zum industriewirtschaftlichen Bereich" bilden (vgl. Exner/Kratzwald 2012, 130f). Vergesellschaftung kann daher als demokratische De-Globalisierung und Absicherung gegen Privatisierung jenseits von protektionistischen Lösungen des Nationalstaats verstanden werden (vgl. DWE 2020, 15ff).

Obgleich DWE im Vergleich zur Vergesellschaftungsdebatte innerhalb von Gewerkschaften und Parteien im 20. Jahrhundert unverhältnismäßig marginal ist, was sowohl Tiefe und Breite der Forderung als auch materielle Durchsetzungskraft und gesellschaftliche und diskursive Tragweite angeht, ist mit ihr ein neuer Typus von Akteur:in im Kontext der Historie von Vergesellschaftung entstanden. Die Initiative konstituiert sich als uneinheitliches Kollektivsubjekt in Netzwerk-Form abseits der klassischen Partei- und Gewerkschaftsform (Möller 2012, 270). Sie ist offen angelegt und nutzt digitale Infrastrukturen zur Mobilisierung und Organisierung. Die Kampagne hat der Öffentlichkeit ins Bewusstsein zurückgerufen, dass Sozialisierungen nach Artikel 15 GG möglich und unter bestimmten Bedingungen auch bezahlbar sind (vgl. Hoffrogge 2021,

23). Sie hat sich mit dem Wohnsektor auf ein Feld fokussiert, welches durch die unmittelbare Betroffenheit und den Leidensdruck vieler Menschen in Berlin Mobilisierungspotenzial aufzeigt, lokal gebunden ist und einen Baustein der Wiederaneignung privatisierter Bereiche der Daseinsvorsorge darstellen kann. Ihr institutioneller Vorschlag eines vergesellschafteten Unternehmens orientiert sich basisdemokratisch an Rätestrukturen und versucht zeitgleich durch zentralistische Elemente handlungsfähig zu bleiben. Der Entwurf denkt gemeinwohlorientiert multiple Herrschaftsverhältnisse mit und beschränkt sich nicht lediglich auf den der Lohnarbeit. Inwiefern die Berliner Politik den Volksentscheid von DWE umsetzen und ob er mit geltendem EU-Recht in Konflikt geraten wird, wird die Zukunft zeigen.

5.7 Zwischenfazit

Seit den 1970er-Jahren haben sich die Rahmenbedingungen für Forderungen nach Vergesellschaftung und Dispositionsmachterweiterungen signifikant verschlechtert. Der neoliberale Durchbruch der 1970er- und 1980er-Jahre führte – gepaart mit dem Produktionsregimewechsel zum Post-Fordismus – zur Erhebung des Marktes zum hegemonialen Organisationsprinzip der globalen Wirtschaft und Gesellschaft. Multiple Bestrebungen der Liberalisierung, Deregulierung und Privatisierung, sowie der aus ihnen resultierende Standortnationalismus drängten demokratische und sozialstaatliche Errungenschaften zurück. Ebenso verlagerten sie rechtliche Souveränität auf die transnationale Ebene. Der reale Prosperitätsgewinn der Nachkriegsperiode, sowie neoliberale Propaganda-Kampagnen führten zu einem tiefgreifenden Wertewandel westlicher Gesellschaften, der das Individuum ins Zentrum stellt und Solidarität untergräbt. Die breit aufgestellte Arbeiterbewegung mit ihren mächtigen politischen, gewerkschaftlichen, genossenschaftlichen und kulturellen Organisationen verlor im Übergang zum Finanzmarktkapitalismus bedeutend an Boden und Durchsetzungskraft. Sie verharrt seit Jahrzehnten in der Defensive und ist nicht mehr fähig, Forderungen nach Vergesellschaftung Druck zu verleihen (vgl. Urban 2012, 194). In diesem Prozess verschwanden die Begriffe der Gemeinwirtschaft, Sozialisierung und Vergesellschaftung sukzessive aus der Öffentlichkeit, bis sie nach dem Zusammenbruch des Realsozialismus im Osten an einem historischen Ende angelangt zu sein schienen.

Die neoliberalen Wirtschaftspolitiken führten über die letzten fünf Jahrzehnte allerdings ebenfalls zu demokratietheoretischen Verlusten in Form von verminderten gesellschaftlichen Teilhabemöglichkeiten durch Privatisierungen, stetig größer werdender sozialer Ungleichheit, sowie zu einer Zuspitzung der gesellschaftlichen Naturverhältnisse in Form von Artensterben und Klimakatastrophe. Dies ließ neue kollektivwirtschaftliche Denkrichtungen, Protestbewegungen und das Bedürfnis nach Teilhabe in einer Welt entstehen, in der zunehmend die Sicherheit der Lebensperspektiven abhandenkommt (vgl. Nuss 2020, 15). Die Forschung von Elinor Ostrom widerlegt das dogmatische Menschenbild des homo oeconomicus in weiten Teilen und zeigt auf, dass kollektive Wirtschaftsordnungen unter gewissen Bedingungen möglich sind. Ostroms Gedankengebäude bricht dabei sowohl mit dem Markt-Staat-Dualismus, als auch mit eindimensionalen Eigentumskonzepten. Es spricht sich stattdessen für passgenaue, dezentral von den Betroffenen ausgehandelte Institutionengefüge zur Organisation und Verwaltung von Gütern und Ressourcen aus. Damit antwortet sie auf Hayeks in Teilen berechtigter Kritik an zentralistisch-autoritären Planvorstellungen in einer hochkomplexen Welt, zeigt dabei aber moderne Perspektiven vergesellschafteter Wirtschaftsbereiche auf, die dieser gerecht werden. Unklar bleibt jedoch, wie diese über einen kleinen Kreis von Nutzenden hinaus hochskaliert werden können.

Paul Mason und die Anhänger:innen der kybernetischen Planung bieten hier Anknüpfungspunkte. Sie sind der Überzeugung, dass die Produktivkräfte im digitalen Zeitalter so weit entwickelt seien, dass die Gesellschaft nun anders als zuvor weitermachen könne (vgl. Nuss 2020, 99f). Das nicht-knappe Gut der Information in Datenform birgt laut Mason Aussicht auf ein neues emanzipatorisches Produktionsparadigma, welches den Menschen erlaubt, sich frei und netzwerkartig zu assoziieren, sowie in Form digitaler Commons wie beispielsweise Wikipedia kostenlose Güter zu produzieren. Der Markt soll so sukzessive zurückgedrängt werden. Theoretiker:innen der kybernetischen Planung fassen dabei – im Gegensatz zu Mason und Ostrom – vordergründig die makroökonomische Ebene ins Auge. Sie sind der Überzeugung, dass die heutigen internationalen Großunternehmen eine strikte Planwirtschaft betreiben, die sich die Gesellschaft ebenfalls aneignen kann. Der Widerspruch zwischen dem technisch Möglichen und den realen Verhältnissen eröffnet Debatten um ein Leben jenseits der Profitlogik. Sowohl Ostrom und Mason, als auch den Plankybernetiker:innen fehlt allerdings eine Analyse der gesellschaftlichen Machtverhältnisse bzw. eine schlagkräftige Bewegung, die ihre Ideen zur Durchsetzung trägt. Dies lässt ihre Überlegungen in weiten Teilen zum akademischen Diskurs oder zu Best-Practice-Beispielen in bestimmten wirtschaftlichen Nischen werden. Für ihre Realisierung im größeren Stil ist es notwendig, einen rechtlichen und institutionellen Rahmen zu schaffen, indem sich Commons von unten aufbauen, Daten vergesellschaftet werden, sowie Wirtschaftsbereiche stärker gelenkt und geplant werden können. Dieser wird nicht ohne eine Verschiebung der Kräfteverhältnisse zustande kommen.

Im Gegensatz zu ihnen verfolgt die Initiative „Deutsche Wohnen und Co enteignen" eine Praxis der Wiederaneignung durch enteignende Vergesellschaftung. Sie nutzt den bislang nie genutzten Artikel 15 GG und fordert an Parteien und Gewerkschaften vorbei eine Vergesellschaftung der Wohnungswirtschaft Berlins. DWE begreift und kommuniziert Vergesellschaftung als konkreten unideologischen Lösungsmechanismus für ein akutes Problem, der langfristig wirksam ist, sowie Re-Privatisierungen vorbeugt. Ihr institutionelles Design beinhaltet auf die konkrete Ressource bezogene basis- und rätedemokratische, aber ebenfalls zentralisierte repräsentativ-demokratische Elemente und ist somit an Commons-Strukturen auf mehreren Ebenen angelehnt. DWE setzt im Reproduktionsbereich an und kann in diesem Kontext als Exempel einer neuen Wiederaneignungsstrategie verstanden werden, die sich von historischen Konzepten der Vergesellschaftung der Produktionssphäre abgrenzt. Die Initiative versucht die Machtbastionen des Finanzmarkts durch Sozialisierung aus dem Sektor zu drängen, um sowohl Entscheidungen als auch Refinanzierung im lokalen Rahmen zu halten. Sie stellt eine neue soziale Akteurs-Form der assoziierten, netzwerkförmigen Macht (Klaus Dörre) dar, die sich aus verschiedenen Kräften der politisch aktiven Zivilgesellschaft, Intellektuellen und Parteien zusammensetzt. Dabei wird sie von den Gewerkschaften unterstützt (vgl. Urban 2012, 196). Obgleich die Initiative die erste durchsetzungsfähige Akteurin einer (regionalen) Vergesellschaftungsforderung seit Jahrzehnten darstellt, ist sie mit den Debatten und Bewegungen des 20. Jahrhunderts in Tragweite, Stärke und Implikation nicht vergleichbar. Seit der Jahrtausendwende haben sich vor dem Hintergrund der Zuspitzung sozialer und ökologischer Krisen neue technologische Möglichkeiten, privatwirtschaftliche Eigentumsformen, Debatten und Akteur:innen für kollektivwirtschaftliche Bestreben aufgetan, die verschiedene Hypothesen für die Zukunft der Vergesellschaftung im 21. Jahrhundert zulassen.

6. Ein Blick nach vorn

Die Geschichte der Vergesellschaftung ist die Geschichte der Akteur:innen, die sie forderten und derer, die für sie kämpften. Sie ist eine Geschichte der sozialen und politischen Auseinandersetzung. Die Idee der Vergesellschaftung fand ihren Ursprung in der Lehre von Karl Marx und Friedrich Engels und wurde von der Arbeiterbewegung des 19. und 20. Jahrhunderts zur ihrer Kernforderung erhoben. Sie hatte Debattenhöhepunkte in den unmittelbaren Jahren nach den beiden Weltkriegen. Die etablierten Institutionen des privaten Eigentumsregimes und der kapitalistischen Marktwirtschaft waren zu diesen Zeiten geschwächt, die ökonomischen Notlagen sorgten für Suchbewegungen nach alternativen wirtschaftspolitischen Lösungen. So ergaben sich günstige Zeitfenster für Forderungen nach grundlegender Veränderung der Eigentumsordnung. Der Großteil der deutschen Sozialisierungsforderungen war von antimonopolistischen, sowie nach 1945 von antifaschistischen Motiven geprägt. Neben der systemoppositionellen Rätebewegung fokussierte sich ein großer Teil der diskutierten Konzepte vordergründig auf eine Überführung der Schlüsselindustrien in Gemeineigentum. Durch diese erhoffte man sich, die gesellschaftliche Verfügungsmacht auf die Gesamtwirtschaft bei simultaner Absicherung der Privatwirtschaft zu erweitern (vgl. Brückner 2013, 218). Geprägt war diese Strategie zum einen von Rudolf Hilferdings Vorstellung der Herausbildung eines steuerungsfähigen Generalkartells, sowie von der Angst wirtschaftlichen Scheiterns und autoritärer Entfremdung bei Übernahme des Staates durch die Institutionen der Arbeiterklasse. Auf betrieblicher Ebene hatten Unternehmensformen des Gemeineigentums stets eine Vorbildfunktion inne. Genossenschaften drängten die Ausbeutung der Arbeiter:innen zurück, halfen dort, wo es der Markt nicht vermochte, versuchten die Ideale der Gleichheit und Solidarität der Sozialisierungsbewegung im Hier und Jetzt vorzuleben und gelten auch heute noch als fortschrittliche Organisationen, die ihren Fokus auf soziale, demokratische und ökologische Ziele neben dem des reinen Profits richten (vgl. Notz 2021, 177). Formen der Vergesellschaftung von unten entstanden jedoch oft in gesellschaftlichen Krisensituationen – weniger als utopische Projekte, sondern als solche des Überlebens. Die Kapitalseite betrachteten sie nicht als drohendes „Gespenst des Kommunismus" und duldeten sie (vgl. Leibiger 2022,

255). Die letztendlichen Institutionalisierungen der Vergesellschaftung waren zu jedem Zeitpunkt weit von den Vorstellungen ihrer radikalen Befürworter:innen entfernt. In der Gründungsphase der Weimarer Republik war die Möglichkeit einer enteignenden bzw. wiederaneignenden Vergesellschaftung im großen Stil real und von der Kapitalseite gefürchtet. Sie wurde von den Gewerkschaften und der (M)SPD im politischen Diskurs als Drohkulisse genutzt, um lang geforderte und tiefgreifende, wenn auch niedrigschwelligere Maßnahmen durchzusetzen. Der Begriff der Vergesellschaftung war im Hinblick auf konkrete Praxen allzeit unklar definiert und stellte deshalb eine Projektionsfläche diverser institutioneller Konzepte dar. Sie vermochte es, den Besitzenden Konzessionen in Form von Institutionalisierungen der Erweiterung gesellschaftlicher Verfügungsmacht abzuverlangen, gelangte dabei aber nie selbst zur vollen Verwirklichung.

Die Realisierung politischer Vorstellungen hängt allzeit mit den Machtressourcen derer zusammen, die sie formulieren. Die Forderung nach Vergesellschaftung wurde stets am vehementesten im außerparlamentarischen Rahmen vorgetragen, fand sich aber auch bis Godesberg in Programmen sozialistischer und sozialdemokratischer Parteien wieder. Gab es in der Zeit der Novemberrevolution 1918 mit der Arbeiterbewegung eine breite, mehrarmige Akteurin[1] mit materieller Durchsetzungskraft, deren radikaler Teil die Umwälzung der gesamten Eigentumsordnung und eine Neuordnung des gesellschaftlichen Systems forderte, so existierten nach dem Zweiten Weltkrieg durch die Zerschlagung der Arbeiterbewegung im Nationalsozialismus faktisch lediglich noch die SPD und der DGB als Träger:innen der Forderung nach Vergesellschaftung. Der Sozialisierungskatalog der kleiner gewordenen Bewegung beschränkte sich nur noch auf die Schlüsselindustrien. Die akute, das System mit einem Schlag verändernde Kulisse des radikalen Arms fehlte, die amerikanische Besatzungsmacht stellte den Kurs auf eine Westorientierung im sich zuspitzenden Kalten Krieg, und so konnten der Gegenseite weniger tiefgreifende Konzessionen abgerungen werden. Ab den 1980er-Jahren gelang es den Antagonist:innen der Vergesellschaftung dann, den aufgeklärten Neoliberalismus der Sozialen Marktwirtschaft mit seinen Versprechen der Teilhabe, Freiheit und Gleichheit an die Stellte des Narratives der solidarischen Kollektivwirtschaft zu setzen. Die tradierten Formen sozialisierter Gegeninstitutionen stießen im Kontext sich verbreitender Marktlogiken, eines gesellschaftlichen Wertewandels, sowie der eigenen zentralistischen Ausrichtung

---

1 Es ist hier noch einmal anzumerken, dass die damalige Arbeiterbewegung stets verschiedene, teils vordergründig gar widersprüchliche politische Strategien der und Konzepte von Vergesellschaftung zeitlich in sich trug und formulierte.

an ihre Grenzen. Die genossenschaftliche Idee entkernte sich, die SPD wurde zur breit ausgerichteten Volkspartei und die Gewerkschaften gerieten in Defensivposition, aus der sie sich bis heute nicht zu erheben vermochten. Der neue soziale Bewegungscharakter nahm ihren Platz in der Sphäre der Ökonomie nicht ein und führte seine politischen Kämpfe in ideologischen Großbewegungen und nicht als Auseinandersetzung um die Eigentumsverhältnisse.

Heute gestaltet sich die Ausgangslage für Vergesellschaftungsmaßnahmen komplex. Die Globalisierung hat eine neue Stufe vergesellschafteter Arbeit, die Verlagerung rechtlicher Kompetenzen auf transnationale Institutionen, sowie komplexe, international agierende Formen von Eigentum und Monopolen hervorgebracht, die global abwandern, wenn sie sich bedroht fühlen. Konzepte der Vergesellschaftung wären in vielen Sektoren nur noch unter massivem Zwang und nationaler Abschottung durchsetzbar. Um Lösungen für dieses Dilemma zu finden, bleiben heutigen Akteur:innen zwei Optionen: Sie müssen international agieren, um Forderungen in der Produktionssphäre entlang internationaler Lieferketten aufstellen zu können. Dabei sehen sie sich allerdings mit einem globalen Institutionengeflecht konfrontiert, welches eine deutliche Systementscheidung für die Marktwirtschaft getroffen hat. Der benötigte gesellschaftliche Druck müsste immens sein, um grundlegende Erfolge erringen zu können. Gleichzeitig zwingt die ökologische Krise unsere Gesellschaften dazu, global zu denken und gemeinsame Lösungen zu finden. National zeigen jedoch Initiativen wie „Deutsche Wohnen & Co enteignen", dass es weiterhin Spielräume und Ansatzpunkte gibt, wenn es gelingt, das vermeintlich abstrakte Konzept der Vergesellschaftung als Lösung konkreter regionaler Probleme anzubieten. Schon Umbreit forderte vor über einhundert Jahren eine Fokussierung der Vergesellschaftung auf lokale, wenig an den Weltmarkt angebundene Güter der Bedarfsdeckung bzw. der Daseinsfürsorge, sowie der Infrastruktur. Eine vergesellschaftende Wiederaneignung der privatisierten Daseinsvorsorge der Reproduktionssphäre erscheint als ein strategisch sinnvoller Schritt in Richtung einer solidarischen Wirtschaft. Nicht zuletzt, da sie an Alltagserfahrungen von Menschen anknüpft und vergleichsweise großes Mobilisierungspotenzial bietet. Die Mehrheit der Gesellschaft positioniert sich heute gegen Privatisierungen – DWE hat gezeigt, dass es an Initiativen fehlt, die diese Mehrheit strukturiert organisieren. Allerdings müssen diese um Kämpfe für eine rechtliche Absicherung kollektiver Eigentums- und Organisationsformen ergänzt werden, damit vergesellschaftete Unternehmen nachhaltigen Bestand haben und sich – wie Commons oder Genossenschaften – von unten aufbauen und zukunftsfähige Möglichkeitsräume aufzeigen können ohne vom Markt entkernt zu werden. Darüber hinaus müssen Maßnahmen der

Vergesellschaftung in weiterführende ordnungspolitische und sozialstaatliche Auseinandersetzungen eingebettet werden. Es gilt stets im jeweiligen Sektor zu ermitteln, was sich notwendigerweise an den Rahmenbindungen verändern muss, damit Vergesellschaftung real werden kann. So ist beispielsweise das Gesundheitswesen seit nunmehr 20 Jahren in eine marktwirtschaftlich überformte Struktur eingebettet, die zwar theoretisch einem planerischen Imperativ mit Selbstverwaltungslogik folgt, in der praktisch aber die Frage, ob sich Krankenhäuser im privaten oder öffentlichen Eigentum befinden, von untergeordneter Relevanz ist. Auch die Deutsche Bahn ist in öffentlicher Hand, muss aber wirtschaftlich profitabel agieren. So gehen gesellschaftliche Ziele neben dem des Profits unter. Beispiele wie dieses werfen die Frage auf, wo die Grenze der Vergesellschaftung von Eigentum zu ziehen ist. De facto benötigt diese eine Demokratisierung der Politik, um Verfügungsmacht außerhalb eines bestimmten Unternehmens zu kollektivieren. Diese ist auch im Angesicht der Krise der Repräsentation und der Parteien längst überfällig. Rätestrukturen in Feldern wie Nachhaltigkeit oder Mieten sind denkbare Weiterentwicklungen. Außerdem gibt es neben der konkreten Übertragung von Eigentumstiteln eine Vielfalt von Wegen, die eine Erweiterung von gesellschaftlichem Einfluss auf Unternehmensentscheidungen begünstigen. So greifen z.B. Gesetze der Mitbestimmung und des Umweltschutzes regulierend in private Dispositionsgewalt und eine progressive Steuerpolitik in individuelle Aneignungsmacht ein (vgl. Leibiger 2022, 317f). Ferner wäre es ein Schritt in Richtung Vergesellschaftung, wenn Fördermittel oder Krisenhilfen an Eigentumsanteile und partizipativere Mitbestimmungsstrukturen in der Region gebunden wären. Klaus Dörre bringt den konkreten Vorschlag ein, Unternehmen zu enteignen und zu vergesellschaften, wenn es ihnen nicht gelingt, Nachhaltigkeitsziele einzuhalten. Da der Artikel 15 GG bis dato im luftleeren Raum existiert und nie zum Einsatz kam, ist seine Anwendung in Berlin mit Spannung zu beobachten, um weiterführende Schlüsse zu ziehen. Es bleibt abzuwarten, ob er mit geltendem EU-Binnenmarktrecht in Konflikt gerät.

Die technischen Ausgangsbedingungen für Vergesellschaftungsmaßnahmen erweisen sich zunehmend – zumindest theoretisch – als günstig: Paul Mason zeigt, dass es die Struktur digitaler Produktionsmittel ermöglicht, tradierte Eigentumsformen aufzuweichen und Partizipation zu ermöglichen. Die Neuordnung der Energiewirtschaft bietet Ansatzpunkte für eine dezentrale, ökologisch ausgerichtete und demokratische Energieproduktion jenseits von großen Aktiengesellschaften. Auch im Gesundheitssystem sind im Zuge der Corona-Pandemie Forderungen nach einer Vergesellschaftung der Patente und dem Ende des Profits im Krankenhaus laut geworden. Institutionell müssen Befürworter:innen der Vergesellschaftung aus den Gesellschaftsexperimenten des Realsozialismus lernen und dezentrale Teilhabe ermöglichen, um Entfremdungsmechanismen entgegenzuwirken. Die Commons-Bewegung, sowie die Konzeption von DWE sind Beispiele dafür, dass ein solcher Reflexionsprozess stattfindet. Wie Vergesellschaftung aussieht, hängt immer von der Gesellschaft ab, die vergesellschaftet. Sie ist daher auch immer auf autoritäre, völkische oder patriarchale Art vorstellbar und sollte daher nie als rein juristischer Prozess begriffen werden. Es geht immer um einen gesellschaftlichen Aushandlungsprozess, der klären muss, was wir kollektiven Eigentumsstrukturen unterwerfen wollen, wo Raum für individuellen Spielraum bleibt, und wie wir Institutionen schaffen können, die Betroffenen und Beschäftigten zugänglich sind und Zielkonflikte transparent diskutieren. Vergesellschaftung ist nie der Wert an sich, sondern immer der Weg dorthin, soziale und ökologische Ziele zu erreichen.

Das Ausbeutungsverhältnis der Lohnarbeit hat ebenso wie die klassische Partei- und Gewerkschaftsform in der zweiten Hälfte des 20. Jahrhunderts seine Zentralität im Kampf um Vergesellschaftung vorerst verloren. In den Klassenkämpfen der letzten Jahrzehnte ging es nie um die grundlegende Veränderung der bestehenden Bedingungen, sondern stets um die Verbesserung der Lage der arbeitenden Klasse unter ihnen. Ein geschlossenes Subjekt, das sich der Vergesellschaftung von Eigentum verschrieben hat, ist nicht mehr erkennbar (vgl. Leibiger 2022, 301ff). Mit dem wirtschaftsgeschichtlichen Wandel der Eigentums- und Produktionsverhältnisse haben sich sowohl das Subjekt, als auch die Wege und Möglichkeiten von Eigentumsformen und Vergesellschaftungsbestrebungen ausdifferenziert. Ob die demokratische Zivilgesellschaft das Proletariat des revolutionären Marxismus ersetzen kann, wie es Erik Olin Wright postuliert, bleibt abzuwarten (vgl. Dörre 2021, 48). Es gilt in jedem Fall, neue netzwerkförmige Allianzen einer stark ausdifferenzierten Mosaik-Linken zu bilden, um wirkmächtig agieren zu können. Nichtsdestotrotz braucht es zur materiellen Durchsetzungskraft auch die Gewerkschaften und deren Willen, sich politischen Auseinandersetzungen jenseits der Tarifrunden anzuschließen. Die Forderung nach Vergesellschaftung kann Denkräume in gewerkschaftlichen Kämpfen eröffnen und ihrem Abwärtstrend der letzten Jahrzehnte durch konfliktorientierteres Handeln in sich zuspitzenden sozialen Krisen neues Mobilisierungspotenzial verschaffen. Gerade, da im Angesicht von Digitalisierung und Klimakatastrophe ganze Wirtschaftssektoren abgewickelt und prekarisiert werden, wird eine Fokussierung auf Kämpfe um Löhne und Arbeitsbedingungen nicht immer ausreichen, um Problemlagen zu überwinden. Auch, da diese sich überall, wo privatisiert wird, in der Tendenz verschlechtern. Solidarität fällt aber selbst in der Arbeiterklasse nicht vom Himmel, sondern muss sich anhand von konkreten Problemen und Fragen entwickeln[2]. Methoden wie betriebliches Organizing und der Schulterschluss mit politischen Bewegungen wie sie im ÖPNV mit Fridays For Future geschieht, können zur Wiedererlangung ihrer politischen Stärke beitragen.

Die Eigentumsfrage kann als verbindendes Element politischer Kämpfe um verschiedene Herrschaftsverhältnisse und Problemlagen hervorgehoben und neu gestellt werden (vgl. Möller 2012, 269f). Die Wirksamkeit der Vergesellschaftung als politisches Druckmittel hängt davon ab, ob sie im 21. Jahrhundert ein Gewand finden kann, mit dem es ihr gelingt, zur mobilisierungsfähigen Hoffnungsträgerin starker sozialer Bewegungen zu werden, die konkrete Lösungen für die demokratietheoretischen Defizite der Digitalisierung, sich verstärkende sozialen Ungleichheitsverhältnisse, sowie die nahende Klimakatastrophe finden wollen. Es wäre zu wünschen, dass derartige Bewegungen nicht erst in tiefgreifenden gesellschaftlichen Krisen, wie sie in den Nachkriegszeiten gegeben waren, wirkmächtig werden. Die Eigentumsfrage kann in wirtschaftlichen Teilbereichen die notwendige Bedingung einer grundlegenden Veränderung darstellen. „Deutsche Wohnen & Co enteignen" hat uns daran erinnert, dass „Eigentumsverhältnisse [...] nach wie vor als eine politisch konstruierte Entscheidung zu begreifen sind" (Engartner 2007, 92). Es gilt, ihre Veränderbarkeit anhand akuter Auseinandersetzungen wieder vorstellbar zu machen und gesellschaftliche Organisationsprozesse anzustoßen, die den notwendigen Stärkeaufbau für ihre Durchsetzung ermöglichen.

---

2   „Die Sozialisierungskommission scheiterte 1924 auch daran, dass entscheidende Kräfte der Arbeiterbewegung die 'Lösung' der Eigentumsfrage als weniger wichtig als die Sicherung der nackten Existenz in der Nachkriegskrise ansahen" (Leibiger 2022, 301).

Literatur

Abendroth, Wolfgang (1929); „Wirtschaftsdemokratie oder Sozialismus?". In: Buckmiller/Perels/Schöler (Hrsg.): Wolfgang Abendroth – Gesammelte Schriften Band 1 – 1926-1948. Offizin-Verlag. Hannover (2006). S. 131-136.
- (1954): „Demokratie als Institution und Aufgabe". In: Buckmiller/Perels/Schöler (Hrsg.): Wolfgang Abendroth – Gesammelte Schriften Band 2 – 1949-1955. Offizin-Verlag. Hannover (2006). S. 407-416.
- (1956a): „Das KPD-Verbotsurteil des Bundesverfassungsgerichts". In: Buckmiller, Michael (Hrsg.): Wolfang Abendroth – Gesammelte Schriften Band 3 – 1956-1963. Offizin-Verlag. Hannover (2013). S. 109-132.
- (1956b): „Vergesellschaftung der Produktionsmittel oder individuelles Miteigentum an den Produktionsmitteln?". In: Buckmiller, Michael (Hrsg.): Wolfang Abendroth – Gesammelte Schriften Band 3 – 1956-1963. Offizin-Verlag. Hannover (2013). S. 142-146.
- (1957): „Um den Sozialisierungsartikel des Grundgesetzes". In: Buckmiller, Michael (Hrsg.): Wolfang Abendroth – Gesammelte Schriften Band 3 – 1956-1963. Offizin-Verlag. Hannover (2013). S. 176-180.
- (1958a): „Ist der Marxismus überholt'?". In: Buckmiller, Michael (Hrsg.): Wolfang Abendroth – Gesammelte Schriften Band 3 – 1956-1963. Offizin-Verlag. Hannover (2013). S. 211-221.
- (1958b): „Der Begründer des modernen Sozialismus". In: Buckmiller, Michael (Hrsg.): Wolfang Abendroth – Gesammelte Schriften Band 3 – 1956-1963. Offizin-Verlag. Hannover (2013). S. 226-228.
- (1958c): „Das Problem der Beziehungen zwischen politischer Theorie und politischer Praxis in Geschichte und Gegenwart der deutschen Arbeiterbewegung". In: Buckmiller, Michael (Hrsg.): Wolfang Abendroth – Gesammelte Schriften Band 3 – 1956-1963. Offizin-Verlag. Hannover (2013). S. 251-268.
- (1962a): „Bilanz der sozialistischen Idee in der Bundesrepublik Deutschland". In: Buckmiller, Michael (Hrsg.): Wolfang Abendroth – Gesammelte Schriften Band 3 – 1956-1963. Offizin-Verlag. Hannover (2013). S. 392-413.
- (1962b): „Die Vergesellschaftung der Produktionsmittel". In: Buckmiller, Michael (Hrsg.): Wolfang Abendroth – Gesammelte Schriften Band 3 – 1956-1963. Offizin-Verlag. Hannover (2013). S. 488-490.

Abraham, Hans Jürgen (1965): „Kommentar zum Bonner Grundgesetz (Bonner Kommentar). Loseblattsammlung. Zweitbearbeitung Art. 15". (1965). Hamburg.

Adenauer, Konrad (1965): „Erinnerungen 1945-1953". Deutsche Verlags-Anstalt DVA (1963). Stuttgart.

Adorno, Theodor W. (1951): „Minima Moralia. Reflexionen aus dem beschädigten Leben". Berlin/Frankfurt a.M.

Agartz, Viktor (1947): „Gewerkschaften und Wirtschaft". In: Protokoll. Gründungskongreß des DGB. 1. Bundeskongreß des Deutschen Gewerkschaftsbundes für die britische Zone vom 22.-25. April 1947 in Bielefeld. Düsseldorf. S. 113-139.

- (1951): „Wirtschaftspolitik der Gewerkschaft". Referat, gehalten auf dem Kölner Gewerkschaftstag der Gewerkschaft Handel, Banken und Versicherungen am 23. September 1951. 1951.

Ambrosius, Gerold (2019): „Geschichte der öffentlichen Wirtschaft". In: Mühlenkamp, Holger; Schulz-Nieswandt, Frank; Krajewski, Markus; Theuvsen, Ludwig (Hrsg.): Öffentliche Wirtschaft. Nomos (2019). Baden-Baden. S. 25-54.

Antoni, Michael (1992): „Sozialdemokratie und Grundgesetz. Band 1: Verfassungspolitische Vorstellungen der SPD von den Anfängen bis zur Konstituierung des Parlamentarischen Rates 1948". Berlin Verlag (1992). Berlin.

Apelt, Willibalt (1964): „Geschichte der Weimarer Verfassung". Beck (1964). München.

Badura, Peter (1994): „Eigentum". In: Benda, Ernst; Maihofer; Werner; Vogel, Hans-Jochen (Hrsg.): Handbuch des Verfassungsrechts der Bundesrepublik Deutschlands. Walter de Gruyter (1994). New York/Berlin.

Bastani, Aaron (2020): „Fully automated luxury communism. A manifesto". (2020). London/New York.

Bauer, Hartmut (2012): „Von der Privatisierung zur Rekommunalisierung. Einführende Problemskizze". In: Bauer, Hartmut; Büchner, Christiane; Hajasch, Lydia (Hrsg.): Rekommunalisierung öffentlicher Daseinsvorsorge. KWI-Schriften 6 (2012). Universitätsverlag Potsdam. S. 11-31.

Bauer, Otto (1910): „Das Finanzkapital". In: Der Kampf. Jahrgang III, Heft 9. Wien (1910). S. 391-397.

Baumann, Cordia; Büchse, Nicolas; Gehrig, Sebastian (2011): „Protest und gesellschaftlicher Wandel in den 1970er Jahren". In: Baumann, Cordia; Büchse, Nicolas; Gehrig, Sebastian (Hrsg.): Linksalternative Milieus und Neue Soziale Bewegungen in den 1970er Jahren. Universitätsverlag Winter (2011). Heidelberg. S. 11-34.

Bauwens, Michel & Iacomella, Franco (2012): „Die Peer-to-Peer-Ökonomie und eine neue commonsbasierte Zivilisation". In: Helfrich, Silke & Heinrich-Böll-Stiftung (Hrsg.): Commons – Für eine neue Politik jenseits von Markt und Staat. Transcript (2019). Bielefeld. S.397-404.

Bechtel, Heinrich (1967): „Wirtschafts- und Sozialgeschichte Deutschlands. Wirtschaftsstile und Lebensformen von der Vorzeit bis zur Gegenwart". München.

Beckenkamp, Martin (2012): „Der Umgang mit sozialen Dilemmata – Institutionen und Vertrauen in den Commons". In: Helfrich, Silke & Heinrich-Böll-Stiftung (Hrsg.): Commons – Für eine neue Politik jenseits von Markt und Staat. Transcript (2019). Bielefeld. S.51-57.

Berlo, K.; Wagner, O. (2013): „Stadtwerke-Neugründungen und Rekommunalisierung. Energieversorgung in kommunaler Verantwortung. Sondierungsstudie". Wuppertal Institut für Klima, Umwelt, Energie GmbH. Wuppertal (2013).

Bernstein, Eduard (1897): „Der Kampf der Sozialdemokratie und die Revolution der Gesellschaft". In: „Die Neue Zeit". 16. Jg. 897/98, 1. Bd.

- (1920): „Die Voraussetzungen des Sozialismus und die Aufgaben der Sozialdemokratie". 1920. Stuttgart.

Bernstein, Eduard (1921): „Die deutsche Revolution. Ihr Ursprung, ihr Verlauf und ihr Werk". Berlin (1921).

Beverungen, Armin (2021): „Kybernetischer Kapitalismus? – Amazon, algorithmisches Management und Aneignung". In: Daum, Timo; Nuss, Sabine (Hrsg.): Die unsichtbare Hand des Plans – Koordination und Kalkül im digitalen Kapitalismus. Karl Dietz Verlag (2021). Berlin. S. 95-109.

Biebricher, Thomas; Ptak, Ralf (2020): „Soziale Marktwirtschaft und Ordoliberalismus zur Einführung". Junius Verlag. Hamburg (2020).

Biechele, Eckhard (1972): „Der Kampf um die Gemeinwirtschaftskonzeption des Reichswirtschaftsministeriums 1919: Eine Studie zur Wirtschaftspolitik unter Reichswirtschaftsminister Rudolf Wissell in der Frühphase der Weimarer Republik". Freie Universität Berlin. 1973.

Brückner, Martin Lars (2013): „Sozialisierung in Deutschland". Utz. München.

Bryde, Brun-Otto (2012): „Sozialisierung". In: Münch, Ingo von; Kunig, Philip (Hrsg.): Grundgesetz-Kommentar. Band 1: Präambel, Art. 1-69. 6. Auflage (2012). München. S. 1202-1211.

Butterwegge, Christoph (2007): „Rechtfertigung, Maßnahmen und Folgen einer neoliberalen (Sozial-)Politik". In: Butterwegge, Christoph; Lösch, Bettina; Ptak, Ralf (2017): Kritik des Neoliberalismus. Springer VS (2008). Wiesbaden. S. 135-220.

Butterwegge, Christoph; Lösch, Bettina; Ptak, Ralf (2007): „Einleitung". In: Butterwegge, Christoph; Lösch, Bettina; Ptak, Ralf (2017): Kritik des Neoliberalismus. Springer VS (2008). Wiesbaden. S. 11-12.

Cassau, Theodor (1925): „Die Gewerkschaftsbewegung". Halberstadt. 1925.

Cohen, Max: „Die erste Verfassung der Deutschen Republik". In: Gottschalch, Wilfried (Hrsg.): Parlamentarismus und Rätedemokratie. Verlag Klaus Wagenbach (1968). Berlin. S. 99-101.

Conway, Ryan T. (2012): „Ideen für den Wandel – der Institutionenvielfalt Sinn geben". In: Helfrich, Silke & Heinrich-Böll-Stiftung (Hrsg.): Commons – Für eine neue Politik jenseits von Markt und Staat. Transcript (2019). Bielefeld. S. 434-442.

Crouch, Colin (2000): „Post-Demokratie". Edition Suhrkamp (2008). Frankfurt a.M.

Cullmann, Astrid; Nieswand, Maria; Seifert, Stefan; Stiel, Caroline (2016): „Trend zur „Re-)Kommunalisierung in der Energieversorgung: Ein Mythos?". DIW Wochenbericht Nr. 20/2016. Deutsches Institut für Wirtschaftsforschung (DIW). Berlin. S. 441-447.

Daum, Timo & Nuss, Sabine (2021): „Einleitung – die faszinierende Logistik des Kapitals". In: Daum, Timo; Nuss, Sabine (Hrsg.): Die unsichtbare Hand des Plans – Koordination und Kalkül im digitalen Kapitalismus. Karl Dietz Verlag (2021). Berlin. S. 9-24.

Däumig, E. (1919): „Das Rätesystem" (Rede auf dem Parteitag der USPD am 4./5.3.1919) Berlin 1919. S. 3.

Deppe, Frank (2012): „Orthodoxie und historisches Bewusstsein. Zur Bedeutung der Klassentheorie für den Verfassungs- und Politikbegriff von Wolfgang Abendroth". In:

Perels, Joachim & Scholle, Thilo (Hrsg.): Der Staat der Klassengesellschaft. Nomos Verlagsgesellschaft (2012). Baden-Baden. S. 81-98.

„Die Richtlinien der Fraktion der U.S.V.P.D. auf dem zweiten Rätekongreß für den Aufbau des Rätesystems" (1919). In: Gottschalch, Wilfried (Hrsg.): Parlamentarismus und Rätedemokratie. Verlag Klaus Wagenbach (1968). Berlin. S. 81-84. Aus: Geyer, Curt: Sozialismus und Rätesystem. 1919. Leipzig. S. 31-32.

Dörre, Klaus (2021): „Die Utopie des Sozialismus. Kompass für eine Nachhaltigkeitsrevolution". Matthes & Seitz (2021). Berlin.

Eberl, Oliver & Salomon, David (2012): „Zum Verhältnis von Wirtschaftsdemokratie und sozialer Demokratie". In: Perels, Joachim & Scholle, Thilo (Hrsg.): Der Staat der Klassengesellschaft. Nomos Verlagsgesellschaft (2012). Baden-Baden. S. 197-216.

Ehni, Hans Peter (1973): „Neubauforderung und Proklamation des Dritten Weges. Richtlinien sozialdemokratischer Wirtschaftspolitik 1945–47". In: „Archiv für Sozialgeschichte". Band XIII. (1973). Bonn.

Eltzbacher, Paul (1918): „Die neuen Parteien und ihre Programme. Zugleich ein Wegweiser durch das neue Wahlrecht". (1918) Berlin.

Engartner, Tim (2007): „Privatisierung und Liberalisierung – Strategien zur Selbstentmachtung des öffentlichen Sektors". In: Butterwegge, Christoph; Lösch, Bettina; Ptak, Ralf (Hrsg.): Kritik des Neoliberalismus. VS Verlag für Sozialwissenschaften (2008). Wiesbaden. S. 87-134.

Esping-Andersen, Gosta (1990): „The Three Worlds of Welfare Capitalism" (1990). Cambridge.

Exner, Andreas & Kratzwald, Brigitte (2012): „Solidarische Ökonomie & Commons". Mandelbaum. Kritik&Utopie (2012). Wien.

Falk, Claudia; Schulten, Thorsten (2014): „Rekommunalisierung und Gewerkschaften – ein spannungsgeladenes Verhältnis". In: Prausmüller, Oliver; Wagner, Alice (Hrsg.): Reclaim Public Services. VSA Verlag (2014). Hamburg. S. 216-237.

Fischer, Wolfram (1976): „Bergbau, Industrie und Handwerk 1914–1970". In: Aubin, Hermann & Zorn, Wolfgang (Hrsg.): Handybuch der deutschen Wirtschafts- und Sozialgeschichte. Bd. 2. Stuttgart 1976.

Fischer-Lescano; Perels, Joachim; Scholle; Thilo (2012): „Zur Einführung". In: Perels, Joachim & Scholle, Thilo (Hrsg.): Der Staat der Klassengesellschaft. Nomos Verlagsgesellschaft (2012). Baden-Baden. S. 9-12.

Flieger, Burghard (1996): „Produktivgenossenschaft als fortschrittsfähige Organisation". Hochschulschriften. Band 23. Metropolis. Marburg.

Forsthoff, Ernst (1938): „Die Verwaltung als Leistungsträger". (1938) Stuttgart.

Frankfurter Allgemeine Zeitung (22.10.1960). Nr. 248.

Franklin, Seb (2015): „Control: Digitality as Cultural Logic". (2015). Cambridge.

Friedländer, Heinrich (1930): „Sozialisierung". In: Nipperdey, Hans Carl (Hrsg.): Die Grundrechte und Grundpflichten der Reichsverfassung – Kommentar zum zweiten Teil der Reichsverfassung. Dritter Band: Artikel 143-165 und 'Zur Ideengeschichte der Grundrechte'. Verlag von Reimar Hobbing (1930). Berlin. S. 322-348.

Generalkommission der Gewerkschaften Deutschlands (1919): „Beschlüsse der Konferenzen von Vertretern der Zentralverbandsvorstände". (1919) Berlin.

Geras, Norman (1979): „Rosa Luxemburg. Kämpferin für einen emanzipatorischen Sozialismus". Olle und Wolter (1979). Berlin.

Gottschalch, Wilfried (1968a): „Wandlungen des Parlamentarismus". In: Gottschalch, Wilfried (Hrsg.): Parlamentarismus und Rätedemokratie. Verlag Klaus Wagenbach (1968). Berlin. S. 7-21.

– (1968b): „Versuche der Rätedemokratie". In: Gottschalch, Wilfried (Hrsg.): Parlamentarismus und Rätedemokratie. Verlag Klaus Wagenbach (1968). Berlin. S. 22-31.

– (1968c): „Zur Analyse der Rätedemokratie". In: Gottschalch, Wilfried (Hrsg.): Parlamentarismus und Rätedemokratie. Verlag Klaus Wagenbach (1968). Berlin. S. 32-43.

Greiling, Dorothea; Schaefer, Christina; Theuvsen, Ludwig (2019): „Betriebswirtschaftslehre". In: Mühlenkamp, Holger; Schulz-Nieswandt, Frank; Krajewski, Markus; Theuvsen, Ludwig (Hrsg.): Öffentliche Wirtschaft. Nomos (2019). Baden-Baden. S. 300-338.

Greitens, Jan (2012): „Finanzkapital und Finanzsysteme – 'Das Finanzkapital' von Rudolf Hilferding". Metropolis-Verlag (2012). Marburg.

Grupp, Winfried (1966): „Sozialisierung und Mitbestimmung – Sozialisierung gemäß Art. 15 des Bonner Grundgesetzes, unter besonderer Berücksichtigung des betrieblichen Mitbestimmungsrechts der Arbeitnehmer". Julius Wagner. Stuttgart-Bad Cannstatt.

Hardin, Garrett (1968): „The tragedy oft he commons. The population problem has no technical solution; it requires a fundamental extension in morality". In: „Science 162 (3859)". S. 1243-1248.

Hayek, Friedrich A. (1944). „Der Weg zur Knechtschaft". Olzog Verlag (2003). München.

– (1945): „The Use of Knowledge in Society". In: The American Economic Review. Vol. 35, No 4 (Sept. 1945). S. 519-530.

– (1979): „Recht, Gesetzgebung und Freiheit. Band 3: Die Verfassung einer Gesellschaft freier Menschen". (1981). München.

Heilfron, Eduard (1920): „De deutsche Nationalversammlung im Jahre 1919 in ihrer Arbeit für den Aufbau des neuen deutschen Volksstaates". Bd. 2. Norddeutsche Buchdruckerei und Verlagsanstalt (1920). Berlin.

Hein, Wolfgang; Kößler, Reinhart; Korbmacher, Michael (2006): „Historisch-kritische Überlegungen zum Eigentum". In: „Peripherie 101/102" (2006).

Heinrich, Michael (2021): „Kritik der politischen Ökonomie – Eine Einführung in 'Das Kapital' von Karl Marx". Schmetterling Verlag (2021). Stuttgart.

Heller, Michael (2012): „Die Tragik der Anti-Allmende". In: Helfrich, Silke & Heinrich-Böll-Stiftung (Hrsg.): Commons – Für eine neue Politik jenseits von Markt und Staat. Transcript (2019). Bielefeld. S. 92-98.

Helfrich, Silke; Bollier; David (2012): „Commons als transformative Kraft". In: Helfrich, Silke & Heinrich-Böll-Stiftung (Hrsg.): Commons – Für eine neue Politik jenseits von Markt und Staat. Transcript (2019). Bielefeld. S. 15-23

Helfrich, Silke (2012): „Gemeingüter sind nicht, sie werden gemacht". In: Helfrich, Silke & Heinrich-Böll-Stiftung (Hrsg.): Commons – Für eine neue Politik jenseits von Markt und Staat. Transcript (2019). Bielefeld. S. 85-91.

Hergt, Siegfried (Hrsg.) (1976): „Parteiprogramme – Grundsatzprogrammatik und aktuelle politische Ziele von SPD, CDU, CSU, FPD, DKP, NPD". Heggen Dokumentation (1976). Leverkusen.

Heuss, Theodort (1921): „Demokratie und Selbstverwaltung". Berlin (1921).

Hilferding, Rudolf (1910): „Das Finanzkapital, eine Studie über die jüngste Entwicklung des Kapitalismus". Unveränd. Nachdr. Der 1. Aufl. von 1910 (1947). Berlin.

– (1919): „Die Einigung des Proletariats". In: Gottschalch, Wilfried (Hrsg.): Parlamentarismus und Rätedemokratie. Verlag Klaus Wagenbach (1968). Berlin. S. 91-93.

Hoffrogge, Ralf (2017): „Sozialismus und Arbeiterbewegung in Deutschland und Österreich". Schmetterling Verlag GmbH (2017). Stuttgart.

– (2021): „Von 1981 lernen". Der Freitag. 2021/25.

Huber, Ernst Rudolf (1953/5on loesc4): Wirtschaftsverwaltungsrecht. Band 2. Tübingen.

Huster, Ernst-Ulrich (1978). „Die Politik der SPD 1945–1950". Campus (1978). Frankfurt a.M.

Ipsen, Hans P. (1951): „Enteignung und Sozialisierung". In: Hippel, Ernst von; Voigt, Alfred; Ipsen, Hans P.; Ridder, Helmut K. „Verhandlungen der Tagung der Deutschen Staatsrechtslehrer zu Göttingen am 18. Und 19. Oktober 1951". De Gruyter (1966). S. 74-177.

Jacobsen, Inga; Amberger, Alexander (2021): „Ökologische Planwirtschaft bei Harich, Bahro, Havemann – und Malm". In: Daum, Timo; Nuss, Sabine (Hrsg.): Die unsichtbare Hand des Plans – Koordination und Kalkül im digitalen Kapitalismus. Karl Dietz Verlag (2021). Berlin. S. 76-94.

Kaltenborn, Wilhelm (2008): „Genossenschaften zwischen Sozialisierung und Gemeinwirtschaft". Berliner Beiträge zum Genossenschaftswesen. 68. Institut für Genossenschaftswesen. Berlin.

Kammler, Clemens; Parr, Rolf; Schneider, Ulrich J. (2014) (Hrsg.): „Foucault-Handbuch: Leben – Werk – Wirkung". Stuttgart/Weimar.

Katterle, Siegfrid (1996): „Die neoliberale Wende zum totalen Markt aus der Sicht des Nordens". In: Jacob, Willibald; Moneta, Jakob; Segbers, Franz (Hrsg.): Die Religion des Kapitalismus (1996). Luzern.

Kleinert, Hubert (2021): „Linksradikalismus und Gewalt in der Geschichte der Bundesrepublik Deutschland 1945–1990". In: Decke, Alexander; Gmeiner, Jens; Schenke, Julian; Micus; Matthias (Hrsg.): Von der KPD zu den Post-Autonomen. Vandenhoeck & Ruprecht (2021). Göttingen.

Kleinmann, Hans-Otto (1993): „Geschichte der CDU 1945–1982". Deutsche Verlags-Anstalt. (1993). Stuttgart.

Klopotek, Felix (2021): „Rätekommunismus". Schmetterling Verlag GmbH (2021). Stuttgart.

Kluth, Hans (1959): „Die KPD in der Bundesrepublik. Ihre politische Tätigkeit und Organisation 1945–1956". Westdeutscher Verlag (1959). Köln.

Koch, Hannes (2007): „Soziale Kapitalisten". Berlin.

Köcher, Renate (2012): „Das Unbehagen am Kapitalismus". Institut für Demoskopie Allensbach. Frankfurter Allgemeine Zeitung vom 22.02.2012.

Koolen, Bernhard (1979): „Die wirtschafts- und gesellschaftspolitische Konzeption von Viktor Agartz zur Neuordnung der westdeutschen Nachkriegsgesellschaft". Hochschulschriften. Band 27. Pahl-Rugenstein (1979). Köln.

Korsch, Karl (1919): „Sozialisierung und industrielle Autonomie". In: Gottschalch, Wilfried (Hrsg.): Parlamentarismus und Rätedemokratie. Verlag Klaus Wagenbach (1968). Berlin. S. 111-117.

KPD (1945): „Aufruf der Kommunistischen Partei Deutschlands. Schaffendes Volks in Stadt und Land! Männer und Frauen! Deutsche Jugend!". In: „Ein erfülltes Programm. Zum 40. Jahrestag des Aufrufs des Zentralkomitees der KPD vom 11. Juni 1945." Parteihochschule 'Karl Marx' beim ZK der SED (1985). Berlin (DDR). S. 202-209.

Krämer, Susanne (1995): „Viktor Agartz: Vom Cheftheoretiker zur 'persona non grata'". In: Gewerkschaftliche Monatshefte. Band 46. Heft 5. S. 310-316.

Kratzwald, Brigitte (2012): „Commons und das Öffentliche". In: Helfrich, Silke & Heinrich-Böll-Stiftung (Hrsg.): Commons – Für eine neue Politik jenseits von Markt und Staat. Transcript (2019). Bielefeld. S. 79-83.

Krüger, Herbert (1958): „Sozialisierung". In: Bettermann/Nipperdey/Scheuner (Hrsg.): Die Grundrecht – 3. Band, 1. Halbband (1958). Berlin.

Krüger, Stephan (2016): „Wirtschaftspolitik und Sozialismus – Vom politökonomischen Minimalkonsens zur Überwindung des Kapitalismus". Kritik der Politischen Ökonomie und Kapitalismusanalyse Band 3. VSA Verlag (2016). Hamburg.

Kuda, Rudolf F. (1977). „Einleitung". In: Naphtali, Fritz: Wirtschaftsdemokratie – Ihr Wesen, Weg und Ziel. Europäische Verlagsanstalt (1977). Köln, Frankfurt a.M.

Kunze, Sebastian (2012): „Konzessionsverträge – Handlungsoptionen für Kommunen". In: Bauer, Hartmut; Büchner, Christiane; Hajasch, Lydia (Hrsg.): Rekommunalisierung öffentlicher Daseinsvorsorge. KWI-Schriften 6 (2012). Universitätsverlag Potsdam. S. 99-109.

Kurzer, Ulrich (1997): „Nationalsozialismus und Konsumgenossenschaften". Centaurus (1997). Pfaffenweiler.

Lambing, Julio (2012): „Stromallmende: Wege in eine neue Industriegesellschaft". In: Helfrich, Silke & Heinrich-Böll-Stiftung (Hrsg.): Commons – Für eine neue Politik jenseits von Markt und Staat. Transcript (2019). Bielefeld. S. 479-486.

Landauer, Gustav: „Ein Weg zur Befreiung der Arbeiter-Klasse". Ausgewählte Schriften. Band 14. Verlag Edition AV (2018). Lich/Hessen.

Legien, Carl (1892): „Die Stellung der Gewerkschaften zu den Beschlüssen des Halberstädter Kongresses". In: Braun, Heinrich (Hrsg.): Sozialpolitisches Centralblatt. Band 1. (1892) Berlin.

Leibiger, Jürgen (2022): „Eigentum im 21. Jahrhundert. Metamorphosen, Transformationen, Revolutionen". Verlag Westfälisches Dampfboot (2021). Münster.

Leichter, Otto (1923). „Die Wirtschaftsrechnung in der sozialistischen Gesellschaft". In: Adler, Max & Hilferding, Rudolf (Hrsg.): Marx-Studien. Band 5, 1. Heft (1923). Wien. S. 5-109.

Lenin, W. I. (1920): „Der 'Linke Radikalismus', die Kinderkrankheit im Kommunismus". Dietz Verlag (1970). Berlin.

Lenk, Thomas; Rottmann, Oliver; Kilian, Maike (2019): „Volkswirtschaftslehre". In: Mühlenkamp, Holger; Schulz-Nieswandt, Frank; Krajewski, Markus; Theuvsen, Ludwig (Hrsg.): Öffentliche Wirtschaft. Nomos (2019). Baden-Baden. S. 268-299.

Luxemburg, Rosa (1918): „Was will der Spartakusbund?". In: Gottschalch, Wilfried (Hrsg.): Parlamentarismus und Rätedemokratie. Verlag Klaus Wagenbach (1968). Berlin. S. 80-81.

– (1899a): „Sozialreform oder Revolution?". Berlin.

– (1899b): „Bemerkungen zur sogenannten Zusammenbruchstheorie". In: „Protokolle über die Verhandlungen des Parteitages der SPD, abgehalten zu Hannover vom 9.–14. Oktober 1899". Berlin.

Marx, Karl: „Die Pariser Kommune". In: Gottschalch, Wilfried (Hrsg.): Parlamentarismus und Rätedemokratie. Verlag Klaus Wagenbach (1968). Berlin. S. 62-67.

– (1867): „Das Kapital, Zur Kritik der politischen Ökonomie, I. Bd.: Der Produktionsprozeß des Kapitals, 4. Auflage on 1890", in: MEW, Bd. 23 (1973). Berlin (DDR).

Marx, Karl; Engels, Friedrich (1848): „Manifest der kommunistischen Partei". MEW Band 4. Berlin (1972).

Mason, Paul (2015): „Postcapitalism – A Guide to our Future". Penguin Random House UK (2016).

Mattei, Ugo (2012): „Eine kurze Phänomenologie der Commons". In: Helfrich, Silke & Heinrich-Böll-Stiftung (Hrsg.): Commons – Für eine neue Politik jenseits von Markt und Staat. Transcript (2019). Bielefeld. S. 70-78.

Mersmann, Arno & Novy, Klaus (1991): „Gewerkschaften Genossenschaften Gemeinwirtschaft – Hat eine Ökonomie der Solidarität eine Chance?". Bund-Verlag (1991). Köln.

Miller, Susanne (1978): „Die Bürde der Macht. Die Deutsche Sozialdemokratie 1918–1920". (1978) Düsseldorf.

Möller, Kolja (2012): „Die Verfassung als Hybrid. Zur Konstitutionalisierung sozialer Demokratie in der Weltgesellschaft". In: Perels, Joachim & Scholle, Thilo (Hrsg.): Der Staat der Klassengesellschaft. Nomos Verlagsgesellschaft (2012). Baden-Baden. S. 257-272.

Mommsen, Wilhelm (1960): „Deutsche Parteiprogramme". Günter Olzog Verlag (1960). München.

Morozov, Evgeny (2013): „To save everything, click here: The Folly of technological Solutionism". (2013) New York.

Mühlenkamp, Holger; Schulz-Nieswandt, Frank; Krajewski, Markus; Theuvsen, Ludwig (2019): „Einführende Vorbemerkungen". In: Mühlenkamp, Holger; Schulz-Nieswandt, Frank; Krajewski, Markus; Theuvsen, Ludwig (Hrsg.): Öffentliche Wirtschaft. Nomos (2019). Baden-Baden. S. 5-24.

Mühlenkamp, Holger (2019): „Effizienzkonzepte, Effizienzmessung und Effizienzvergleiche bei öffentlichen Unternehmen". In: Mühlenkamp, Holger; Schulz-Nieswandt, Frank; Krajewski, Markus; Theuvsen, Ludwig (Hrsg.): Öffentliche Wirtschaft. Nomos (2019). Baden-Baden. S. 339-384.

Müller-Armack, Alfred (1948a): „Zur Metaphysik der Kulturstile". In: „Zeitschrift für die gesamte Staatswissenschaft. Bd. 105." S. 29-48.

– (1948b): „Die Wirtschaftsordnungen sozial gesehen". In: „ORDO. Bd. 1". S. 125-154.

– (1973): „Die wissenschaftlichen Ursprünge der Sozialen Marktwirtschaft". In: ders. (Hrsg.): „Genealogie der Sozialen Marktwirtschaft, Frühschriften und weiterführende Konzepte". (1981) Bern/Stuttgart. S. 176-184.

– (1976): „Wirtschaftsordnung und Wirtschaftspolitik. Studien und Konzepte zur Sozialen Marktwirtschaft und zur Europäischen Integration – Vorwort". Bern/Stuttgart.

Müller, Franz (1928): „Gemeinwirtschaft". In: „Staatslexikon Bd. 2". Freiburg (1929).

Müller, Gloria (1987): „Mitbestimmung in der Nachkriegszeit". Patmos-Schwann Verlag (1987). Düsseldorf.

Münch, Ingo von; Kunig, Philip (2012): „Grundgesetz-Kommentar. Band 1: Präambel, Art. 1-69". 6. Auflage (2012). München.

Mwangi, Esther & Markelova, Helen (2012): "Lokal, regional, global? – Mehrebenen-Governance und die Frage des Maßstabs". In: "Helfrich, Silke & Heinrich-Böll-Stiftung (Hrsg.): Commons – Für eine neue Politik jenseits von Markt und Staat. Transcript (2019). Bielefeld. S. 455-465.

Naphtali, Fritz (1966): „Wirtschaftsdemokratie – Ihr Wesen, Weg und Ziel". Europäische Verlagsanstalt (1977). Köln/Frankfurt a.M.

Nell, Edward J. (2000). „Die Entwicklung des Finanzkapitals und der alte Konjunkturzyklus". In: Schefold, Bertram (Hrsg.): Vademecum, Kommentarband mit Beiträgen zur Faksimile-Ausgabe von 'Das Finanzkapital'. Verlag Wirtschaft und Finanzen (2000). Düsseldorf. S. 89-114.

Nell-Breuning: „Sozialisierung". In: „Staatslexikon. Görres-Gesellschaft".

Neurath, Dr. Otto (1919): „Wesen und Weg der Sozialisierung". Verlag von Georg D.W. Callwey (1919). München.

Niechoj, Torsten; Wolf, Dorothee (2000): „Der Mensch als Anpasser. Gene und Evolution von Ordnungen bei Hayek". (2000). Marburg.

Nipperdey, Hans Carl (Hrsg.) (1930): „Die Grundrechte und Grundpflichten der Reichsverfassung – Kommentar zum zweiten Teil der Reichsverfassung. Dritter Band: Artikel 143-165 und 'Zur Ideengeschichte der Grundrechte'". Verlag von Reimar Hobbing (1930). Berlin

Notz, Gisela (2021): „Genossenschaften". Schmetterling Verlag GmbH (2021). Stuttgart.

Nuss, Sabine (2019): „Keine Enteignung ist auch keine Lösung. Die große Wiederaneignung und das vergiftete Versprechen des Privateigentums.". Dietz Verlag (2019). Berlin.

Ostrom, Elinor (1986): „An Agenda for the Study of Institutions". Public Choice 48. S. 3-25.

– (1990): „Governing the Commons – The Evolution of institutions for collective action". Cambridge University Press (2019). Cambridge.

– (2005): „Understanding Institutional Diversity". Princeton University Press (2005). New Jersey.

Ott, Erich (1971): „Die Wirtschaftskonzeption der SPD nach 1945". (1978) Marburg.

Quilligan, James B. (2012): „Warum wir Commons von öffentlichen Gütern unterscheiden müssen". In: Helfrich, Silke & Heinrich-Böll-Stiftung (Hrsg.): Commons – Für eine neue Politik jenseits von Markt und Staat. Transcript (2019). Bielefeld. S. 99-106.

Phillips, Leigh; Rozworski, Michal (2019): „The People's Republic of Walmart: How the World's biggest Corporations are laying the Foundation for Socialism" (2019). London.

Piétron, Dominik (2021): „Öffentliche Plattformen und Datengenossenschaften – Zur Vergesellschaftung digitaler Infrastrukturen". In: Daum, Timo; Nuss, Sabine (Hrsg.): Die unsichtbare Hand des Plans – Koordination und Kalkül im digitalen Kapitalismus. Karl Dietz Verlag (2021). Berlin. S. 110-124.

Piketty, Thomas (2014): „Das Kapital im 21. Jahrhundert". C.H.Beck oHG (2014). München.

Plum, Ewald (2019): „Lieferung im Konzern". Rödl und Partner (2019). Nürnberg.

Potthoff, Heinrich; Miller, Susanne (2002): „Kleine Geschichte der SPD: 1848–2002". Dietz Verlag (2002). Bonn.

Protokolle der Fraktionssitzungen der SPD-Fraktion der Nationalversammlung 1919 (unveröff.) v. 25./26.2.1919.

Protokoll der Verhandlungen des Parteitages der SPD in Weimar 1919, Berlin 1919, S. 416.

Protokoll der SPD-Parteikonferenz in Weimar 22./23.3.1919, Berlin 1919.

Protokoll der Verhandlungen des Parteitages der SPD in Weimar 1919, Berlin 1919.

Protokolle der Fraktionssitzungen der SPD-Fraktion der Nationalversammlung 1919 (unveröff.) v. 25./26.2.1919.

Protokoll der 1. Gewerkschaftskonferenz, Entschließung Nr. 6.

Protokoll der 1. Gewerkschaftskonferenz, Redebeitrag Böckler.

Protokoll. Gründungskongreß des Deutschen Gewerkschaftsbundes für das Gebiet der Bundesrepublik Deutschland. München, Kongreßsaal des Deutschen Museums 12., 13. und 14. Oktober 1949, Düsseldorf 1950, S. 318326.

Ptak, Ralf (2007): „Grundlagen des Neoliberalismus". In: Butterwegge, Christoph; Lösch, Bettina; Ptak, Ralf (Hrsg.): Kritik des Neoliberalismus. VS Verlag für Sozialwissenschaften (2008). Wiesbaden. S. 13-86.

Raiser, Ludwig (1952): „Zur Eigentumsgarantie des Grundgesetzes". AöR Bd. 78 (1952/53).

Rathenau, Walther (1918): „Von kommenden Dingen". S. Fischer Verlag (1918). Berlin.
Reichsministerium des Inneren (Hrsg.): „Reichsgesetzblatt 1919, Band 1". 1919.
Reichsministerium des Inneren (Hrsg.): „Reichsgesetzblatt 1920, Band 1". 1920.
„Resolution des Sozialdemokratischen Parteitages zur Rätefrage". In: Gottschalch, Wilfried (Hrsg.): Parlamentarismus und Rätedemokratie. Verlag Klaus Wagenbach (1968). Berlin. S. 84-86. Aus: Die Parteien und das Rätesystem. 1919. Charlottenburg.
Rifkin, Jeremy (2016): „Die Null Grenzkosten Gesellschaft – Das Internet der Dinge, kollaboratives Gemeingut und der Rückzug des Kapitalismus". Fischer Taschenbuch (2016). Frankfurt a.M.
Rittig, Gisbert (1956): „Sozialisierung (I); Theorie". In: „Handwörterbuch der Sozialwissenschaften". Stuttgart/Tübingen/Göttingen.
Röber, Manfred (2012 I): „Rekommunalisierung lokaler Ver- und Entsorgung". In: Bauer, Hartmut; Büchner, Christiane; Hajasch, Lydia (Hrsg.): Rekommunalisierung öffentlicher Daseinsvorsorge. KWI-Schriften 6 (2012). Universitätsverlag Potsdam. S. 81-98.
Römer, Peter (2012): „Abendroths Demokratieverständnis". In: Perels, Joachim & Scholle, Thilo (Hrsg.): Der Staat der Klassengesellschaft. Nomos Verlagsgesellschaft (2012). Baden-Baden. S. 151-172.
Röpke, Wilhelm (1947): „Die Krise des Kollektivismus". Europäische Dokumente. Heft 10. Verlag Kurt Desch (1947). München.
– (1958). „Jenseits von Angebot und Nachfrage". Verlagsanstalt Handwerk GmbH (1958). Düsseldorf.
Rost, Stefan (2012): „Das Mietshäuser Syndikat". In: Helfrich, Silke & Heinrich-Böll-Stiftung (Hrsg.): Commons – Für eine neue Politik jenseits von Markt und Staat. Transcript (2019). Bielefeld. S. 285-287.
Rottmann, Oliver; Grüttner, Andrè; LWB Leipziger Wohnungs- und Baugesellschaft mbH (2019): „Kommunale Wohnungswirtschaft". In: Mühlenkamp, Holger; Schulz-Nieswandt, Frank; Krajewski, Markus; Theuvsen, Ludwig (Hrsg.): Öffentliche Wirtschaft. Nomos (2019). Baden-Baden. S. 639-658.
Rust, Dieter (2011): „Außerparlamentarischer Protest in den 1970er Jahren – Sozialwissenschaftliche und historische Perspektiven". In: Baumann, Cordia; Büchse, Nicolas; Gehrig, Sebastian (Hrsg.): Linksalternative Milieus und Neue Soziale Bewegungen in den 1970er Jahren. Universitätsverlag Winter (2011). Heidelberg. S. 35-60.
Rüstow, Alexander (1954): „Vom Sinn der Wirtschaftsfreiheit". In: „Blätter der Freiheit." 6. Jg. Heft 6. S.217-222.
Schäfer, Roland (2012): „Rekommunalisierung – Fallstricke in der Praxis. Erfahrungen aus Bergkamen". In: Bauer, Hartmut; Büchner, Christiane; Hajasch, Lydia (Hrsg.): Rekommunalisierung öffentlicher Daseinsvorsorge. KWI-Schriften 6 (2012). Universitätsverlag Potsdam. S. 73-80.
Schefold, Bertram (2009): „Geschichte der Wirtschaftstheorie und Wirtschaftsgeschichte: Einleitung". In: „Jahrbuch für Wirtschaftsgeschichte". Jahrgang 50, Heft 1 (2009). S. 9-25.

Schlaudt, Oliver (2021): „Lenin, Castro, Bezos? – Die Idee des 'Cybersozialismus' im Licht historischer Planungsdebatten". In: Daum, Timo; Nuss, Sabine (Hrsg.): Die unsichtbare Hand des Plans – Koordination und Kalkül im digitalen Kapitalismus. Karl Dietz Verlag (2021). Berlin. S. 40-52.

Schmidt, Eberhard (1974): „Die verhinderte Neuordnung 1945-1952". EVA Europäische Verlagsanstalt (1974). Frankfurt a.M.

Schmidt, Reiner (1971): „Wirtschaftspolitik und Verfassung". Nomos (1971). Baden-Baden.

Schockenhoff, Volker (1986): „Wirtschaftsverfassung und Grundgesetz. Die Auseinandersetzungen in den Verfassungsberatungen 1945-1949". Campus Verlag (1986). Frankfurt a.M.

Schröter, Jens (2021): „Die sozialistische Kalkulationsdebatte und die Commons". In: Daum, Timo; Nuss, Sabine (Hrsg.): Die unsichtbare Hand des Plans – Koordination und Kalkül im digitalen Kapitalismus. Karl Dietz Verlag (2021). Berlin. S. 171-183.

Schulz-Nieswandt, Frank; Greiling, Dorothea (2019): „Sozialwissenschaftliche Perspektiven auf öffentliches Wirtschaften". In: Mühlenkamp, Holger; Schulz-Nieswandt, Frank; Krajewski, Markus; Theuvsen, Ludwig (Hrsg.): Öffentliche Wirtschaft. Nomos (2019). Baden-Baden. S. 385-428.

Sieger, Volker (2000): „Die Wirtschafts- und Sozialpolitik der KPD von 1945 bis 1956". Europäische Hochschulschriften: Reihe 3. Bd. 862. Peter Lang – Europäischer Verlag der Wissenschaften (2000). Frankfurt a.M.

Sozialisierungskommission (18.03.1919): „Entwurf zu einem Rahmengesetz über die Kommunalisierung von Wirtschaftsbetrieben". R. v. Decker's Verlag (1919). Berlin.

– (1920): „Bericht der Sozialisierungskommission über die Frage der Sozialisierung des Kohlebergbaues vom 31. Juli 1920". Verlag Hans Robert Engelmann (1920). Berlin.

Stappel, Michael (2008): „Die Deutschen Genossenschaften 2008. Entwicklungen – Meinungen – Zahlen". (2008). DG Verlag. Wiesbaden.

Steklow, J.: „Die Grundfehler der Pariser Kommune". In: Gottschalch, Wilfried (Hrsg.): Parlamentarismus und Rätedemokratie. Verlag Klaus Wagenbach (1968). Berlin. S. 69-74.

Sutterlütti, Simon; Meretz, Stefan (2018): „Kapitalismus aufheben. Eine Einladung, über Utopie und Transformation neu nachzudenken". (2018). Berlin.

Thüling, Marleen (2013): „Genossenschaftliche Neugründungen: Lösungspotential in Zeiten der Krise?". In: Schulz-Nieswandt, Frank & Schmale, Ingrid (Hrsg.): Entstehung, Entwicklung und Wandel von Genossenschaften. Lit Verlag (2014). Berlin. S. 85-109.

Thurn, John Philipp: „Abendroth in der öffentlich-rechtlichen Sozialstaatsdebatte der 1950er Jahre". In: Perels, Joachim & Scholle, Thilo (Hrsg.): Der Staat der Klassengesellschaft. Nomos Verlagsgesellschaft (2012). Baden-Baden. S. 121-136.

Torp, Claudius (2011): „Konsum und Politik in der Weimarer Republik". Kritische Studien zur Geisteswissenschaft. Band 196. Vandenhoeck & Ruprecht (2011). Göttingen.

Urban, Hans-Jürgen (2012): „Gewerkschaften in kapitalistischen Demokratien". In: Perels, Joachim & Scholle, Thilo (Hrsg.): Der Staat der Klassengesellschaft. Nomos Verlagsgesellschaft (2012). Baden-Baden. S. 173-196.

Von Loesch, Achim (1977): „Die gemeinwirtschaftliche Unternehmung – Vom antikapitalistischen Ordnungsprinzip zum marktwirtschaftlichen Regulativ". Bund-Verlag (1977). Köln.

– (1979): „Die gemeinwirtschaftlichen Unternehmen der deutschen Gewerkschaften – Entstehung – Funktionen – Probleme". Bund-Verlag (1979). Köln.

Von Mises, Ludwig (1922): „Die Gemeinwirtschaft – Untersuchungen über den Sozialismus". Verlag von Gustav Fischer. Jena.

Umbreit, Paul (1919): „Protokoll der Verhandlungen des zehnten Kongresses der Gewerkschaften Deutschlands, abgehalten zu Nürnberg vom 30. Juni bis 5. Juli 1919."

USPD (1919): Die Richtlinien der Fraktion der U.S.V.P.D. auf dem zweiten Rätekongress für den Aufbau des Rätesystems (1919).

Warneyer, Otto (Hrsg.): „Betriebsrätegesetz vom 4. Februar 1920 nebst der Wahlordnung zum Betriebsrätegesetz, dem Aufsichtsratsgesetz samt Wahlordnung und den Ausführungsverordnungen des Reichs und der Länder". Sammlung Guttentag. Band 138b. De Gruyter (2020). Berlin.

Weinert, Rainer (1994): „Das Ende der Gemeinwirtschaft: Gewerkschaften und gemeinwirtschaftliche Unternehmen in Nachkriegsdeutschland". Campus Verlag (1994). Frankfurt a.M.

Weinzen, Hans Willi (1982): „Gewerkschaften und Sozialismus: Naphtalis Wirtschaftsdemokratie und Agartz' Wirtschaftsneuordnung. Ein Vergleich.". Campus Verlag (1982). Frankfurt a.M.

Weipert, Axel (2015): „Die zweite Revolution: Rätebewegung in Berlin 1919/1920". Bebra Wissenschaft Verlag (2015).

Weimarer Reichsverfassung. In: Huber, Ernst Rudolf: „Dokumente zur deutschen Verfassungsgeschichte – Band 4: Deutsche Verfassungsdokumente 1919–1933". Kohlhammer. S. 151-179.

Wellhöner, Volker (1989). „Großbanken und Großindustrie im Kaiserreich". Vandenhoeck & Ruprecht (1989). Göttingen.

Windisch, Rupert (1987): „Privatisierung natürlicher Monopole. Theoretische Grundlagen und Kriterien". In: ders. (Hrsg.): Privatisierung natürlicher Monopole im Bereich Bahn, Post und Telekommunikation. (1987). Tübingen.

Winkler, Heinrich August (1984): „Von der Revolution zur Stabilisierung: Arbeiter und Arbeiterbewegung in der Weimarer Republik 1918 bis 1924". J.H.W. Dietz (1985). Berlin/Bonn.

Wirtschaftspolitischer Ausschuss des Parteivorstands der SPD (1946). „Grundgedanken eines sozialistischen Wirtschaftsprogramms". SPD Ortsverein Bremen (Hrsg.) (1946). Hannover.

Wissell, Rudolf (1919a): „Praktische Wirtschaftspolitik. Unterlagen zur Beurteilung einer fünfmonatlichen Wirtschaftsführung". Verlag Gesellschaft u. Erziehung (1919). Berlin.

– (1919b): Vor der Nationalversammlung am 8.3.1919. In: Heilfron, Eduard (Hrsg.): Die Deutsche Nationalversammlung im Jahre 1919. Bd. 3. Norddt. Verlags Anstalt (1971) Berlin.

Wright, Erik Olin (2017): „Reale Utopien – Wege aus dem Kapitalismus". Suhrkamp Verlag (2020). Berlin.

Zückert, Hartmut. (2012): „Allmende: Von Grund auf eingehegt". In: Helfrich, Silke & Heinrich-Böll-Stiftung (Hrsg.): Commons – Für eine neue Politik jenseits von Markt und Staat. Transcript (2019). Bielefeld. S. 158-164.

Online-Quellen

Asmuss, Burkhard (2011): „Der Spartakusbund". https://www.dhm.de/lemo/kapitel/weimarer-republik/revolution-191819/spartakusbund.html. Deutsches Historisches Museum. Stand: 08.06. 2011, Abruf: 27.12.2021.

Benz, Wolfgang (2005a): „Infrastruktur und Gesellschaft im zerstörten Deutschland". https://www.bpb.de/geschichte/nationalsozialismus/dossier-nationalsozialismus/39602/infrastruktur-und-gesellschaft. Bundeszentrale für politische Bildung. Stand: 11.04.2005 Abruf: 27.12.2021.

– (2005b): „Wirtschaftsentwicklung von 1945 bis 1949". https://www.bpb.de/izpb/10077/wirtschaftsentwicklung-von-1945-bis-1949. Informationen zur politischen Bildung. Heft 259. Bundeszentrale für politische Bildung. Stand: 13.07.2005 Abruf: 27.12.2021.

Bleek, Wilhelm (2009): „Die Geschichte der DDR". https://www.bpb.de/geschichte/deutsche-einheit/deutsche-teilung-deutsche-einheit/43650/ddr-geschichte. Bundeszentrale für politische Bildung. Stand: 23.03.2009, Abruf: 27.12.2021.

Boos, Susan (2017): „Liberalisierung oder Energiewende?". https://www.woz.ch/1745/strommarkt/liberalisierung-oder-energiewende. Die Wochenzeitung. Stand: 09.11.2017, Abruf: 01.12.2022.

Candeias, Mario; Rilling, Rainer; Weise, Katharina (2008): „Krise der Privatisierung – Rückkehr des Öffentlichen". https://www.wsi.de/de/wsi-mitteilungen-krise-der-privatisierung-rueckkehr-des-oeffentlichen-12448.htm. Wissenschafts- und Sozialwissenschaftliches Institut. WSI-Mitteilungen 10/2008. Stand: 2008, Abruf: 01.12.2022.

Deutscher Gewerkschaftsbund (2021a): „Vor 70 Jahren: Kampf um die Montanmitbestimmung". https://www.dgb.de/themen/++co++3258c03c-18d4-11df-6dd1-00093d10fae2. Stand: 30.03.2021, Abruf: 28.12.2021.

– (2021b): „1949: Gründung des Deutschen Gewerkschaftsbundes". https://www.dgb.de/themen/++co++01a72562-18d4-11df-6dd1-00093d10fae2. Stand: 2021; Abruf: 28.12.2021.

– (2022): „Die Anerkennung der Gewerkschaftsverbände als Tarifpartner". https://www.dgb.de/-/awq. Stand: 2022, Abruf: 01.02.2022.

Deutsche Wohnen & Co enteignen (2020): „Vergesellschaftung und Gemeinwirtschaft. Lösungen für die Berliner Wohnungskrise". https://www.dwenteignen.de/wp-content/uploads/2020/01/Vergesellschaftung_Download_2.-Auflage.pdf. Stand: 3/2020, Abruf: 01.02.2022.

– (2022a): „Über uns". https://www.dwenteignen.de/ueber-uns/. Stand: 2022, Abruf: 01.02.2022.

– (2022b): „Was wir fordern". https://www.dwenteignen.de/was-wir-fordern/. Stand: 2022, Abruf: 01.02.2022.

Güllner, Manfred (2008): „Privatisierung staatlicher Leistungen – Was wollen die Bürger". http://www.who-owns-the-world.org/wp/wp-content/uploads/2008/01/forsa.pdf. Forsa-Umfrage P090.34 01/08. (Stand: 2008, Abruf: 01.12.2022).

Heinrich, Christian (2018): „Rekommunalisierung – Mehrwert für die Bürger". https://www.geo.de/natur/nachhaltigkeit/4077-rtkl-rekommunalisierung-mehrwert-fuer-die-buerger. GEO. Stand: 12/2018, Abruf: 01.12.2022.

Hensche, Detlef (1976); „Grundsatzprogramm und Wirtschaftsordnung – Zur gewerkschaftlichen Programmatik seit 1945". http://library.fes.de/gmh/main/pdf-files/gmh/1976/1976-11-a-688.pdf. Hans-Böckler-Stiftung, Stand 11/1976. Abruf: 18.01.2022.

Hoffmann, Kevin P. (2009): „Kommunen – Die Renaissance des Staates". https://www.tagesspiegel.de/wirtschaft/die-renaissance-des-staates-1754086.html. Der Tagesspiegel. Stand: 05.05.2009, Abruf: 01.12.2022.

Kalmbach, Karena (2014): „Die Unabhängige Sozialdemokratische Partei Deutschlands (USPD)". https://www.dhm.de/lemo/kapitel/weimarer-republik/innenpolitik/uspd.html. Deutsches Historisches Museum. Stand: 06.09.2014, Abruf: 27.12.2021.

Konrad Adenauer Stiftung: „Düsseldorfer Leitsätze über Wirtschaftspolitik, Landwirtschaftspolitik, Sozialpolitik, Wohnungsbau vom 15. Juli 1949". http://www.kas.de/upload/ACDP/CDU/Programme_Bundestag/1949_Duesseldorfer-Leitsaetze.pdf. Stand: 15.07.1949, Abruf: 06.01.2022.

Kramper, Peter (2018): „Vorwärts und vergessen". https://www.brandeins.de/magazine/brand-eins-wirtschaftsmagazin/2018/geduld/der-sinn-eines-unternehmens-vorwaerts-und-vergessen. Brand Eins 05/2018. Stand: 5/2018, Abruf: 04.01.2022.

Mostafa, Joshua (2019): „The Revolution will not be automated". https://www.sydneyreviewofbooks.com/review/zuboff-bastani. Sydney Review of Books. Stand: 23.07.2019, Abruf: 01.02.2022.

Nowak, Jörg (2016): „Ein bisschen verboten: Politischer Streik". https://www.bpb.de/dialog/netzdebatte/219308/ein-bisschen-verboten-politischer-streik. Bundeszentrale für politische Bildung. Stand: 21.03.2016, Abruf: 28.12.2021.

ÖGPP (Österreichische Gesellschaft für Politikberatung und Politikentwicklung); Furtner, Alexander; Halmer, Susanne; Kaya, Selma; Terzic, Laurentius; Wülbeck, Liam; Scheucher, Ronald (2019): „Rekommunalisierung in Europa – Fakten, Motive,

Beispiele". https://politikberatung.or.at/fileadmin/studien/oeffentliche_dienstleistungen/Rekommu_online.pdf. Stand: 2019, Abruf: 01.12.2022.

ÖGPP (Österreichische Gesellschaft für Politikberatung und Politikentwicklung) (2020): „Factsheet Rekommunalisierung in Europa". https://politikberatung.or.at/fileadmin/studien/factsheets/Factsheet_Rekommunalisierung_2020.pdf. Stand: 2020, Abruf: 01.12.2022.

Schimank, Uwe (2012): „Vom 'fordistischen' zum 'postfordistischen' Kapitalismus". https://www.bpb.de/politik/grundfragen/deutsche-verhaeltnisse-eine-sozialkunde/137994/vom-fordistischen-zum-postfordistischen-kapitalismus?p=0. Bundeszentrale für politische Bildung. Stand: 31.05.2012, Abruf: 27.12.2021.

Scriba, Arnulf (2014a): „Die Kommunistische Partei Deutschlands". https://www.dhm.de/lemo/kapitel/weimarer-republik/innenpolitik/kpd.html. Deutsches Historisches Museum. Stand: 08.09.2014, Abruf: 27.12.2021.

– (2014b): „Vollzugsrat". https://www.dhm.de/lemo/kapitel/weimarer-republik/revolution-191819/vollzugsrat.html. Deutsches Historisches Museum. Stand: 14.09.2014, Abruf: 27.12.2021.

– (2014c): „Kaiserreich: Industrie und Wirtschaft". https://www.dhm.de/lemo/kapitel/kaiserreich/industrie-und-wirtschaft.html. Deutsches Historisches Museum. Stand: 25.08.2014, Abruf: 01.02.2022.

– (2015a): „Arbeiter- und Soldatenräte". https://www.dhm.de/lemo/kapitel/weimarerrepublik/revolution-191819/arbeiter-und-soldatenraete.html. Deutsches Historisches Museum. Stand: 15.08.2015, Abruf: 27.12.2021.

– (2015b): „Gewerkschaften in der Weimarer Republik". https://www.dhm.de/lemo/kapitel/weimarer-republik/innenpolitik/gewerkschaften-in-der-weimarer-republik.html. Deutsches Historisches Museum. Stand: 14.09.2015, Abruf: 27.12.2021.

Stromauskunft (2018). „Stromerzeuger in Deutschland". http://www.stromauskunft.de/stromanbieter/stromerzeuger/. Stand: 12/2018, Abruf: 12/2018.

Sturm, Reinhard (2011): „1918/19: Vom Kaiserreich zur Republik". https://www.bpb.de/geschichte/deutsche-geschichte/weimarer-republik/275834/1918-19-vom-kaiserreich-zur-republik. Informationen zur politischen Bildung. Heft 261. Bundeszentrale für politische Bildung. Stand: 23.12.2011, Abruf: 27.12.2021.

Tesche, Christoph; Otto, Sven-Joachim (2011): „Kommunale Unternehmen im Spannungsfeld von Rekommunalisierung und strategischer Partnerschaft". https://www.derneuekaemmerer.de/wp-content/uploads/sites/56/2021/04/Kommunale-Unternehmen-im-Spannungsfeld.pdf. Stadt Recklinghausen & WIBERA Wirtschaftsberatung AG. Stand: 29.09.2011, Abruf: 01.12.2022.

Verband kommunaler Unternehmen (2011): „Stellungnahme vom 18.1.2011 zur öffentlichen Sachverständigenanhörung des Ausschusses für Wirtschaft und Technologie des Deutschen Bundestages am 24.1.2011 zur 'Rekommunalisierung der Energienetze'". http://www.bundestag.de/bundestag/ausschuesse17/a09/anhoerungen/Archiv_der_Anhoerungen/6_Oeffentliche_Anhoerung/Stellungnahmen/17_9_379.pdf. Stand: 18.01.2011, Abruf: 2019.

Willing, Erwin (2021): „Montan-Mitbestimmung". https://www.betriebsrat.de/portal/betriebsratslexikon/M/montan-mitbestimmung.html. ifb Institut zur Fortbildung von Betriebsräten. Stand: 2021, Abruf: 28.12.2021.

Windolf, Paul (2006): „Das Regime des Finanzmarkt-Kapitalismus". Magazin Mitbestimmung: Ausgabe 06/2006. https://www.boeckler.de/de/magazin-mitbestimmung-2744-das-regime-des-finanzmarkt-kapitalismus-11412.htm. Hans Böckler Stiftung. Stand: 2006, Abruf: 29.01.2022.

– (2013): „Aufstieg und Auflösung der Deutschland AG (1896-2010)". Debattenmagazin Gegenblende. https://gegenblende.dgb.de/artikel/++co++58b1552e-6267-11e3-acb8-52540066f352. Deutscher Gewerkschaftsbund. Stand: 11.12.2013, Abruf: 01.03.2022.

Unveröffentlichte Quellen

Bundesarchiv (Koblenz):

Akten aus folgenden Beständen: B 118

Stiftung Archiv der Parteien und Massenorganisationen der DDR im Bundesarchiv (Berlin):

Akten aus folgenden Beständen: BY 1; NY 4142

von ungebrochener Aktualität, bereits in der 9. Auflage

Elmar Altvater
Das Ende des Kapitalismus, wie wir ihn kennen
Eine radikale Kapitalismuskritik
2022 – 240 Seiten – 25,00 € – ISBN 978-3-89691-627-3

Altvaters Buch ist nichts weniger als eine Revolutionstheorie für das 21. Jahrhundert. DIE ZEIT

Klaus Dörre
In der Warteschlange
Arbeiter*innen und die radikale Rechte
2020 – 355 Seiten – 30,00 € – ISBN 978-3-89691-048-6

„eine Fülle interessanter Einsichten und wichtiger Ansätze für die weitere Analyse und Debatte" *Thilo Scholle* in: spw 243

„Die Verlagerungspolitik der Unternehmen ist mitverantwortlich für die Resonanz, die die Rechte bei den Arbeitern findet. Klaus Dörre hat den Kausalzusammenhang in seinem Buch so herausgearbeitet, dass sich daran nichts deuteln lässt."
Peter Kern auf: Glanz & Elend

Slave Cubela
Wortergreifung, Worterstarrung, Wortverlust
Industrielle Leidarbeit und die Geschichte der modernen Arbeiterklassen
2023 – 424 Seiten – 48,00 € – ISBN 978-3-89691-070-7

„Slave Cubela hat ein für linke Politik, sofern sie sich noch für einen Bezug zu den arbeitenden Klassen interessiert, fundamentales Werk vorgelegt."
Wolfgang Hiens in: express (12/2022)

WESTFÄLISCHES DAMPFBOOT
Nevinghoff 14 · 48147 Münster · Tel. 0251-38440020 · Fax 0251-38440019
E-Mail: info@dampfboot-verlag.de · http://www.dampfboot-verlag.de